재일한인의 국적, 사회 조사, 문화 표상

경계와 재현

재일한인 연구총서 2

在日韓人

재일한인의 국적, 사회 조사, 문화 표상

경계와 재현

한영혜·김인수·정호석 지음

한울
아카데미

간행사

구한말 피폐한 농촌을 떠난 농민들이 해외로 삶의 터전을 찾아 나선 이래 개항과 식민지 시기를 거치면서 한인들의 해외 이주는 세계 각지로 확대되었다. 낯선 땅에서 삶을 일궈내야 했던 해외 이주 한인들의 다수가 역사의 격랑 속에서 귀환하지 못한 채 이주지에 정착하여 새로운 뿌리를 내렸다. 이 시기에 일본으로 건너간 한인들 중에서도 약 60만 명이 해방 후 여러 가지 이유로 일본에 잔류하여 오늘날에 이르고 있다. 근현대사를 통해 재일한인들이 걸어온 길은 거주국과 본국 어느 쪽의 역사로도 환원될 수 없는 독자적인 궤적을 그리고 있다. 동시에 그 궤적은 거주국과 본국 각각의 역사와 불가분하게 연결되어 있다. 그러나 그동안 대한민국의 현대사에서 재일한인은 제대로 자리매김되지 못했다. 재일한인의 존재와 그들의 삶에 대한 기술이 교과서에 실린 일도 없었다.

재일한인은 구종주국에서 엄혹한 민족 차별에 맞닥뜨리며 생계를 꾸리고 자식들을 키워내면서 억척스럽게 살아왔다. 절대다수가 본국 국적을 지니고 살았으며, 고달픈 생활 속에서도 '조국' 또는 고향과의 연결선을 유지하고 그 발전에 기여하고자 노력했다. 본국의 적대적 분단과 냉전 체제 공고화로 인해 '조국'과의 연계 강화가 재일한인 사회의 내적 분단과 갈등의 심화로 이어지는 구조적 모순하에서 다양한 주체들이 여러 형태로 본국과 관계를 형성해 왔다. 그러나 한국 현대사의 복합적인 동학 속에서 우리에게 재일한인은 어떤 존재였고, 재일한인에게 '조국'은 어떤 의미를 지닌 존재였는가에 대한 학문적 성찰은 충분히 이루어지지 못했다.

'재일한인 연구총서' 전 4권은 이러한 문제의식에서 기획된 공동연구의 성과들을 묶어낸 것이다. 2015년 1월 초, 사회학, 인류학, 경제학 전공의 연구자 6명이 모여 각자의 연구 관심과 시각에서 재일한인에 대한 생각을 나누고 문제의식을 공유했다. 이들의 연구 분야는 도시·공간, 지식과 권력, 시민사회, 커뮤니케이션과 미디어, 젠더, 경제사, 기업 등으로, 각자의 관심 영역에서 재일한인에 관한 주제들을 제안하여 이를 토대로 학제적인 공동 연구를 조직하게 되었다. 공동연구의 관점과 방향은 다음과 같이 설정했다.

첫째, 다양한 주체들의 구체적인 실천을 통해 재일한인의 능동적인 역사를 부각시키고 해방 후 재일동포 사회의 역동성과 다양성을 입체적으로 파악한다.

둘째, 해방 이후 한국의 사회 변동과 한일 관계의 변화 속에서 이루어진 재일한인과 한국 사회의 관계 양상을 사회동학적으로 조망한다.

셋째, 재일한인 연구를 넘어 보편적으로 적용할 수 있는 이론적 함의를 발견하는 데 힘쓴다.

넷째, 한국의 연구자 또는 학계의 재일한인 연구는 어떤 독자적인 관점을 가질 수 있는지 성찰해 본다.

공동연구는 2015년 3월부터 2018년 2월까지 3년에 걸쳐 수행되었다. 그 동안 공동 현지 조사와 개별 현지 조사 및 연구를 수행하는 한편, 월례 세미나, 워크숍(3회), 심포지엄(3회), 국제학술대회 단독 세션 등을 통해 연구 내용을 점검하고 다양한 국내외 연구자들과 의견을 교환하는 기회를 가졌다. 그중 세 차례의 연례 심포지엄은 다음과 같은 주제로 이루어졌다.

제1차 "'재일한인은 누구인가'를 다시 묻는다"(2016년 9월 23일, 서울대학교 국제대학원. *서울대학교 재일동포연구단·한국사회사학회 공동 주최).

제2차 "1세들의 대한민국: 재일한인의 삶과 정체성, 그리고 조국"(2017년

9월 29일, 대한민국역사박물관. *대한민국역사박물관, 서울대학교 재일동포연구단·서울대학교 일본연구소 공동 주최).

제3차 "재일한인의 주체성, 정체성, 공동체"(2018년 2월 23일, 서울대학교 국제대학원).

2017년에는 심포지엄 외에도 4월 체코 프라하에서 열린 제28회 유럽한국학회에 단독 세션을 조직하여 참가했다. 본 연구단은 "First-generation Ethnic Koreans in Japan Re-explored: Diversity and Agency"라는 주제로 연구팀 전원이 참가하여 주제 발표와 토론을 했다.

그동안 연구 성과물은 대부분 한국의 전문 학술지에 게재했으며, 특히 제1차 연구 성과는 ≪사회와 역사≫, 113권(한국사회사학회, 2017.3)에 특집으로 발표되었다. 이번에 출간하는 '재일한인 연구총서' 전 4권은 그동안 학술지에 게재한 논문들을 수정, 보완하고 여기에 참여 연구자의 기존 글들 중 이번 연구와 긴밀하게 연결되는 것 두 편을 더해서 묶어낸 것이다. 3년간의 공동연구가 종료된 후 연구팀은 1년여 동안 다섯 차례의 세미나를 통해 단행본 편제를 구상하고 그에 맞게 논문들을 수정, 보완하는 작업을 했다. 참여 연구자들의 논문을 다 함께 읽고 토론하면서 이 글들이 어떤 소주제들로 다시 묶일 수 있는지 생각해 보는 과정은 지적 자극이 넘치는 또 하나의 공동연구와도 같은 작업이었다. 당초 2권으로 기획했던 단행본은 이 과정을 거치면서 결국 4권의 시리즈로 바뀌게 되었다. 그런 점에서, 각 권의 저자는 1~3명이지만 사실상 4권 모두가 연구팀 전원의 참여로 탄생한 것이라고 할 수 있다.

이번 연구 및 출판은 '이희건 한일교류재단'의 지원을 받아 이루어졌다. 동 재단의 설립자 故 이희건 신한은행 명예회장은 재일한인 1세로, 재일동포들이 힘을 모아 설립한 신한은행의 창립을 주도한 분이다. 연구 지원의 취지를 살려 2017년 9월에 있었던 제2차 심포지엄은 명예회장 탄생 100주년을 기념하는 특별 학술 행사로서 기획되었다. 공동연구와 출판이 원활하게 이루어질 수 있도록 지원해 주신 '이희건 한일교류재단'과 관계자 여러분께 깊은 감사를 드린다. 아울러 총서 출간을 보지 못하고 얼마 전 타계하신 故 박노수 전 이사장께도 생전의 진지한 관심과 협조에 감사드리며 삼가 명복을 빈다.

이훈 동 재단 고문과 故 이희건 명예회장의 가족분들께도 감사드린다. 명예회장의 손녀인 이훈 고문은 필자가 마련한 재일한인 무용가 김리혜 선생 특강을 청강한 것이 계기가 되어 재일한인 연구에 대한 생각을 나누게 되었고, 우리의 문제의식과 연구 방향에 공감하여 재단과의 가교 역할을 해주셨다. 또한 명예회장의 자제분인 이승재, 이경재 선생은 연구 출발 무렵, 연구에 도움이 될 지인들을 소개해 주고 가족사를 전해주는 등 도움을 주셨다.

3년간의 공동연구 과정에서 정말 많은 분들과 기관으로부터 다양한 협조를 받았다. 민단(중앙본부, 도쿄지방본부, 오사카지방본부, 아이치지방본부, 효고지방본부, 오사카 이쿠노미나미지부, 오사카센슈지부), 민단 신문사, 재일한인역사자료관, 가와사키 후레아이관, 고베학생청년센터, 오사카한국인상공회의소, 도쿄한국인상공회의소, 이상의 기관들로부터는 1차 자료와 기출판 문헌들 중에서도 지금은 입수하기 어려운 것들, 문헌 관련 정보들에 관해 많은 도움을 받았다. 자료 입수에 협조를 아끼지 않으신 관계자 여러분께 감사드린다.

대한민국역사박물관, 한국사회사학회, 서울대학교 일본연구소는 학술대회 공동 개최를 통해 연구 내용을 발전시키고 더 많은 사람들과 공유할 수 있는 장을 마련해 주었다. 각 기관 관계자분들께도 감사를 드린다.

위 기관들 외에도 더 많은 단체들로부터 자료와 정보 제공, 소개 등의 다양한 협조를 받았으나, 그 모든 기관과 관계자분들께 감사드리며, 여기서 거명하여 인사를 드리는 것은 비교적 연구팀의 여러 범위에 걸쳐 협조를 받은 기관에 국한하는 점, 양해 부탁드린다.

기관 외에 개인으로서 협조해 주신 분들도 매우 많았다. 야마다 다카오(山田貴夫) 선생과 배중도 선생은 연구의 전 과정에서 자료 제공부터 현지 답사 안내, 중요 인물 소개, 구술 등 다방면에서 지원을 아끼지 않으셨다. 이지치 노리코(伊地知紀子) 교수는 일본에서 재일한인 관련 연구자 및 활동가들과의 간담회를 주선하여 우리의 연구 방향과 관점을 성찰할 수 있는 기회를 제공하고 연구의 전 과정에서 연구 내용에 관한 조언과 구술자료를 제공하고, 중요한 인물을 소개해 주는 등 다방면에서 큰 도움을 주었다. 이 분들의 우정 어린 협조에 진심으로 감사드린다. 그 외 연구 과정에서 인터뷰에 응해주신 분들, 워크숍과 심포지엄 등 학술 행사에서 기조 강연, 토론, 사회 등으로 참가하여 날카롭고 유용한 조언을 해주신 분들 등 감사드려야 할 분이 많으나 총서 각 권의 논문들에서 다시 인사를 드릴 것으로 생각하고 여기서는 한 분 한 분 거명하는 것은 생략한다.

공동연구가 원활하게 진행되는 데 있어서 조교의 역할은 무엇보다도 중요하다. 1, 2차 연도에는 안예담, 3차 연도에는 가와세 에마리(川瀨愛舞璃) 조교가 꼼꼼하고 성실한 일처리로 연구진들을 뒷받침해 주었다. 조교들의 노고에 감사드린다.

출판 사정이 좋지 않은 가운데 상업성과는 거리가 먼 이 총서의 출판 제안을 주저 없이 받아들여 준 한울엠플러스 출판사의 김종수 사장님께도 진심으로 감사를 드린다. 윤순현 차장님은 여러 가지 문제들을 편안하게 조율해 주고, 조수임 팀장님을 비롯한 편집자들은 원고를 꼼꼼하게 챙겨 보면서 단행본에 적합한 모양새로 다듬어주었다. 이분들의 노고에 힘입어 우리의 연구 성과가 좋은 책으로 거듭날 수 있는 것에 감사드린다.

연구를 시작한 지 5년 만에 '재일한인 연구총서'(전 4권) 출판으로 공동연구는 완전히 일단락이 된다. 연구 과정에서 얻게 된 많은 이야기들, 생각들, 자료들이 '추억'으로만 남기기에는 미안하고 아쉬움도 있는 것 같다. 단행본으로 세상에 내어놓은 우리의 그동안의 노력이 '종료'된 '연구 성과'로 남을지, 새로운 이야깃거리를 만들어나가는 마중물이 될지, 두렵기도 하고 설레기도 한다.

2019년 12월

한영혜

서울대학교 재일동포연구단을 대신하여 쓰다

차례

간행사 4

서문 15

제1부 국적

1장 '한국'과 '조선' 경계 짓기와 경계 넘기: 국민 정체성의 재구성과 생활의 전략_ 한영혜 25

1. 들어가며 25
2. '조선'과 '한국' 경계 형성과 상징의 헤게모니 경쟁 29
3. 1950~1970년 국적 변경의 추이 34
4. 국적 변경 사례: 1950년대 41
5. 협정영주권과 대한민국 국민 증명 48
6. 국적 변경 사례: 협정영주권 관련하여 54
7. 한국에서 조선으로의 이동 68
   1) 대항운동으로서의 국적기재 변경운동 68
   2) 조선으로 변경한 사례 73
8. 생활의 전략과 국적 75

2장 재한재일한인, 본국과의 새로운 관계: '조선'에서 '한국'으로 '국적 변경'을 한 재일 3세를 중심으로_ 한영혜 81

1. 들어가며 81
2. '한국': "터부"에서 "한번 살아보고 싶다"로 87
   1) 처음에 조선적으로 한국을 방문한 경우 87
   2) 한국적으로 변경한 후 한국으로 온 경우 91
3. 국적 변경과 가족 95
4. 자기실현 99
5. '조선'이라는 기호: 불안과 애착 102
6. 본국과의 새로운 관계 105

제2부 사회 조사

3장 재일한인 인구 및 실업 통계의 생산과 전유_ 김인수 115

1. 들어가며 115

2. 이론적 배경과 자료 117

1) 조사/통계론 117

2) 분석 자료의 소개 119

3. 행정 조사와 대항 조사 121

1) 일본 국가의 재일한인 인구조사(센서스) 121

2) 일본 국가의 생활보호법 대상자 조사: '색출형 행정 조사' 125

3) 대항 조사: '투쟁의 무기로서의 조사/통계' 130

4) 일본 정부에 의한, 조사/통계의 의미 전유 139

4. 맺으며 146

4장 '보이지 않는 자'의 가시화와 헤게모니 경쟁_ 김인수 149

1. 문제 제기 149

2. 재일한인 사회의 인구학적 변화와 위기의식 151

3. 일본의 혁신자치체/지방 행정과 재일외국인 실태조사 160

1) 혁신자치체와 민투련 운동의 접점 160

2) 행정 조사와 재일한인 파악의 한계: 표본의 문제와 질적 조사로의 전환 169

4. 총련계열의 사회 조사 171

5. 민단계열의 사회 조사 177

1) 청년상공회 주관 사회 조사 177

2) 민단 청년회 주관 사회 조사 181

6. 맺으며: "마이너리티 사회 조사는 가능한가?" 190

제3부 문화 표상

5장 전후를 사는 '오모니': 재일한인 모성 표상의 계보학_ 정호석 195

1. 일본 사회 속 '오모니' 195

1) '오모니'라는 질문: 재일한인 여성 표상의 전후적 발자취 195

2) '오모니' 읽기의 맥락: 소수자의 모성 표상과 문화적 탈식민화 197

2. '오모니'의 중층성과 오모니 담론 읽기: 기억, 호칭, 표상 그리고 실천/수행 199

1) 식민 2세가 기억하는 '오모니'와 식민지적 의식의 재생산 199

2) 자이니치의 이디엄, '오모니': 호칭에 반영된 한인 이산 집단의 혼종 문화 202

3) 재일한인 여성의 지배적인 표상으로서의 '오모니': 정형화된 표상과 표상의 역사화 205

4) 실천으로서 '오모니'와 오모니 담론 읽기 206

3. 김희로 사건과 '오모니': '조선인 오모니'와 '민중 오모니'의 부상 210

1) 라이플 마의 어머니 210

2) 오모니, 노동하는 민중 214

4. '오모니'라는 타자와 일본 사회: 한인 1세 여성의 이질성을 자리매김하기 221

1) 혼다 야스하루의 『우리들의 오모니』: 어머니를 상상하기, 우리를 상상하기 221

2) 오다 마코토의 『오모니 태평기』: '오모니'라는 타자와 공존하는 법 230

5. '오모니'와 '나': 조선의 시정/미감이라는 질문 238

1) '오모니'가 빚어준 시정: 모리사키 카즈에의 '원죄' 238

2) 오카베 이츠코: '오모니로서의 조선'의 미학 244

6. 경계를 넘는 '오모니': 시민운동과 함께, 주류 문화 속으로 247

1) 야간학교의 오모니들: 지역 시민운동 속 1세 여성 문해 학습 247

2) '오모니'의 보편화/대중화 그리고 '오모니적인 것': 강상중의 『어머니』 256

7. 전후 오모니 담론의 역사적 의의와 과제: 풍성함, 새로움 그리고 소비되는 어머니상 259

6장 도래하는 '자이니치 1세'_ 정호석 267

1. '책' 혹은 타자/이방인의 도래 267
2. 책으로 도래하는 1세 269
3. 두꺼운 신서와 큰 사진집으로 찾아온 1세 273
4. 책이 매개하는 삶과 기억 282
5. 책이 전하는 '1세 할머니들'과 지역 운동: 삶의 표현과 기억의 이월 287
6. '자이니치 1세'의 새로운 도래를 기다리며 292

참고문헌 294
찾아보기 304

일러두기

'재일한인'은 일본에 거주하는 한인들에 대한 총칭이다. 한국에서 흔히 '재일동포'로 일컬어지는 이들에 대해서는 현재 '재일조선인(在日朝鮮人)', '재일한국인(在日韓国人)', '재일한국·조선인(在日韓国·朝鮮人)', '재일코리안(在日コリアン)', '자이니치(在日)' 등 상이한 호칭이 나름의 역사적 배경과 고유한 정치사회적 뉘앙스를 가지고 병존, 경합하고 있다. 이 책에서는 '재일한인'이라는 명칭을 공유하되 각 글의 관점과 문맥에 따라 다양한 용어를 함께 사용했다.

서문

마이너리티의 경계를 짓고 그들을 조사하며 그들을 특정한 형태로 재현하는 일은 통상 국가가 수행해 온 업무였다. 마이너리티는 그 속에서 꼼짝없이 눌린 자이며 시민권 바깥으로 배제된 자 그리고 '말'의 권리, 곧 재현권(authority of representation)을 빼앗긴 자다. 재일한인에 대한 그간의 여러 연구들 역시 이러한 맥락에서 국가 권력을 비판하고 그 억압성을 드러내는 데 힘을 기울여 왔다고 할 수 있다. 이것은 연구의 차원을 넘어 중요한 역사적 실천이기도 했음에 틀림없다. 다만, 그러한 '비판과 폭로'의 작업은 윤리적인 함의가 강했다. 그 결과, 의도하든 의도하지 않든 억압과 차별, 지배와 저항이라는 고정 관념과 이분법이 연구에서 우위를 점해왔고, 학술장은 협소화되었다. 때로는, 현실(reality)이 지닌 풍성함에 눈을 던지고 귀를 기울이는 일 자체가 무가치한 것으로 평가되기도 했다. 마이너리티를 둘러싼 사회 환경의 변화나 커뮤니티 내부의 변동 혹은 그 안에서 삶을 꾸려간 인간 군상의 다채로움은 생기를 잃고, 그저 억압과 차별이라는 단순한 구도로 회수되어 버리는 일도 적지 않았다.

이 책은 이렇듯 마이너리티의 삶과 현실에 대한 '앙상한 재현'에 대한 반성 어린 고민 또는 '학문적 갈증'에서 출발했다. 부제로 삼은 "재일한인의 국적, 사회 조사, 문화 표상"은 마이너리티를 특정한 형태로 묶어내고 드러내는 핵심적인 사회적 장치다. 동시에, 그것은 타자에 대한 존재론적·인식론적 틀이 부단히 주조되고 변형되는 '권력의 장(場)'이기도 하다. 그런데 유념해야 할 점은 이 장 안에서의 행위자(agents)가 오로지 국가로만, 또 그 대상이 결코 마이너리티로만 한정되지는 않는다는 점이다. 또, 그곳을 채

우고 있는 권력의 작용 역시 지배-저항의 단선적인 이분법으로 환원될 수 없다. 이를테면, 중앙/지방 정부나 여러 수준의 조직과 단체들, 그리고 다양한 입장을 가진 지식인과 문예인들이 법 제도, 행정, 학술, 대중문화의 영역에서 각각 마이너리티를 나름의 방식으로 호명하고 또 경계 지음으로써 그들을 특정한 모습으로 재현해 왔다. 나아가, 그러한 과정에서 역사적으로 형성, 재생산되는 '가시화/비가시화의 구조'는 모든 행위자들을 그저 일방적으로 옭아매는 것이 아니라, 서로 경쟁/길항/갈등하거나 교섭/공모/대리 보충하는 복수의 전략과 얽힘으로써 미시적 복잡성을 더했다. 그렇다면 마이너리티에 대한 우리의 앎은, 거시적인 힘들과 미시적인 실천이 서로 얽히면서 이루어내는 궤적에 대한 탐문이 되어야 할 것이다. 그 탐문은, 이 궤적이 다시 마이너리티의 삶에 새겨지며 그러한 삶이 새롭게 '현실'로 직조되어 가는 모습을 정확히 묘사해 내는 것, 그 속에서 작동하는 사회 문화의 논리를 제대로 파악해 내는 것 그리고 마이너리티를 둘러싼 사회의 역사적 행로에 보다 미래지향적인 전망을 이끌어내는 것으로 이어져야 할 것이다.

우리는 이 책에서 재일한인의 국적, 사회 조사, 문화 표상의 문제를 다루면서, 그동안 연구자들이 별로 주목해 오지 않은 지점에 초점을 맞추고자 했다. 예컨대, 국가가 구획한 국적이라는 법적 경계를 전략적으로 넘나든 이들의 모습, 마냥 국가의 일로서만 치부되었던 사회 조사/통계를 마이너리티의 입장에서 전유하고 심지어 자력으로 그 대안을 창출해 간 모습, 혹은 재일한인에 대한 정형화된 표상을 비판하며 그 의미론적 폭을 넓히고 새로운 이미지를 더해온 활동들이 그것이다. 이러한 시도는 재일한인의 마이너리티로서의 삶과 그 사회적 실존이 얼마나 복잡하고 또 다채로운지를 새삼 일깨우는 계기가 될 것이다. 우리는 사료와 사례가 지시하는 바에 따라, 지배적인 권력의 관철이나 혹은 그로부터 완전히 자율적인 개인의 탈주와 저항이라는 거친 대립의 해석 틀로는 담아낼 수 없는 삶의 풍성함, 풍부함을 길어내고자 했다. 나아가 이론과의 긴장에 유념하면서 '마이너리티로서의 재일한인'의 (비/)가시화, 대상화, 본질화에 대한 메타적·비판적 시각의 가능성을 탐색했다.

이 책은 전체 3개의 부로 이루어졌고, 각 부는 각각 2개씩의 장들로 묶였다. 제1부 재일한인의 "국적"은 한영혜, 제2부 "사회 조사"는 김인수, 제3부 "문화 표상"은 정호석이 집필했다. 제1부 제1장 "'한국'과 '조선' 경계 짓기와 경계 넘기: 국민 정체성의 재구성과 생활의 전략"은 1950~1970년대에 이루어진 '한국'-'조선'의 경계 형성과 그 경계를 넘는 이동(국적 변경)의 양상, 그리고 그것이 재일한인의 생활 세계에서 갖는 의미를 다루고 있다. 여기에는 그동안 재일한인의 국적 변경이 주로 '귀화'를 통한 일본국민화의 문제를 중심으로 전개되는 데에 그치고 본국의 두 국적 '한국'과 '조선' 사이의 경계와 이를 넘나드는 이동에는 소홀했다는 문제의식이 담겨 있다. 한영혜는 1950~1970년대 초에 이루어진 국적 변경의 구체적인 사례들을 인터뷰를 통해 발굴함으로써, '경계 지워지는' 경험과 '경계를 넘기 위한' 전략적인 선택이 씨줄과 날줄로 교직되어 구현된 삶의 다층성을 탐색하면서 '국적'이 갖는 폭과 깊이를 드러낸다.

이어 제2장 "재한재일한인, 본국과의 새로운 관계: '조선'에서 '한국'으로 '국적 변경'을 한 재일 3세를 중심으로"는 시점을 오늘날로 옮겨 '한국에 살고 있는 재외국민'이라는 독특한 사례를 소개한다. '조선'에서 '한국'으로 '국적 변경'을 한 재일한인 3세들 중에는 탈냉전과 글로벌화의 진전, 한국, 북한, 일본 각각의 정치·경제·사회적 변동, 본국과 일본의 관계 변화를 배경으로 '특별영주권'을 보유한 채 '재외국민' 신분으로 한국에 거주하는 이들이 있다. 한영혜는 이들 '재한재일한인'의 사례를 통해 재일한인의 정체성 및 본국과의 관계가 새로운 국면에 들어서고 있음을 환기하면서 재일한인의 일본 정주(定住)를 전제로 삼아온 종래의 연구 관점을 재고할 필요가 있음을 일깨운다.

김인수는 제2부의 제3장 "재일한인 인구 및 실업 통계의 생산과 전유"에서 패전 이후 일본 정부가 재일한인 인구의 이동과 현황을 어떤 관점에서 포착하고 있었는지를 검증하고, 재일한인 단체가 이에 대항하여 어떤 조사를 실시했는지 그 흔적을 발굴했다. 아울러, 그의 글은 통계의 전유(appropriation)가 가져온 대단히 아이러니컬한 효과를 응시한다. 이를테면, 재일한인 단체가 일본 국가통계를 비판하면서 실업/빈곤 조사를 통해 얻어낸 각종 통계가 1950년대 중후반의 이른바 (북한으로의) '귀국 사업'이 진행되는 과정에서 일본 국가기구에 의해 전유·횡령·절취되었다는 점, 그것이 일본으로부터 재일한인들을 '방출'시키는 일을 정당화하는 '인도주의적이고 과학적인 근거'로 활용되었다는 점을 밝혀낸다. 재일한인에 관한 조사/통계의 생산과 소비의 실천을 들여다본 이 글을 통해, 통상 '객관적인 것'으로 여겨지는 통계가 실제로는 여러 맥락성에 구속된 의지의 투영물, 역사적·사회적 실천의 결과물임을 다시금 확인할 수 있다.

제4장 "'보이지 않는 자'의 가시화와 헤게모니 경쟁"은 1970년대 이후부터 현재에 이르기까지 일본 사회에서 재일한인에 관한 사회조사가 누구에 의해, 어떤 방식으로, 그리고 무엇을 초점으로 이루어졌는지를 살펴본다. 재일한인이라는, 이른바 '보이지 않는 자(the invisibles)'를 가시화하고 재현하고자 했던 민단(民團), 총련(總連), 민투련(民鬪連) 그리고 일본 지방정부의 조사들을 소재로 그 취지와 목적, 방법론, 질문지에서의 개념화 및 범주화의 양태, 표본의 구성 및 추출이 갖는 특성을 밝혀내고 비교한다. 이 글이 던지는 질문, 이를테면 "마이너리티 사회 조사(minority survey)는 가능한가?"라는 물음은 재일한인 연구의 고충과 한계를 드러내는 동시에, 재일한인 사회 조사가 지닌 역사적 맥락성을 암시하는데, 이 글은 재일한인에 관

한 사회 조사가 재일한인 사회단체들 간의 헤게모니 경쟁의 구체적 표현이었음을 생생히 보여준다.

정호석은 제3부 제5장 "전후(戰後)를 사는 '오모니': 재일한인 모성 표상의 계보학"에서 '오모니(オモニ)'라는 일본어 표현을 중심으로 한인 여성에 대한 문화 표상이 갖는 역사적 중층성을 추적했다. '오모니'는 원래 식민지 시기 한반도에 거주하던 재조일본인(在朝日本人) 가정에 고용된 조선인 여성 가사사용인을 일컫는 말이었다. 하지만 이 말은 해방 후에도 다양한 형태로 널리 쓰이면서 점차 1세 여성 일반에 대한 인식 틀로서 자리 잡기에 이르렀다. '오모니'는 한인 2세들뿐만 아니라 다수의 일본 지식인, 작가들의 적극적인 인용과 재해석, 1세 여성들의 문해 활동과 관련된 지역 시민운동을 통해 다양한 의미를 부여받으며 사회 속에 뿌리내렸고, 최근에는 주류 대중문화에 편입되기 시작했다. 이처럼 경계를 넘어 다양한 담론적 실천을 자극하면서 의미의 층을 더해온 '오모니'의 역사는 전후의 일본 문화 속에서 재일한인이 갖는 역동적 위상의 한 단면을 잘 보여준다.

제6장 "도래하는 '자이니치 1세'"는 '자이니치(在日) 1세'라는 범주의 내실을 '매개물로서의 책'이라는 관점에서 접근하여 포착해 내고 있다. 2000년대 중반 이후 출간된, 1세들을 집중적으로 다룬 네 권의 책이 집중적인 분석의 대상이다. 이 책들은, 그간 문화계의 주변부에 머물러 있던 1세들의 생애사(life history)가 대중적 관심의 대상으로 부상했다는 점, 문해 운동을 중심으로 한인 1세의 기억과 생활이 지역 시민운동의 한 축을 형성하게 되었다는 점을 잘 보여준다. 저자는 책에 대한 미디어론적 분석을 통해 그들의 삶과 기억에 대한 기록, 출판이 비단 1세의 '복원'에만 복무하는 것이 아니며, 그 자체로 일종의 '도래의 사건', 다시 말해 정치공동체의 문화적 구성에 역동적으로 개입하는 창조적인 텍스트로서 자리매김되어야 한다고 주장한다.

돌이켜 보면, 1970년대 이후로 각종 '차이'와 '정체성'에 대한 인정(recognition)이 새로운 화두로 떠오른 이래, 마이너리티에 대한 연구는 양적·질적으로 큰 성장을 이루었다. 재일한인 연구의 경우, 특히 1990년대에 탈구조주의 및 탈식민주의의 세례를 받은 새로운 시각이 기존의 역사학, 인류학에 대해 신선한 자극을 더해가면서 연구가 다변화했다. 한국에서도 종래의 민족주의적 접근을 세련화하거나 상대화하는 각종의 접근들이 상대적으로 풍성해졌다.

그러나 이와 같은 연구사적 성과에도 불구하고, 오늘날 우리가 처한 상황은 매우 암울하다. 차이를 인정하지 않는 혐오의 정치, 약자에 대한 거리낌 없는 공격, 사회를 날카롭게 분할하는 배제의 정치가 날로 심각해지고 있다. 재일한인에 대한 제도적 인정의 부재, 크게 개선되지 않고 있는 사회의 인식, 더 나아가 주기적으로 반복되는 일본 사회의 '혐한(嫌韓)' 기류 속에서 과연 우리는 우리의 학문적 입지점을 어떻게 세워가야 할까?

재일한인의 삶이 제기하는 복잡성과 역동성을 역사적 현실로서 다루는 일은 어쩌면 이러한 현실 정황과는 동떨어진 것으로 혹은 마치 먼 길을 돌아 우회하는 일처럼 보일 수도 있다. 하지만 이 '느리고 고단한 발걸음'을 통하고서야 비로소 눈에 들어오는 새로운 풍경과 새로운 얼굴이 존재한다는 점을 강조하고 싶다. 삶의 생생함에 대면하는 일 그리고 그 삶이 여전히 지금도 우리 바로 옆에서 펼쳐지고 있다는 점을 인식하는 일, 그것을 동력으로 연대와 공생의 길을 개척해 가는 일, 그 일의 소중함을 우리는 알리고 또 제안하고자 한다.

한편, 어쩌면 이 책의 작업은 아이덴티티, 그러니까 서로의 낯과 꼴을 정확히 알고자 하는 의지의 발현일 수도 있겠다. 한때, '북괴의 끄나풀'일지도 모른다는 두려움 혹은 어눌한 한국어 말씨에 대한 멸시 또는 경제적 여유와 제법 큰 씀씀이에 대한 선망……. 한국 사회는 이렇듯 복잡한 감정들이 뒤섞인 눈빛으로 재일한인을 바라봐 왔다. 이 책을 읽는 연구자 또는 독자들이 재일한인의 약간은 낯설되 더 '생생한 얼굴들'과 조우할 수 있기를 바란다.

요컨대 이 책은 일본 각지에서 직접 마주하거나, 한창 철 지난 사회 조사표와 낡은 잡지, 신문, 책들의 지면을 들추어가며 찾아낸 재일한인들의 '얼굴들'에 관한 보고다. 우리는 이 얼굴들을 벗 삼아 마이너리티에 관한 고민을 한 걸음 더 밀고 나가고자 노력했다. 작지만 소중한 결실로서 학계와 일반에 널리 읽히고 많은 토론거리를 낳기를 기대한다. 근본적인 의미에서 마이너리티의 '인정의 정치'의 내실과 방향이 어떠해야 하는지에 관한 고민을 한층 더 깊게 하고 보다 더 차분하고 생산적인 토론을 가능하게 하는 마중물이 될 수 있다면 그보다 더 큰 보람은 없을 것이다.

2019년 12월

김인수·정호석·한영혜가 함께 엮고 씀

제1부

국적

제1장

‘한국’과 ‘조선’ 경계 짓기와 경계 넘기*

국민 정체성의 재구성과 생활의 전략

한영혜

1. 들어가며

2016년 3월 일본 법무성은 한국과 조선을 구분한 재일외국인 국적별 인구 통계를 발표했다. 한국과 조선이 각각 집계된 인구 통계가 발표된 것은 45년 만이다. 일본 정부가 재일한인 인구를 한국과 조선으로 구분하여 집계하기 시작한 것은 1950년이며 1970년까지 이 방식이 유지되었다. 그러나 1971년부터는 한국·조선으로 통합 집계된 인구만을 발표해 왔다. 2016년에 발표된 통계에 따르면, 2015년 12월 기준 한국이 45만 7700여 명, 조선은 3만 3900여 명으로 한국 국적 보유자가 재일한인의 93% 이상을 차지

* 이 글은 「협정영주권과 재일한인 정체성의 재구성: ‘조선’과 ‘한국’의 경계 짓기와 경계 넘기」, ≪사회와 역사≫, 113권(한국사회사학회, 2017)을 수정, 보완한 것이다.
이 연구를 위해 흔쾌히 인터뷰에 응해주신 사례자와 가족분들께 감사드린다. 배중도 선생, 야마다 다카오(山田貴夫) 선생, 히다 유이치(飛田雄一) 선생, 김치아키(金千秋) 선생은 현지 조사 과정에서 유익한 정보와 자료들을 제공하고 만나볼 만한 분들을 소개하는 등 여러 면에서 아낌없이 협조해 주셨다. 민단 오사카지방본부는 자료 수집과 연락 등에서 큰 도움을 주셨다. 그 외에도 많은 분들과 단체의 협조를 받았으나 일일이 거명하지 못함을 양해 바라며 모든 분들께 진심으로 감사드린다.

하는 것으로 나타났다. 1970년에 한국 33만 1389명(54%), 조선 28만 2813명(46%)이었으니, 지난 45년 동안 한국적은 대폭 증가, 조선적은 대폭 감소했음을 알 수 있다. 다만, 이 기간 중 국적별 인구 구성의 변화 추이는 자료의 한계로 인해 파악할 수가 없다. 거슬러 올라가 한국과 조선의 별도 집계가 시작된 1950년에는 한국 7만 7400여 명(약 14%), 조선 46만 7700여 명(약 86%)이었다. 이는 1950~1970년에도 한국적의 증가와 조선적 감소가 진전되었음을 보여준다. 즉, 1950년 이후 오늘날까지 재일한인의 국민 정체성은 매우 유동적이었다고 할 수 있으며, 그 유동성의 주된 부분은 조선에서 한국으로의 이동에 기인한다.

종전 후 재일한인의 국적은 당사자의 의사와는 무관하게 일본, 한국, 북한 세 국가에 의해 각각 다르게 규정되었다. 일본은 1952년 4월 28일 평화조약이 발효되기까지 재일한인을 일본 국민으로 규정했다. 그러면서 1947년 '외국인등록령'에 의해 이들을 '외국인으로 간주'하여 외국인 등록을 하도록 했고, 등록 시 국적을 '조선'으로 기재했다. 한편, 1948년 한반도 남과 북에 수립된 대한민국과 조선민주주의인민공화국은 각각 재일한인을 자국 국민으로 규정하고, 한국 정부는 조선이라는 국적 표기를 대한민국으로 변경할 것을 요구했다. 이에 일본은 1950년에 재일한인의 국적을 한국으로도 기재할 수 있게 했고, 이때부터 한국과 조선을 구분해서 인구 통계를 발표하게 되었다. 일본과 한국, 북한은 '한국', '조선'이라는 국적 표상에 대해 각기 다른 의미 부여를 했다. 또한 그 의미는 국가 간 정치 역학에 따라 재규정되기도 했다. 한국과 조선의 양자택일적인 구조는 종전 후 탈식민화, 동아시아의 국민국가 수립, 냉전 체제 구축이라는 역사적 맥락에서 형성되어 오늘날까지 재일한인의 삶과 국민 정체성을 구속하는 틀로서 작용하고 있다.

이 장에서는 1950~1970년대를 중심으로 '한국'-'조선'의 경계 형성과 그

'경계를 넘는 이동'='국적 변경'에 대해 고찰한다. 1950년 이후 오늘날까지도 계속되고 있는 한국과 조선 사이의 국적 변경은 재일한인 사회에 나타나는 특유한 국민 정체성의 유동성을 보여주는 현상이다. 그러나 그동안 재일한인의 국적 변경 문제는 주로 일본과의 관계라는 관점에서 다뤄졌고, 본국 내부의 상이한 두 국적이라는 관점에서 접근한 경우는 찾아보기가 어렵다. '한국'-'조선'의 경계와 국적 변경에 대해서는 주로 한국과 북한, 민단과 총련 등 대립·경합하는 두 본국 및 그와 연계된 재일한인 민족단체들의 정치적 역학이라는 측면에 관심이 편중되었다.

이 장에서 필자의 관심은 앞과 같이 주어진 구조적 조건하에서 재일한인들은 어떻게 자신의 삶의 전략을 모색하고 실천했는가 하는 데 있다. 구조적 조건에 규정당하면서도 정치적 귀속의 표상인 국적의 선택과 그 선택에 따른 기존 국적의 변경 또는 유지는 결국 개인의 결정에 의한 구체적인 행위를 통해 이루어지는 것이기 때문이다. 그것이 변경 당사자와 가족, 나아가 재일한인의 생활 세계에 어떤 의미를 갖는지는 중요한 화두로 제시되는 일이 거의 없었다.

이 장에서 살펴볼 내용은 크게 세 가지다. 첫째, 재일한인의 본국 국적을 '한국'과 '조선'으로 구분하는 내적 경계는 어떻게 형성되고 유지되었으며, 그 특징은 무엇인지 고찰한다.

둘째, 1950~1970년의 한국-조선 사이의 변경 실태를 알아본다. 1947년 재일한인의 첫 외국인 등록 시에는 국적을 일괄적으로 조선이라고 기재했기 때문에 한국 표기가 허용된 1950년 이후 변경의 주된 흐름은 조선에서 한국으로의 변경이다. 그러나 한국에서 조선으로 변경한 경우도 존재한다. 다만, 어느 쪽이든 양자 간의 변경 자체에 대한 통계는 발표된 것이 없기 때문에, 재일외국인 국적별 인구 통계를 토대로 변경 추이와 규모를 추론해 본다.

표 1-1 _ 인터뷰 대상자

사례 번호	이름(가명)	성별	출생 연도	세대	인터뷰 날짜	비고
1	이경자	여	1941	1.5세	2016.12.17	
2	윤명철	남	1940	2세	2016.12.21	
3	박실	남	1944	2세	2016.12.21	본명
4	안민우	남	1941	2세	2016.12.19	
5	김계형	남	1948	3세	2015.11.28	김계형의 처 사전 전화 인터뷰
6	김은자	여	1955	2세	2016.11.11	
7	김용민	남	1940	3세	2016.12.15	
8	양미자	여	1941	2세	2016.12.19	
9	정규호	남	1947	2세	2016.12.17	
10	박명자	여	1941	2세	2016.12.16	본명

셋째, 1950~1970년의 변경 사례들에 기초해서 당시 재일한인에게 국적은 어떤 의미가 있었는지, 국적 변경의 배경과 이유, 변경에 따른 변화 등은 무엇인지 등을 고찰한다. 이 글에서 드는 변경 사례들은 당시에 변경한 당사자들의 이야기를 토대로 정리한 것이다. 한국과 조선 사이의 선택 내지 변경은 재일한인들의 삶에서 매우 중대한 일이었음에도 불구하고, 국적 변경에 관한 당사자의 이야기는 기존 연구에서는 물론, 최근에 많이 나오고 있는 구술 자료들에서도 찾아보기가 어려웠다. 따라서 이 글에서는 1950~1970년대 초에 국적 변경을 한 사람들에 대한 심층 인터뷰에 의거해서 이야기들을 모으고 이를 재구성했다. 1950~1970년대 초에 자신의 의사로 국적을 변경한 사람들은 대개 1세인데 이들은 대부분 세상을 떠났기 때문에 이 시기에 소년기 또는 청년기에 해당하여 당시의 일을 상당 부분 기억하거나 당시 그 의미를 어느 정도 이해할 수 있었으리라 생각되는 2세들로부터 이야기를 듣기로 했다. 인터뷰 대상자는 총 9명으로 그중 1950년대 변경자가 4명, 1960년대 변경자가 6명이며, 연령층은 모두 60~70대로, 자신

의 경험과 더불어 부모에게 들은 이야기를 전해줄 수 있는 연령층이다. 또, '조선'에서 '한국'으로 변경한 경우는 9건, '한국'에서 '조선'으로 변경한 경우는 1건이었다. 후자는 조사 기간 중에 사례자를 찾기가 쉽지 않았는데, 이는 기본적으로 '조선'에서 '한국'으로의 이동이 주된 흐름이었고 역방향은 훨씬 작은 규모로 이루어졌기 때문이라고 생각된다. 이 사례자는 원래 조선이었는데 한국으로 변경했다가 조선으로 재변경한 경우이며, 나중에 다시 한국으로 변경해 인터뷰 당시는 한국적이었다.

인터뷰는 2015년 8월과 2017년 1월 사이에 수차례 일본을 방문해 도쿄, 가와사키, 오사카, 고베, 나고야, 세토 등에서 실시했고, 그 외에는 필자가 2008년부터 수행한 다른 주제 관련 인터뷰에서도 관련된 내용을 일부 참고자료로 이용했다.

2. '조선'과 '한국' 경계 형성과 상징의 헤게모니 경쟁

종전 후 재일한인 사회에서는 좌우 양 진영의 민족단체가 결성되어 영향력과 대표성을 확보하기 위한 경쟁을 펼쳤다. 1945년 10월 15일 좌·우파를 아우르는 통합적 민족단체로서 재일본조선인연맹(약칭 '조련')이 출범했다. 그러나 한반도 신탁통치안을 둘러싼 갈등을 계기로 조련에서 나온 우파 인사들이 조선건국촉진청년동맹(약칭 '건청', 1945년 11월 결성), 신조선건설동맹(약칭 '건동', 1946년 1월 결성)과 함께 1946년 10월 3일 개천절에 재일조선인거류민단(약칭 '민단')을 결성했다. 이후 조련과 민단의 헤게모니 경쟁은 본국과의 관계를 중요한 지렛대로 삼는다. 그런 맥락에서 남북한 정부 수립을 계기로 '한국'과 '조선'이라는 정체성의 표상이 경쟁의 중요한 축으로 등장했다.

1948년 8월 15일 대한민국 정부가 수립되자, 민단은 한국 정부 초청으로 대표단이 대한민국 건국 기념 축전에 참석하고, 9월 8일 "재일교포의 유일한 민주단체(자치단체)"라는 한국 정부의 공인을 받았다(在日本大韓民国居留民団大阪地方本部, 1980: 86). 한국의 공인장을 받은 민단은 10월 4, 5일에 개최된 제5회 민단 전체대회에서 이를 발표하고 단체명을 '재일본조선거류민단'에서 '재일본대한민국거류민단'으로 변경했다(在日本大韓民国居留民団大阪地方本部, 1980: 59~60).[1] 민단에 이어 '재일본조선기독교회'도 1948년 10월 제4회 정기총회(16개 교회, 대의원 56명 참가)에서 명칭을 '재일본대한기독교회 총회'로 변경했다. 장시간 토의를 거친 끝에 투표를 통해 28 대 27로 변경이 결정되었다. 이에 관해 이청일(李清一, 2015: 173~174)은 "재일한국·조선인 사회가 1946년 이후에 '조련'(사회주의파)과 '민단'(민족파)으로 나뉘어가는 가운데, 교회 지도자에는 민족파에 속한 사람들이 많았다고 할 수 있는데, 그런데도 명칭 변경 표결에서 한 표 차이밖에 나지 않았다는 사실에서, 당시 교회 지도자에게 명칭 변경이 간단히 결정할 수 없는 큰 문제였음을 알 수 있다"고 적고 있다.

한편, 1948년 9월 9일 조선민주주의인민공화국 정부가 출범하자, 조련은 도쿄에서 경축대회를 열어 지지를 표명했다. 북한 정부 수립을 기해 조련은 중앙본부뿐 아니라 각 지방본부도 태극기의 사용을 중지하고 북한 국기인 인공기를 게양하기 시작했다. 1949년 2월 조련 제17회 중앙위원회에서는 '조선민주주의인민공화국'을 한반도의 유일한 주권 국가로 인정할 것을 결의했고, 북한 정부 초청으로 경축단이 평양을 방문하여 12월 23일에 김일성과 회견을 가졌다(呉圭祥, 2005: 19).

대한민국과 조선민주주의인민공화국의 수립을 계기로 촉발된 정체성의

1) 박병헌(朴炳憲, 2011: 73)은 9월 28일에 개칭했다고 기술했다.

상징을 둘러싼 갈등은 1950년대 들어 '한국'과 '조선'이라는 표상을 축으로 전개되었다. 한국에서는 1948년 12월 20일에 국적법이, 1949년 11월에는 재외국민등록법이 제정되어 곧바로 재일한인에게도 적용되었다. 한국 정부가 국민 등록 업무를 민단에 위탁하여, 민단은 국민 등록을 대대적으로 선전하면서 한국 국민이 되는 의미를 홍보했다. 민단은 한국 국기와 국호는 이미 국제적으로 승인을 받았으며, "'조선'이라는 국적은 식민지 지배의 상징이고 일본 신민으로서의 호칭"이므로 "한국민이 되는 의미는 예민(隸民) 자격에서 해방민이 되는 것"이라고 주장했다(Min, 2018: 58~59). 1949년 12월 일본 정부가 '외국인등록령'을 개정하자, 이미 재일한인에 대한 국민 등록 시행에 들어간 한국 정부와 민단은 외국인등록증의 국적 표기를 일괄적으로 '한국'으로 변경해 줄 것을 요구했다. 이때 '조선'이 불가한 이유로 '식민지 지배의 상징'이라는 것 외에 '공산주의의 상징'이라는 것도 더해졌다. '조선'은 조선민주주의인민공화국이라는 북한의 국호에 들어 있는 명칭으로, 재일한인을 조선적으로 규정하는 것은 공산주의 운동을 조장하는 것이라는 주장이었다.[2)]

일본 정부는 당초 한국의 요구를 거부했으나, SCAP[3)]이 '한국' 표기를 승인함에 따라 입장을 수정하여 '조선'을 원칙으로 하되 희망자는 '한국'을 기재할 수 있도록 하고, 1950년 2월에 이 방침을 발표하여 시행에 들어갔다. 일단 모두 '조선'이었기 때문에 '한국'을 희망하는 사람은 기재 변경 절차를

2) 당시 신흥우 대사는 한국 정부의 견해를 외교국에 다음과 같이 설명했다. 첫째, 한국은 남조선의 정식 국명이고 조선이라는 명칭은 북조선의 국명에 들어 있기 때문에 일본 정부가 모든 재일조선인에게 조선이라는 명칭을 적용하면 반공주의의 재일조선인에게도 공산주의 운동을 조장하는 셈이 된다. 둘째, 조선이라는 이름은 일본 정부가 식민지 시대에 사용했다. 셋째, '대한'은 일본의 식민지가 되기 전 독립 조선의 국명이었다(金太基, 1997: 674).

3) Supreme Commander for the Allied Powers(연합국군 최고사령부)의 약칭. 종전 후 1952년 4월 28일 평화조약 발효 시까지 일본을 점령하여 통치했던 기구다.

통해 '한국'으로 변경했다. 그에 따라 1950년 3월부터 일본 정부는 '한국'과 '조선'을 구분해서 국적별 외국인 등록자 수를 집계하여 공표하기 시작했고 민단과 조련계[4]는 그 인원수를 조직의 세력을 평가하는 지표로 삼아 치열한 경쟁을 펼친다.

1951년 9월 평화조약이 체결되자 한일 양국은 평화조약 발효 후 재일한인의 법적 지위에 대해 논의를 시작했다. 국적 처리는 가장 핵심적인 문제였다. 한일회담을 앞두고 일본 법무부 민사국은 8월 6일 '평화조약에 의한 국적 문제의 처리 요강'이라는 통달 문서를 작성하여 "'① 재일조선인은 평화조약의 효력 발생과 동시에 일본 국적을 상실한다, ② 조선 호적 등록자를 조선인이라 한다, ③ 평화조약 발효 후, 조선인의 일본 국적 취득은 오로지 국적법의 귀화 규정에 의거한다'라는 세 가지 방침"을 확인했다(Min, 2018: 96). 즉, 평화조약 발효 후 재일한인의 일본 국적은 상실되지만 새로운 국적이 무엇인지는 확정할 수 없다는 입장이었다. 따라서 일본 정부가 재일한인을 '조선인'이라 함은 '조선' 국적 보유자라는 의미가 아니라 '조선호적령'의 적용을 받는 '조선호적 등록자'라는 의미에서였다. 이에 대해 한국 정부는 3·1 운동을 계승한 대한민국 정부는 1948년 8월 15일에 수립되었지만 국가 자체는 그 이전부터 존재한 것이고, 결국 재일한인도 3·1 독립운동의 정신을 계승한 존재라는 의미에서 원래 '한국인'이라고 주장했다(Min, 2018: 97~98).

1952년 2월 제1차 한일회담에서는 재일한인의 국적을 대한민국으로 보고, 이들의 영주를 인정한다는 데 한일 양측의 의견이 일치하여, 4월 1일에 작성한 협정안의 제2조에 "대한민국은 재일조선인이 대한민국 국민임을 확

4) 조련은 1949년 9월 일본 정부에 의해 해산되었고, 1951년 1월에 조련을 잇는 후속 조직으로 재일조선통일민주전선(약칭 '민전')이 결성되었다. 1955년 민전이 발전적으로 해체하고 재일본조선인총연합회(약칭 '총련')가 결성되었다.

인한다"고 명기했다(吉澤文寿, 2011: 155, 157). 그러나 한일회담이 타결되지 못한 채 1952년 4월 28일 평화조약이 발효되었고, 이와 동시에 일본 정부는 재일한인의 일본 국적 상실을 선언했다. 외국인등록서류(등록원표와 등록증)상의 국적 표기 '한국'과 '조선'은 종전과 같이 국적이 아닌 출신지 명칭으로 규정되었다. 단, 재일한인의 국적과 재류 자격에 관하여 제1차 회담에서 합의된 방침은 바뀌지 않아, 1953년 6월 15일 민단 기관지 ≪민주신문≫은 "현재 일본에 거주하고 있는 약 60만 한국인의 국적은 일률적으로 '한국' 국적을 취득하는 것으로 되어 있다. 거기에 수반되는 영구 거주권 문제는 종전 전의 정규 입국자와 주일 한국 대표부의 증명서 소지자에게는 영구 영주권을 주기로 되어 있다"라고 보도하기도 했다(在日本大韓民国居留民団大阪地方本部, 1980: 1). 그러나 국적과 재류권 문제가 해결에 이르지 못한 가운데 제3차 회담은 1953년 10월 21일 '구보타(久保田) 망언'[5]으로 인해 결렬되었고, 1958년 회담이 재개될 때까지 약 5년간 한일 양국 교섭은 중단 상태가 지속되었다.

한일회담이 중단된 시기에 일본과 북한 사이에는 적십자사를 매개로 한 재일한인의 '귀국'(북송)에 대해 물밑 접촉이 이루어졌다. 1955년 2월 북한이 남일 외상의 성명을 통해 북일 관계 개선 방침을 발표하고, 뒤이어 재북한 일본인 귀환 문제에 대한 교섭을 제안했다. 1955년 5월 25일 민전의 자진 해체와 동시에 총련이 결성되어, 새롭게 채택한 강령 제1조에서 조선민주주의인민공화국에 귀속됨을 명시했고, 귀국대책위원회를 설치하여 일본과의 교섭 창구를 맡도록 했다. 일본 정부는 총련과 공식 접촉 후 1955년

5) 1953년 제3차 한일회담에서 일본 측 수석대표로 나온 구보타 간이치로(久保田 貫一郞)가 일제 36년 동안 일본이 한국에 많은 이익을 주었으며 일본의 지배를 받지 않았으면 중국이나 러시아에 지배당해 더 비참한 상태가 되었을 것이라고, 식민지 지배를 정당화하는 주장을 한 사건이다.

말부터 재일조선인의 대량 '귀국'을 적극적으로 검토하기 시작했다. 1956년 2월 14일 일본 국회에 출석하여 '귀국' 문제에 대해 발언한 총련 중앙본부 외무부장은 재일한인 약 60만 중에서 외국인 등록을 '한국'으로 한 사람은 15%뿐이고, 85%가 모두 조선민주주의인민공화국 공민으로 했다고 주장했다. 즉, '조선'을 조선민주주의인민공화국 국적으로 규정한 것이다.

민단과 조련은 대한민국과 조선민주주의인민공화국이 수립되자 즉각적으로 지지를 표명하고 각 정부로부터 재일한인을 대표하는 단체로서 공인을 받는 등 본국과의 연계를 적극적으로 추진했지만, 일반 재일한인이 두 국가를 명확하게 인식하고 있는 것은 아니었다. 대한민국도 조선민주주의인민공화국도 그들에게는 새로운 존재였고, 일반 재일한인이 정치적 귀속의식을 갖기에는 구체적인 존재감이 아직 미약했다. 따라서 1950년대 재일한인이 외국인등록증의 국적 표기로서 '한국' 또는 '조선'을 선택한 것은 반드시 본국의 두 국가에 대한 인식에 기초한 것이라고 보기는 어렵다. 당시는 국가의 존재감이 미약한 가운데 재일한인 사회에서 조련계에 대한 지지가 상대적으로 강했고, '조선'은 민족 정체성을 나타내는 명칭으로 익숙한 데 반해 '한국'은 생소한 이름이었다. 민단은 '조선'에 대비되는 '한국'의 의미, '한국 국민'이 되는 의미와 장점을 선전함으로써 재일한인 사회에서 '한국'적을 확대하고자 했고, 조련-민전-총련은 '한국'적으로의 변경을 막아 '조선'적의 절대 우위를 확보하고자 했다.

3. 1950~1970년 국적 변경의 추이

〈표 1-2〉는 1950~1970년의 한국과 조선 각각의 연도별 외국인 등록자 수(각 연도 12월 기준)를 나타낸 것이다.

표 1-2 _ 국적별 외국인 등록자 수(법무성 통계, 12월 기준)

연도	등록자 수(비율)		
	한국적	조선적	총수
1950	77,433 (14.2)	467,470 (85.8)	544,930
1951	95,157 (17.0)	465,543 (83.0)	560,700
1952	121,943 (22.8)	413,122 (77.2)	535,065
1953	131,427 (23.6)	424,637 (76.4)	556,064
1954	135,161 (24.3)	421,078 (75.7)	556,239
1955	143,889 (24.9)	433,793 (75.1)	577,682
1956	146,331 (25.4)	428,956 (74.6)	575,287
1957	158,991 (26.4)	442,778 (73.6)	601,769
1958	170,666 (27.9)	440,419 (72.1)	611,085
1959	174,151 (28.1)	444,945 (71.9)	619,096
1960	179,298 (30.8)	401,959 (69.2)	581,257
1961	187,112 (33.0)	380,340 (67.0)	567,452
1962	199,174 (35.0)	370,186 (65.0)	569,360
1963	215,582 (37.6)	357,702 (62.4)	573,284
1964	228,372 (39.5)	350,173 (60.5)	578,545
1965	244,421 (41.9)	339,116 (58.1)	583,537
1966	253,611 (43.3)	331,667 (56.7)	585,278
1967	267,261 (45.2)	324,084 (54.8)	591,345
1968	289,551 (48.4)	308,535 (51.6)	598,086
1969	309,637 (51.0)	297,678 (49.0)	607,315
1970	331,389 (54.0)	282,813 (46.0)	614,202

자료: 統一日報社(1981: 982).

1950년대에는 재일한인 총인구가 8만 4000여 명 증가했다. 그중 한국 5만 2000명, 조선 약 3만 2000명으로, 한국과 조선이 모두 증가한 것으로 나타났다. 한국과 조선 모두 절대 수는 증가했지만, 재일한인 외국인등록자 총인구 중 차지하는 비율은 한국이 1950년 14.2%, 1955년 24.9%, 1960년

그림 1-1 _ 국적별 인구 변동 추이

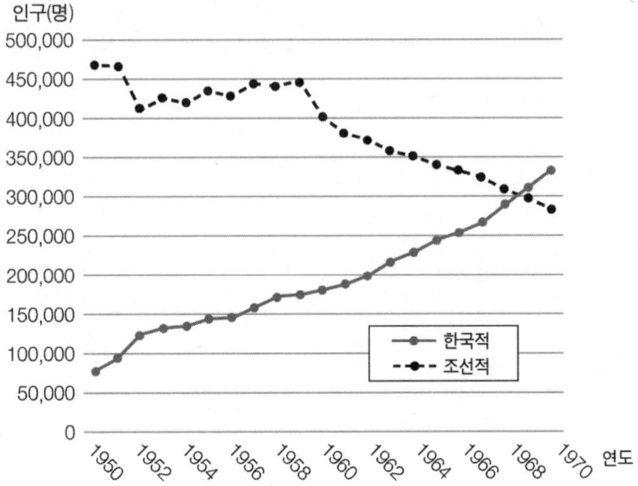

자료: 統一日報社(1981: 982)의 자료를 기초로 필자가 작성.

30.8%로 지속적인 증가를 보인 데 반해 같은 기간 조선은 85.8%, 75.1%, 69.2%로 지속적으로 감소했다. 1949년까지는 전원이 조선적이었고 1950년부터 한국적으로 변경할 수 있게 되었으니, 1950년대 한국적 인구의 증가분 중 일정 부분은 조선에서 변경한 경우로 추정할 수 있다.

1960년대에는 한국은 지속적인 증가 추세를 이어간 반면, 조선은 지속적으로 감소했다. 그 결과 1950년대에는 적어도 70% 이상의 압도적 다수를 유지했던 조선적 인구가 1969년에 이르러서는 한국적에 추월당했다. 1960년대의 첫 2년은 조선적 인구가 급감하여 한국적 인구의 증가보다 더 큰 폭의 감소를 보였으나, 그 후 한국적의 증가와 조선적의 감소가 거의 대칭을 이루어, 양자 간에 상관관계가 있다고 유추할 수가 있다(〈그림 1-1〉 참조).

미즈노 나오키·문경수(水野直樹·文京洙, 2015)는 1960년대에 조선적이 대폭 감소한 주된 이유로 '귀국 사업'과 협정영주 두 가지를 들었다. '귀국 사

표 1-3 _ 1959~1970년 북한 이주자 수

연도	횟수	인원	연도	횟수	인원
1959	3	2,942	1965	11	2,255
1960	48	49,036	1966	12	1,860
1961	34	22,801	1967	11	1,831
1962	16	3,497	1968	0	0
1963	12	2,567	1969	0	0
1964	8	1,822	1970	0	0

주: 이주하는 조선인에 동반한 일본인 가족, 중국인 가족 포함.
자료: 金英達·高柳俊男 編(1995: 226).

그림 1-2 _ 1959~1970년 북한 이주자와 조선적 증감 현황

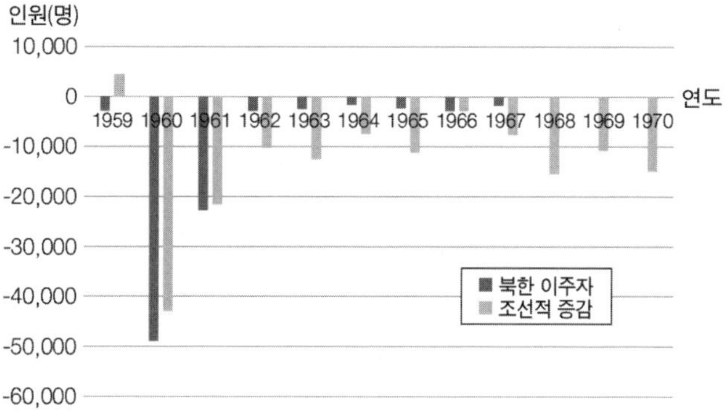

자료: 金英達·高柳俊男 編(1995: 226)의 자료를 기초로 필자가 작성.

업'은 총련 주도로 추진된 재일한인의 북한 집단 이주를 말하며, 1959년 12월 14일에 시작되어 1960년대 들어 본격적으로 진행되었다. 이 사업을 통해 총 10만 명에 가까운 사람들이 일본을 떠나 북한으로 이주했는데 그 대부분은 조선적이었다.

〈표 1-3〉은 1959~1970년의 '귀국 사업'에 의한 북한 이주자 수를 나타낸 것이다. 여기서 '횟수'는 이주자 수송을 위한 배가 출항한 횟수를 말한다.

사업 첫해인 1959년에 세 차례에 걸쳐 2942명이 떠난 이래 1970년까지 총 155차에 걸쳐 8만 8631명이 북한으로 이주했다. 이들 가운데는 일본인 배우자도 일부 포함되어 있으나 대부분이 조선적의 재일한인으로, 결국 '귀국 사업'은 1960년대 조선적 인구의 대규모 감소에 결정적인 요인으로 작용했다.

그런데 1959~1970년의 북한 이주자 수와 조선적 감소 인원수를 비교해 보면 '귀국 사업'만으로는 설명되지 않는 부분이 있다.

〈그림 1-2〉를 보면 1959년에는 북한 이주자가 있음에도 불구하고 조선적이 증가했고, 1960, 1961년은 북한 이주자가 조선적 감소 인원보다도 많다. 북한 이주자 중에 동반 가족인 일본인과 중국인 등 조선적이 아닌 사람도 있었기 때문일 것이다.[6] 그러나 1962년부터는 북한 이주자보다도 조선적 감소 인원이 많은 것으로 나타났다. 특히 1968~1970년 3년간은 사업이 중단되어 북한 이주자가 전혀 없었는데도 조선적은 더 많이 감소했다. 이는 1960년대의 조선적 감소를 '귀국 사업'으로 설명할 수 있는 것은 초기 2년에 국한되며, 1962년 이후에는 다른 요인에 의한 조선적 감소도 상당수 존재했음을 보여준다. 1960~1970년에 감소한 조선적 인구는 총 16만 2132명인데, '귀국 사업'에 의한 북한 이주자는 8만 5669명이다. 즉, 7만 6463명에 이르는 인원이 '귀국 사업' 이외의 요인으로 감소한 것이라 할 수 있다.

'귀국 사업' 이외의 조선적 감소 요인으로 생각할 수 있는 것은 귀화, 자연 감소(사망과 출생의 차이) 등이다. 그러나 이 기간에 귀화를 통한 일본 국적 취득자 수는 한국적, 조선적을 합쳐서 3만 8259명이며, 자연 증감은 이 기간 중 오히려 매년 8000~9000명대의 증가를 기록했다(在日本大韓民国民

6) 1959~1970년 북한 이주자 8만 8611명 중 조선인은 8만 1962명(남 4만 5297명, 여 3만 6665명)이며, 일본인과 중국인은 6649명이다. 일본인과 중국인 이주자 수는 1964년까지 일본인 6286명, 중국인 6명으로 집계되었다(金英達·高柳俊男 編, 1995: 223, 226).

표 1-4 _ 귀화자 (단위: 명)

연도	1960	1961	1962	1963	1964	1965	1966	1967	1968	1969	1970
귀화 수	3,763	2,710	3,222	3,558	4,632	3,438	3,816	3,391	3,194	1,889	4,646

자료: 浅川晃広(2003: 14)을 토대로 작성.

団, 2019). 귀화나 자연 증감을 고려에 넣어도 여전히 조선적 감소는 설명이 안 되는 부분이 있다. 그 부분이 바로 조선에서 한국으로 국적을 변경한 경우라고 볼 수 있다.

미즈노 나오키·문경수(水野直樹·文京洙, 2015)도 국적 변경을 1960년대 조선적 감소의 주된 원인 중 하나로 보았다. 그리고 많은 사람들이 조선에서 한국으로 변경하게 된 이유로 협정영주권을 들었다. 협정영주는 1965년 '한일법적지위협정'에 따라 재일한인에게 부여한 재류 자격으로, 그 법적 근거로서 출입국관리에 관한 특별법이 제정되었다. 출입국관리법상의 영주권과 구별하여 이를 협정영주권이라 하며, 일반 영주권에 비해 유리한 내용을 담고 있다. 그런데 협정영주권의 대상이 대한민국 국민으로 규정되었기 때문에, 조선적인 사람이 협정영주권을 취득하려면 국적을 한국으로 변경할 수밖에 없었다. 따라서 협정영주권이 국적 변경의 주된 요인인 것은 분명하다.

그러나 협정영주권이 국적 변경의 유일한 요인이라고는 할 수 없다. 다시 말해 조선에서 한국으로의 변경이 모두 협정영주권을 얻기 위한 것이었다고 할 수는 없다. '법적지위협정'이 발효된 1966년 1월 이전 1960~1965년에 이미 '귀국 사업'에 의한 북한 이주자 외의 조선적 감소 인원이 2만 3851명으로 나타났다. 이는 협정이 발효되기 전 수년 동안에도 국적 변경은 적지 않은 규모로 진행되고 있었음을 보여준다. 앞에서 〈표 1-2〉를 토대로 1950년대에 조선적의 절대 수는 늘었지만 인구 비율로는 약 30% 감소했음을 밝혔는데, 이 점과 한일협정 이전인 1960년대 전반기의 조선적 감소 내용을 아울러 생각하면, 협정영주권과 무관하게 이루어진 국적 변경도 결코 적은 규모라고는 할 수 없다.

미즈노 나오키·문경수(水野直樹·文京洙, 2015: 162)는 조선적인 사람들이 협정영주권을 받기 위해 국적 변경을 택한 이유는 국민건강보험 때문이라고 설명했다. 그동안 재일한인은 일본 국적이 아니어서 국민건강보험에 가입할 수 없었는데, 협정영주자는 가입할 수 있게 되었다. 미즈노 나오키·문경수는 협정영주권을 둘러싼 재일한인들의 대립과 고뇌를 다룬 ≪아사히신문≫ 1970년 10월 7일 자 기사를 들어, 조선적 한인들의 협정영주권 신청이 "국민건강보험 가입을 위한 고뇌의 선택"이었음을 주장했다. 그 기사에서 "국보(국민건강보험) 없으면 목숨을 잃는다"라고 표현했을 만큼 국민건강보험이 절실하게 필요했기 때문에 부득이하게 국적을 변경하여 협정영주권을 신청했다는 것이다.

국민건강보험을 절실하게 필요로 했던 상황은 조선적뿐 아니라 한국적의 재일한인에게도 해당된다. 그렇다면 국적을 변경할 필요도 없이 협정영주권 신청을 할 수 있는 한국적자들은 적극적으로 신청을 하지 않았을까? 이들에게는 국적 변경에 따르는 물리적·심리적 부담도 없고, 더욱이 민단이 협정영주권을 적극적으로 홍보하면서 신청을 독려하고 있었다. 그런데 협정영주 신청이 개시된 1966년 1월 17일부터 거의 1년이 지난 1967년 1월 13일까지 협정영주권 신청자는 2만 749명으로 유자격자[7] 55만 9147명의 4%에도 미치지 못했다(林茂澤, 2011: 126). 신청자 2만 749명이 모두 원래 한국적이었다고 가정해도 당시(1966년 12월 기준)의 한국적자 25만 3611명의 92%가 협정영주권 신청을 보류하고 있었던 것이다. 1966년에 국적 변

7) 외국인등록증의 국적 표기가 '조선'이라도 한국 국적법상 재일한인은 모두 대한민국 국민으로 규정되기 때문에 일단 유자격자에 해당한다. 그러나 협정영주 신청 절차상 국적 변경이 불가피했다(이 점은 4절에서 상술함).

경에 의한 것으로 추정되는 조선적 감소 인원이 5589명인데, 이들이 협정영주권을 신청했다면 원래 한국적이었던 신청자는 1만 5000명도 안 된 셈이다. 신청 기간 5년 중 3년 이상이 지나도 신청률은 극히 저조했다.

국민건강보험이 협정영주권 신청의 가장 핵심적인 이유였다면 한국적의 재일한인들의 신청이 초기에 이렇게 저조했던 것은 이해하기가 어렵다. 이런 점에 비추어 볼 때, 국민건강보험이 협정영주권 신청의 중요한 이유 중 하나일 수는 있지만, 유일한 또는 핵심적인 이유였다고 단정할 수는 없다. 그렇다면 이 시기에 조선에서 한국으로 변경한 사람들의 변경 이유도 단순히 국민건강보험 가입을 위해서였다고 단정해 버리기는 어렵다고 본다. 그러나 국민건강보험 외에 어떤 다른 이유가 있었는지 실증적인 연구를 통해 파악하려는 시도는 필자가 아는 한 아직 없었던 것 같다.

앞에서 살펴보았듯이 1960년대의 국적 변경자는 약 7만 6000명 정도로 추정된다. 1959년 12월부터 1960년대에 걸쳐 '귀국 사업'을 통해 북한으로 이주한 인구는 약 8만 8000명이니, 북한 집단 이주에 비견될 만한 규모의 경계 넘기가 '한국'과 '조선' 사이에서 일어났던 것이다.

4. 국적 변경 사례: 1950년대

2절에서 보았듯이 1950년대에는 한국적은 지속적으로 증가한 반면, 조선적은 증감이 교차하면서 전반적으로 증가하는 양상을 띠었다. 일본에서 한국과 조선의 법적 위상에 차이가 없었기 때문에 한국을 택함으로써 특별한 혜택이 있는 것도 아니었던 이 시기에 조선에서 한국으로 국적 표기를 변경한 사람들은 어떤 사람들이며 왜 변경했을까?

1950년대는 1세들이 주축으로 활동하던 시기로 국적 표기 변경은 대부분 1세들이 했기 때문에, 당시 한국으로 변경한 당사자들은 이미 대부분 고인이 되어 직접 이야기를 들을 수는 없었다. 현재 70대 중후반에 이른 사람들도 2세인 경우 외국인 등록은 자신이 직접 하지 않았다. 출생, 혼인, 사망 등 신분 변경에 관한 사항은 지자체 사무소에 신고하여 외국인등록원표에 기재되기 때문에 2세는 출생 신고를 통해 외국인등록원표에 오른 순간 부모에 의해 이미 국적 표기가 결정된 상태다. 이들은 14세가 되면 처음으로 외국인등록증을 받는데, 처음 받은 외국인등록증에 이미 한국으로 기재되어 있는 경우가 있는가 하면, 처음에는 조선이었는데, 이후 외국인등록증 갱신을 하고 보니 한국으로 바뀌어 있는 경우도 있다. 여기서는 부모님이 1950년대에 국적을 변경했기 때문에 자신들도 한국적이 된 재일 2세들에게서 들은 이야기를 정리했다. 인터뷰 대상은 70대 이상의 남성 3명과 여성 1명이며, 인터뷰를 수행한 것은 2016년 12월 17~21일이다.

【사례 1】

이경자(가명, 1.5세, 1941년생, 여)는 국적을 언제 조선에서 한국으로 바꿨는지 모른다. 그는 "우리 집은 원래 한국"이라면서도 "당시 우리는 '한국'이라기보다 '민단'으로 생각"했다고 했다. 부모님은 경상남도 출신으로 한국에서 결혼했는데 아버지 혼자 먼저 일본에 왔다. 고향에 시부모님과 함께 남아 가게를 운영하던 어머니는 3살 된 이경자와 연년생인 남동생을 데리고 나중에 일본으로 건너왔다. 어머니 형제들이 돗토리현에 많이 살고 있어서 처음에는 돗토리의 시골로 들어갔다가 아버지가 나중에 요나고시에서 큰 사업을 하게 되어, 고등학교 때 도시부에 있는 2층 집으로 이사를 갔다. 새집에 처음 가던 날 이경자는 현관에 '거류민단'이라는 간판이 걸려 있는 것을 보았다. '거류민단'이 무슨 뜻인지 아버지께 여쭤보니, 우리나라 단체인데 사무소가 없어서 우리 집을 사무소로 쓰게 된 거라고 설명해 주셨다.

이경자의 어머니도 한국 국적인데, 외삼촌과 이모 등 어머니 형제들은 모두 총련계였다. 도쿄의 이모는 총련계 최고위층에 속했다. 한번은 아버지가 한국에 다니러 간 사이에 이모가 와서 셋째 동생을 조선학교에 보내라고 권유하고 도쿄로 데리고 갔다. 아버지는 한국에서 돌아온 뒤 엄청나게 화를 냈다. 도쿄에서 조선 고교에 다니게 된 여동생은 학교를 다니던 중에 북으로 '귀국'하고 싶다고 했는데, 부모님이 맹렬히 반대하고 졸업 후 집으로 오게 해 곧바로 결혼을 시켰다.

자택에 민단 사무소를 둔 것으로 보아, 이경자의 아버지는 당시 민단 임원이었거나 아니면 중요한 지원자였을 것이다. 시부모님도 민단 지부의 단장, 부인회장을 역임한 경력이 있고, 이경자 자신도 민단 지방본부에서 부인회 임원을 맡고 있는 것으로 보아, 이경자의 가족은 일찍부터 민단 네트워크에 속해 있었으리라고 생각된다.

【사례 2】

윤명철(가명, 2세, 1940년생, 남)은 성인이 되어 외국인등록증을 갱신하러 가니 그때 이미 국적이 한국이었다. '조센진(조선인)'이라는 말이 차별적이어서 싫었는데 '간코쿠진(한국인)'은 그런 차별적인 느낌이 없어서 듣기가 좋았다. 아버지는 경상도 의령 출신으로, 17살 때(1920년 무렵?) 고향 친구들이 가자 해서 일본으로 왔다. 한국에서는 먹고살 수가 없어서 일을 찾아서 온 것이다. 교토에는 친구가 4명 정도 와 있었기에 그 친구들을 의지해서 왔다. 교토에는 지금도 의령군회가 있어서 연 2~3회 모임을 갖는다. 아버지는 혼자 먼저 일본에 와 기반을 쌓고 나서 어머니를 데리고 왔다. 외할아버지도 나고야에 와 있었다.

"우리는 한국계"라고 단언하지만 민단 조직과는 거리가 있었던 것 같다.

윤명철은 여권을 처음 만든 1971년경에야 처음으로 민단이라는 조직을 알게 되었다. 88 서울올림픽 때도 민단에서 조직한 방문단에 참가하지 않고 몇몇 집이 모여서 사적으로 한국 여행을 다녀왔다. 그래도 남동생은 대학 졸업 후 민단 본부에서 근무했다.

윤명철 가족이 살던 지역에서는 예전에 총련계와 민단계는 교류가 없었다. 총련계 사람과 민단계 사람이 연애하면 양쪽 집안에서 다 반대했다. 그런데 누나가 총련계 집안으로 시집을 가게 되었다. 아버지와 같이 일본에 온 친구 소개였는데, 형은 총련에서 열성적으로 활동하지만 당사자는 총련 조직과 무관하다 해서 허락을 했다. 그런데 그 누나는 남편과 함께 제1차 '귀국선'을 타고 북으로 갔다. 윤명철의 부모님은 누나가 북으로 가는 것을 반대해, 헤어지고 집으로 오라고까지 했지만, 아이가 둘이어서 결국 남편을 따라 북으로 갔다. 북으로 간 뒤 편지가 와서 조선은행에 가서 읽어달라고 하니 물건을 보내달라는 내용이었다. 어머니의 남동생 아들이 조선은행에 근무했는데 북에 갈 일이 있다고 전해줄 것이 없냐고 해서 그 편에 짐과 10만 엔을 보냈다.

윤명철의 가족은 일찍 협정영주권을 취득해서 이후 한국에 자주 다녔는데, 아버지는 결국 가지 못했다. 한국에 처음 가게 되었을 때(계엄령이 있을 때였다고 함), 아버지가 가신다는 편지를 써서 친척에게 보냈더니, 북에 친척이 가 있으면 스파이 취급당한다고 오지 말라는 답장이 왔기 때문이다.

【사례 3】

박실(2세, 1944년생, 남)[8]도 14살 때 처음 받은 외국인등록증에 이미 한국

8) 박실의 구술 기록은 小熊英二·高賛侑·高秀美 編(2016)에도 수록되어 있다. 이 글에서는 필자가 직접 수행한 인터뷰 기록을 토대로 기술했고, 2008년에 수행한 민족명에 관한 인터뷰 기록도 일부 이용했다.

적으로 되어 있었다. 박실은 가족이 '조선'에서 '한국'으로 변경한 것이 언제인지, 누가 변경을 했는지 등 변경 경위에 대해서는 알지 못한다. 다만, 아버지와 조련의 관계 때문에 아마도 가족들이 총련을 싫어하게 되어서 '한국'으로 변경한 것이 아닐까 추측할 뿐이다. 박실은 어릴 때 아버지가 별세했기 때문에 주로 어머니에게 들은 이야기를 통해 아버지를 기억하고 있다. 아버지는 해방 후 곧 조련에 들어가 활동했는데, 조련에서 회계 문제로 의심을 받아 폭행을 당한 후 조직을 떠나게 되었다고 한다. 그 영향 때문인지 모르겠지만, 아버지는 1950년 불과 47살의 나이에 세상을 떠났다. 소학교 시절, 한국 전쟁 직후 민족학급의 교사가 태극기는 옛날 국기이고 이제는 인공기가 국기라고 했는데, 그 말을 전해 들은 어머니가 화를 내고 민족학급을 그만두게 한 일이 있었다.

어머니는 박실이 소·중학생이던 무렵에 교회에 다니기 시작하여 1966년경에 세례를 받았다. 박실도 나중에 교회 청년부에서 활동했고, 대학 시절에는 교회 장학금을 받기도 했다. 1944년생인 박실이 10대 초반일 무렵이면 1955~1958년 무렵일 테니, 어머니가 교회에 다니기 시작한 것은 아버지 별세 후, 국적 표기를 '한국'으로 변경한 즈음으로 짐작된다. 교회에 다니게 된 것과 '한국'으로 변경한 것이 관련이 있는지 여부는 알 수 없으나, 아버지 별세 후 박실의 가족은 조련계 네트워크에서 이탈해 한국계로 볼 수 있는 재일한인 교회를 중심으로 한 커뮤니티에 속하게 된 것이 아닌가 한다.

【사례 4】

안민우(가명, 2세, 1941년생, 남)는 원래 오사카에서 태어난 재일 2세인데 어머니와 함께 한국에 들어가 있던 중 해방이 되어 돌아오지 못하고, 아버지와 떨어져 서울에서 살게 되었다. 한일협정 후 아버지 초청으로 일본에 다시 와 지금까지 일본에 살고 있고, 신분은 일반 영주자다. 그러니까 안민우 자신은 한일협정 후 한국 국민 신분으로 여권을 갖고 일본에 들어온 뉴커머인 셈이다.

안민우의 아버지는 함경도 출신으로, 일제 강점기에 중국으로 갔다가 일본으로 건너와 신학교를 졸업한 후 재일한인이 많이 살고 있는 지역에서 교회를 설립했다. 전쟁으로 정세가 혼란해지자 아버지는 가족을 서울로 보내고 혼자 일본에 남아 목회를 했다. 어머니와 안민우의 형제들은 원적이 함경도였기 때문에 서울 중구 충무로에 본적을 새로 만들고, 영등포에 살았다. 아버지는 해방 후에도 은퇴할 때까지 목회를 계속했는데, 일찌감치 외국인등록증의 국적 표기를 '한국'으로 변경했고, '법적지위협정'이 발효되자 곧 협정영주권을 취득해서 큰아들인 안민우를 일본으로 초청했다.

안민우는 친족 방문 목적으로 일본에 왔기 때문에 6개월 또는 1년, 가장 긴 것은 3년 재류 갱신을 거듭하며 일본에 머물렀다. 일본인 담당 직원이 한국으로 돌아가는 것이 어떻겠냐고 해서, 아버지를 혼자 두고 가면 누가 아버지를 돌보겠냐며 다시 재류 갱신을 하곤 했다. 일본에 온 지 얼마 안 되었을 때부터 민단 일을 시작해 지금까지 계속해 왔다. 한국말을 할 수 있고, 총련과 민단 대립이 심할 때여서 청년이 조직에서 도움이 되었기 때문에 가능했다. 뒤에 일본인과 결혼하여 일반 영주권을 획득하고 지금까지 일본에 살고 있다.

이상에서 본 바와 같이 한일협정 발효 이전에 '한국'으로 변경한 4건의 사례는 다음과 같은 공통점을 지니고 있었다. 첫째, 한일협정 발효 이전의 시기에서도 비교적 빠른 1950년대 중반 혹은 그 이전에 변경을 했다는 점, 둘째, 각기 성격은 다르지만 삶의 중요한 기반이 된 커뮤니티를 갖고 있었다는 점, 셋째, 변경 당사자였던 아버지의 부모 형제 또는 배우자와 자녀들이 한국에 살고 있었다는 점(박실의 경우는 아버지가 일찍 별세했음) 등이다. 이들이 외국인 등록의 국적 표기를 변경한 시기에는 조선에서 한국으로의 변경이 특별한 권리나 혜택을 수반하지 않았다. 또, 한국적이 되었다 해서 본국과의 왕래가 자유로운 것도 아니었다. 따라서 이들의 국적 표기 변경은 실리를 추구하는 전략적 관점에서 이루어졌다기보다는, 가족이 있는 고향에 대한 마음과 일본 생활에서 형성된 친밀한 인간관계 망이나 중요한 커뮤니티의 존재가 주된 요인으로 작용했던 것이 아닌가 생각된다. 이 네 사례들에서 공통적으로 발견되는 것은, 응답자들의 부모, 즉 한국으로 변경한(또는 변경을 결정한) 당사자들의 삶에서 중요한 기반이 되는 커뮤니티 또는 인적 네트워크의 존재다. 이경자의 부친에게는 민단이, 윤명철의 부친에게는 동고동락해 온 고향 친구들이, 안민우의 부친과 박실의 모친에게는 교회가 바로 그것이다. 민단, 교회, 고향 친구들의 커뮤니티는 성격이 매우 다르다. 민단의 경우, 지부와 본부(중앙이나 지방본부)는 좀 차이가 있지만, 재일한인 사회에서 정치성이 강한 조직이다. 교회는 나름의 정치성은 있겠지만 기원하고 마음의 안식을 추구하는 세계이며, 재일한인 교회는 종교적 신앙뿐 아니라 커뮤니티의 생활에 관해서도 중요한 역할을 해왔다. 또, 청년 시절부터 이역 땅에서 일과 생활 모든 면에서 도와가며 이웃해 살아온 고향 친구들은 가족과 다름없는 유대 관계를 맺고 있었다. 이렇게 각기 성격은 다르지만, 응답자의 부모들에게는 삶의 중요한 기반이 되는 공동체였다는 점에서 공통점이 있다.

이와 관련해서 한 가지 흥미롭게 느낀 것은 이들의 삶에서 중요한 기반인 민단, 교회, 고향 친구들 등에는 서로 정도의 차이는 있겠지만 좌익 이념에 대한 반감 내지 위화감이 어느 정도 존재하고 있었다는 점이다. 물론 확실하게 반공주의 이념을 갖고 있던 민단 활동가는 '한국' 표기가 허용된 후 곧 변경했으리라고 생각할 수 있다. 그러나 민단계라 해도, 또 교회 커뮤니티 같은 곳에서도 반드시 그런 이념적 지향을 갖고 있었다고 단정할 수는 없다. 그러나 공산주의 또는 좌파적인 이념이나 단체 활동 등에 위화감을 갖는 분위기가 '한국' 친화적인 환경이 될 수는 있다.

5. 협정영주권과 대한민국 국민 증명

1965년 한일 기본조약과 부속 협정 체결은 재일한인 사회에 중대한 변곡점이 되었다. 기본조약에 의거하여 한국과 일본은 공식적인 외교 관계를 수립했고, 그동안 '출신지를 나타내는 기호'라고 규정되었던 '한국' 표기는 국적을 의미하는 것으로 재규정되었다. 그러나 '조선'에 대해서는 출신지를 나타내는 기호라는 해석이 유지되어, 그동안 동등했던 한국과 조선의 법적 지위는 차등화되었다. 두 표상의 차등화는 협정영주라는 새로운 재류 자격과 맞물려서, 이후 재일한인 사회에서 한국과 조선 사이의 국적 표기 변경의 흐름이 일어나는 구조적 조건이 되었고, 이를 둘러싼 민단과 총련의 격렬한 갈등을 야기했다.

기본조약과 함께 체결된 '대한민국과 일본국 간의 일본에 거주하는 대한민국 국민의 법적 지위와 대우에 관한 협정'(이하 '법적지위협정')은 1966년 1월 16일 정식 발효되었다. '법적지위협정' 제1조에서는 '일정 요건을 갖춘 대한민국 국민'에 대한 영주권 부여를 명기했다. 영주 허가를 받기 위해서는 협정이 발효된 1966년 1월 17일부터 1971년 1월 16일까지 신청을 해야 했다. 그리고 이를 실시하기 위한 법적 근거로서 1965년 12월 17일, '협정영주에 관한 사항을 규정한 출입국관리특별법(日本国に居住する大韓民国国民の法的地位及び待遇に関する日本国と大韓民国との間の協定の実施に伴う出入国管理特別法)'과 동법 시행규칙이 만들어졌다. 이 특별법에 의거한 영주 자

격은 출입국관리법상의 영주 자격과 구분하기 위해 '협정영주권'9)이라 일컬었는데, 일반 영주권에 비해 유리한 내용을 담고 있었다.

그동안 법적 지위가 확정되지 않아서 재일한인은 처우, 권익, 재류권, 출입국 등 다방면에서 제한이 많았다. 거기에 재일한인에 대한 민족 차별과 편견까지 더해져, 이들에게는 법적 지위의 확정이 시급한 과제였다. 협정영주권은 신청자가 자격 요건을 충족할 경우 일본 정부 재량의 여지없이 당연히 허가하도록 되어 있었으며, 협정영주자에게는 출입국관리법상의 일반적인 퇴거 강제 조항을 적용하지 않고 강제 퇴거의 사유를 대폭 축소하여, 일본 재류의 안정성이 강화되었다. 재입국 허가를 횟수나 기간의 제한 없이 받을 수 있고, 본국의 가족이나 친족을 초청할 수도 있었다. 그 밖에도 공립 소·중학교 의무교육, 상급학교 입학 자격 인정, 생활보호 수급, 국민건강보험 가입 등 생활면에서 일본인과 동등한 대우를 받도록 규정했다.10)

협정영주권을 신청하려면 두 가지 요건을 갖추어야 했다. 첫째는 국적 요건으로, 일본에 거주하는 '대한민국 국민'이어야 했다. 둘째는 '계속 거주' 요건으로, '1945년 8월 15일 이전부터 신청 때까지 계속해서 거주하는 자'와 '그 직계 비속으로서 1945년 8월 16일부터 1971년 1월 16일(신청 기간 최종일)까지 일본에서 태어나 신청 때까지 계속해서 거주하는 자'(출생 후 60일 이내 신청)여야 했다. 특히 국적 요건과 관련해서는, 협정영주권 신청 시 한

9) 협정영주는 재일한인에게 당연한 권리로서 보장된 것이 아니라 일본 정부가 심사를 통해 영주를 허가하는 것이기 때문에 '영주권'이라 할 수 없다는 견해도 있으나, 요건을 갖춘 사람에게는 재량의 여지없이 자동적으로 부여되는 것이라는 점에서, 논지의 전개에 무리가 없는 범위 내에서 편의상 '협정영주권'이라는 용어를 사용해도 무방할 것이다.

10) 이런 '혜택'들에 대해 실질적인 의미가 없다는 비판들이 특히 한일협정 반대 측을 중심으로 제기되었다. 예컨대 재류의 안정성이 강화되었다고는 하나 실은 퇴거 강제를 협정화한 것이며 일본 공립 소·중학교 의무교육 적용은 곧 민족교육 약화를 뜻하고 생활보호는 기존의 정책이라는 것이다.

국 국민임을 증명하는 문서를 제출하도록 시행령에 명기했다. 국적 확인을 위한 문서로는 ① 한국 정부가 발급한 여권, ② 한국의 재외국민등록법에 기초한 국민등록증, ③ 한국의 국적을 지니고 있다는 진술서 가운데 하나를 제출하도록 했다('진술서'의 경우는, 일본 정부가 한국 국적 유무에 대해 한국 정부에 조회하여 문서로 회답을 받도록 했다). 당시 재일한인 중에 여권 소지자는 극히 드물었고, 신규 발급은 절차도 복잡하고 쉽게 내주지도 않았기 때문에 자연히 신청자 대다수가 국민등록증을 택했다. 신청 당시에 외국인 등록이 조선적으로 되어 있더라도 국민등록증이 있으면 신청이 가능했다. 국민 등록 사무를 대행하던 민단은 조선적인 사람에게도 국민등록증을 발급해 주었다. 협정영주 허가를 받은 사람에 대해서는 외국인등록원표와 외국인등록증명서에 그 사실을 기재하도록 '출입국관리특별법'에 규정되었기 때문에, 신청 시에 조선적이던 사람도 일단 협정영주 허가를 받으면 자연히 한국적으로 변경되었다(畑野勇 他, 2000: 120). 또한 한국적을 상실할 경우에는 협정영주권도 상실했다. 이렇게 해서 협정영주권과 대한민국 국적, 외국인 등록의 국적 표기 이 세 가지가 연동되는 구조가 만들어졌다.

1966년 1월 16일 '법적지위협정'이 발효됨과 동시에 협정영주권 신청이 개시되었다. 일본 당국은 첫해 협정영주권 신청자가 20만 명에 달할 것이라고 예측했으나, 예상과 달리 신청률은 크게 저조했다. 신청 개시 근 1년이 되는 1967년 1월 13일까지 영주권 신청자는 유자격자 55만 9147명의 4%도 안 되는 2만 749명에 불과했다(林茂澤, 2011: 126). 시행 1년이 되어도 신청률이 크게 저조하자 민단은 진정단을 파견하여 정부 요로에 재일한인 사회의 실정과 신청이 부진한 이유에 대해 설명하고 대책 마련을 촉구했다(在日本大韓民国居留民団大阪地方本部, 1980: 300). 민단 중앙본부에 설치된 법적지위대책위원회에서는 불허가 사례를 수집하여 데이터를 만들기도 했다. 그러나 민단 단원, 심지어 간부 중에서도 영주권 신청을 하지 않는 사람들이 있었다. 협정영주권 신청이 개시된 지 3년여가 지난 1969년 4월까지도 영주 허가를 받은 사람이 10만 297명에 불과할 정도로 실적이 저조하자, 한국 정부와 민단은 영주권 신청을 촉진하기 위한 대대적인 운동을 전개했다.

협정영주권 신청이 극도로 부진하자, 양국 정부는 이 상황을 타개하기 위해 법무장관 회담을 열어 1969년 8월 20일 공동성명을 발표했다. 그 주된 내용은 ① 제2회 외국인 등록을 받았고 영주권 신청 때까지 법률 126호 2조 6항의 자격을 상실하지 않은 사람은 거주 경력 조사 없이 협정영주를 허가한다, ② 1965년 6월 22일 일본국 법무대신 성명에 의한 전후 입국자 특별 재류는 법령의 범위 내에서 가능한 한 신속히 허가하고, 특별 재류 허가 후 언제든지 일반 영주권 신청을 수리한다는 것이었다(林茂澤, 2011: 127). 즉, 많은 재일한인들이 불안감을 갖고 있던 거주 경력 조사 문제와 전후 입국자 신분 문제에 대해 전향적인 입장을 표명한 것이다.

1969년 11월 주일 대한민국 대사관은 일본어로 된 홍보책자 「영주권 신청 안내(永住權申請案內)」를 발간하고 대사관과 영사관에 영주권 신청 상담실을 설치했다. 또한 민단과 협력해 유세반을 조직하여 지방 순회 홍보 활동을 전개하는 한편, 각 현에 지도원을 배치해 영주권 신청에 관한 지도·안내 및 신청서 대서·대필 등을 해주기도 했다(駐日大韓民國大使館, 1969). 1969년 11월 30일 제15회 민단 중앙위원회에서는 39만 명 신청을 목표로 총력을 다해 '영주권 신청 촉진운동'을 펼칠 것을 결의했다. 이를 위해 우선 연말까지 민단 간부 전원, 이듬해 3월 15일까지는 단원 전부가 신청을 마치도록 하라는 지시도 내렸다(林茂澤, 2011: 128; 在日本大韓民国居留民団大阪地方本部, 1980: 312). 앞에서 본 사례처럼 협정 발효 후 곧 영주권 취득을 위해 조선적에서 한국적으로 변경한 사람이 있는가 하면, 민단 간부 중에서조차 3년이 지난 이 무렵까지 영주권 신청을 하지 않은 사람이 있었던 것이다.

1969년에 민단 부인회가 주축이 되어 지역을 구역별로 순회하며 협정영주권 설명회를 개최했는데, 당시 계몽팀의 일원으로 참가했던 김용민에 따르면 앞서 제기되었던 거주 경력 조사나 전후 입국자 문제와는 또 다른 다양한 우려가 참석자들 사이에서 나왔다. 예를 들면, 사소한 법규 위반만으로도 강제 송환되는 것 아닌가 하는 우려, 징병되는 것 아닌가 하는 우려, 또 한국에 있는 재산을 팔거나 할 경우 한국에서도 세금을 내고 일본에서도 내는 것 아닌가 하는 이중 납세에 대한 우려도 있었다. 노인들은 '법적 지위'가 뭔지 알기도 어려운 데다가 대개는 돌아갈 생각이기 때문에, '굳이 그런 복잡한 걸 뭐 하러 하나, 그냥 있다가 통일되면 가면 되지. 수속하러 갔다가 아는 얼굴들 있으면 곤란하기도 하고'라는 반응도 많았다. 민단 임원 사이에서도 처음에는 이것이 정말 필요한 것인지에 대한 판단이 잘 서지 않았고, 이것을 하면 속박을 받는 것이 아닌가 하는 우려도 있었던 것 같다. 계몽팀으로서 지역을 순회하면서 이런 반응들에 대해 김용민이 가장 많이 한 말은 "권리라는 건 기한 내에 받아두셨다가 필요 없으면 버리세요"였다. 기회를 놓치면 후회하니, 일단 확보해 놓고 나중에 불리하면 그때 포기하면 된다고 설득했다. 당시 민단에서 일하던 안민우가 조선적 한인들에게 한 이야기도 비슷한 내용이다. 조국(북한)으로 갈 거라서 안 받는다고 하는 사람들에게는 갈 때는 가더라도 일단 받아놓고 나중에 가게 되면 그때 버리면 되는 것이라고 설득했고, 국적을 변경해도 총련 일도 할 수 있고 플러스가 되면 됐지 마이너스가 되는 것은 없다고 강조했다.

1970년 3월 15일부터 9월 15일까지 6개월간 오사카에서 개최된 만국박람회 'EXPO 70'(이하 '오사카만박')은 영주권 신청 촉진운동에 중요한 기회가 되었다.[11] 오사카만박에 한국관을 설치하기로 함에 따라, 민단은 '재일한

11) 다음 글 참조. 정호석, 「'자이니치'의 만박: 1970년 일본만국박람회 당시 재일한국인들의 후원

국인 만국박람회 후원회'(회장 이희건)를 조직하여 모금 운동을 전개하고, '본국 가족 초청 사업'을 실시했다. 이 사업을 통해 오사카만박 기간 중 6회에 걸쳐 총 9710명의 가족이 일본을 방문했으며, 별도로 온 사람까지 합하면 1만 2000명이 넘는 가족이 초청되었다.[12] 가족 초청 사업에서는 초청자 1인당 20만 엔씩 초청 적립금을 만들어 경비로 충당했다. 아직 일반 국민의 해외여행이 자유롭지 못하던 시절, 한국의 가족이 일본에 오려면 초청이 있어야 했는데, 재일한인 중 협정영주자는 가족 초청을 할 수 있었다. 그런 점에서 오사카만박 기간 중 가족 초청 사업은 협정영주권 신청 촉진 운동과 연계해 추진할 만했다.

오사카만박 종료 약 2개월 전, 신청 기한 만료를 6개월여 앞둔 1970년 7월 12일, 그동안 법적 지위 관철을 요구하며 협정에 비판적이던 한청동[13]도 영주권 신청 촉진운동으로 방향 전환을 선언했다. 신청 마감 시한을 불과 1개월 반 정도 남겨둔 1970년 11월 말까지 영주권 신청자는 총 24만 3265명(허가는 18만 8598명)으로 아직 민단이 목표한 35만 명에 10만 명 넘게 모자라는 수였다. 1970년 10월 28일 일본 법무대신은 담화를 통해 협정영주자를 우대할 뿐 아니라 배우자나 직계비속 등에 대해서도 가능한 한 일반 영주 허가를 내겠다는 입장을 발표했다(畑野勇 他, 2000: 123). 신청 마

활동」, 『'모국공헌'의 시대: 재일상공인과 한국 경제』('재일한인 연구총서' 3권)(한울, 2020).

12) 초청 인원과 관련해서, 당시 후원회 사무국장을 맡았던 박병헌은 이희원 민단 단장이 초청 인원을 1만 2000명으로 산정했으나 본국 외무부가 5000명만 승인하여, 직접 한국에 가서 외무부, 청와대, 중앙정보부 등 여러 곳을 접촉해 교섭한 끝에 1만 2000명 초청을 승인받았다고 했다(朴炳憲, 2011: 132~133).

13) 재일한국청년동맹의 약칭. 조련의 좌경화가 강화되자 민족주의를 표방하는 우파 청년들이 나와서 조선건국촉진청년동맹을 조직했고(1945), 이 조직이 1950년에 대한청년단으로 개편되었다가, 1960년 본국의 4·19 혁명을 계기로 다시 재일한국청년동맹으로 재편되었다. 한학동과 마찬가지로 민단 산하에 있으면서도 민단과 달리 5·16 군사 정변에 반대하고 민단에 대해 비판적인 입장을 취해 1972년에 민단에서 제명되기도 했다.

감일인 1971년 1월 16일까지 최종 신청자는 유자격자의 60%가 넘는 35만 922명으로, 민단이 설정한 목표는 달성되었다. 이 중 10만 명 이상이 마지막 1개월 반에 집중되었으니, 총력을 기울인 막바지 신청 촉진운동의 성과가 나타난 것이라 할 수 있다. 그동안 신청을 보류한 채 망설이던 사람들이 마감 시한이 다가오자 더 이상 결정을 미룰 수는 없다는 판단에서 신청을 한 것도 막바지 신청자 급증에 기여했다.

6. 국적 변경 사례: 협정영주권 관련하여

그러면 이 시기에 어떤 사람들이 조선적에서 국적 변경을 하고 협정영주권을 신청했으며, 그 이유는 무엇일까? 한일협정 이후 국적 변경을 하고 협정영주권을 취득한 사례로서 필자가 인터뷰를 한 사람은 모두 5명이다. 그 중 2명은 본인이 직접 협정영주권을 취득한 경우이며, 나머지 3명은 아버지 또는 어머니가 취득했으나 이분들은 모두 고인이 되었다.

【사례 5】

사례자는 아이치현에 거주하는 김계형(가명, 3세, 1948년생, 남)의 어머니로, 국적 변경 당시 총련계 커뮤니티에 속해 있었다. 부모님 모두 타계한 상태라 김계형을 통해 당시의 이야기를 들었다. 김계형 부부는 형제자매가 모두 조선학교 출신이고 1980년대까지 모두 조선적이었다. 양쪽 집안 모두 총련계 커뮤니티에 속해 있으나 김계형의 가족은 1980년대 초에 한국으로 변경했다. 그런데 뜻밖에도 필자와의 인터뷰 과정에서 어머니만 혼자 1965년에 한국으로 변경하고 뒤이어 협정영주권도 취득했다는 사실이 밝혀졌다. 사전 전화 인터뷰에서 김계형의 부인은 시어머니가 조선적인 채로 한국에 드나들었고, 동네에서 같이 한국에 다녔던 아주머니 몇 분이 있었는데 그분들도 역시 조선적이었다고 했다. 후일 자택 방문 인터뷰 때, 이 부분에 대해 다시 이야기를 들었다. 김계형은 17살 무렵, 즉 1966년경에 고향에 가는 어머니의 짐을 들고 시모노세키까지 배웅한 기억이 있다. 아이치에서 오사카를 거쳐 시모노세키에서 배를 타고 가는 경로였다. 아버지는 1980년대 초에 한국적으로 변경한 뒤 매년 두 차례씩 고향에 다녔지만, 그 전 15년 동안 가족 중 유일하게 어머니만 고향에 드나들었다. 어머니는 부모님과 형제들이 경상도에 살고 있었고, 아버지 형제들은 모두 부산에 살고 있었다.

1960~1970년대에 조선적인 채로 한국을 왕래하는 것은 밀입국이 아니면 불가능했기 때문에, 필자는 그렇게 여러 번 큰 짐을 들고 왕래를 하고, 게다가 다른 아주머니들과 같이 다녔다는 것에 의문이 들었다. 인터뷰 과정에서도 이 문제가 풀리지 않았다. 마침 이전에 떼어둔 외국인등록원표가 있다 하여 그 기록을 확인해 보기로 했다. 외국인등록원표에는 어머니가 1965년에 한국적으로 변경해서 이후 협정영주권을 취득한 것으로 기재되어 있었다. 결국, 아버지가 한국적으로 변경하여 한국을 왕래하기 전 15년 동안 어머니 혼자 여러 번 한국에 다닐 수 있었던 것은 어머니가 협정영주권을 취득했기 때문인 것으로 판명되었다. 뜻밖의 사실에 김계형 부부는 매우 놀랐다. 이 사실을 가족 아무도 몰랐다. 김계형은 장남이었지만 그런 이야기를 전혀 듣지 못했다. 따라서 가족들은 어머니가 왜 그때 한국적으로 변경하고 협정영주권을 취득했는지, 왜 가족 모르게 혼자서만 변경했는지 알 수가 없었다.

김계형의 아버지는 일본에서 태어났고 결혼도 일본에서 했는데, 해방 후 가족과 함께 귀국했다. 할아버지는 해방 전에 타계했기 때문에 5남 3녀 중 장남인 아버지가 가장 노릇을 해야 했다. 동생들은 모두 어렸다. 귀국했지만 일자리가 없어서 아버지 혼자 다시 일본으로 오게 되었고, 몇 년 후에 어머니와 고모가 밀항으로 따라 들어왔다. 아버지는 교토에 있다가 고향 사람을 따라 아이치로 와 정착했다. 이쪽은 유명한 세토야키(瀨戸焼)[14]의 산지로, 관련 일거리가 있어 조선인들이 많이 모여 살았다. 장남인데도 제사를 모시지 못하고 동생들에게 맡겨두는 것을 마음에 걸려 했던 아버지는 총련계 동포 성묘단에 참가해서 고향에 다녀온 뒤 1980년대 초에 한국적으로 변경했다. 이때 영사관에서 가족도 함께 바꿔야 한다 해서 김계형의 가족 모두 한국적으로 변경했다. 김계형의 가족은 어머니도 그때 함께 바꾼 것으로 알고 있었다.

【사례 6】

김은자(가명, 2세, 1955년생, 여)의 가족은 한일협정 발효 후 곧 가족 전원이 한국으로 바꾸고 협정영주 자격을 취득했다. 김은자의 아버지는 국적을 한국으로 바꾸어 협정영주 자격을 취득하자 곧바로 한국에 드나들었다. 늘 아버지 혼자 다녔고, 한국에서 몇 달 동안 머무를 때도 있었다. 사실 김은자의 아버지는 부인이 둘이었다. 아버지는 해방 후 1947년에 일본으로 건너왔는데, 일본으로 오기 전에 이미 제주도에서 결혼을 해 아들도 한 명 두었다. 4·3 사건 때 경찰에 잡혀갔다가, 장남이어서 제사를 지내야 한다며 경찰서에서 잠시 나와 제사 지내고 곧바로 일본으로 밀항했다. 김은자의 어머니와는 일본에서 만났는데, 그때는 제주도 어머니가 오사카에 와서 살고 있었고 아이들도 있었다. 아버지 뜻에 따라 제주도 어머니는 아이 둘을 데리고 제주도로 돌아갔고, 김은자 일가는 도쿄로 이사했다. 도쿄로 가서는 고무 공장을 경영했는데, 사업이 잘되었던 것으로 기억한다.

14) 지금의 아이치현 세토시 주변 지역에서 만들어진 도자기류를 말한다.

협정영주권 취득 후 아버지는 제주도의 부인과 자녀들이 있는 집에 다니게 되었다. 한번은 한국에 가서 호적 정리를 하고 왔다. 제주도 어머니와 그쪽 장남이 함께 호적을 정리했다고 한다. 아버지 호적에 올라와 있는 형제는 8명으로, 모두 아버지와 제주도 어머니 사이의 자식으로 등재되어 있다. 그런데 그중 5명이 실제로 제주도 어머니 자식이고, 3명은 김은자의 어머니 자식이다. 김은자의 어머니 자식이 사실은 5명인데 호적에는 3명만 올라 있다. 호적에 없는 큰오빠는 조선학교 교사였고, 언니는 1961년에 '귀국선'을 타고 북한으로 이주했다. 언니는 아예 호적에 올리지를 않았고, 오빠는 호적에 '말소'라고 되어 있는 것을 보면 처음에는 올렸다가 나중에 뺀 것 같다. 김은자가 듣기로는 제주도 어머니가 김은자의 형제 중 큰오빠를 제외한 3명만 아버지 자식으로 인정했다고 한다. 당시 큰오빠는 조선학교 교사였는데, 아버지는 한국에 다녀오면 조선학교 그만두라고 야단치곤 했다. 그러나 오빠는 끝까지 그만두지 않았다. 김은자는 큰오빠와 언니는 자신을 포함한 다른 형제들과 아버지가 다른 것 같다고 했다.

큰오빠가 조선학교 교사였고 언니가 북한으로 이주한 것을 보면 어머니의 이전 가족은 총련계 커뮤니티에 속해 있었을 가능성이 높다. 김은자가 초·중학교에 다니던 1960년대는 한일회담과 '귀국 사업'을 둘러싸고 총련과 민단이 격렬하게 대립하던 시기다. 그런 시기에 김은자도 중학교까지 조선학교에 다닌 것으로 보아, 김은자의 가족은 총련계 커뮤니티에 가까웠던 것으로 추측할 수 있다. 명확한 총련계는 아니었더라도, 적어도 김은자의 아버지가 민단에 관여하거나 민단계 커뮤니티에 속하지는 않았을 것이다. 아버지는 도쿄에서 사업을 하면서 사업상 총련과 민단 양편에 네트워크가 있었을 수도 있고, 고향 사람들이 중요한 인적 네트워크였을 수도 있다. 아버지와 제주도의 큰어머니 그리고 김은자의 어머니는 모두 같은 제주도 출신이다.

이상에서 본 것처럼 김계형의 가족과 김은자의 가족은 모두 총련계 커뮤니티에 속한 것으로 볼 수 있는데, 한일협정 발효 후 곧 조선적을 한국적으로 변경하고 협정영주권을 취득했다. 어머니만 혼자 한국적으로 변경한 김계형의 가족은 김은자의 가족에 비해 더욱 확실하게 총련계 커뮤니티에 속해 있었다. 김계형의 처가 식구도 모두 조선학교 출신이며 인터뷰 당시 96세였던 장모는 여맹에서 열심히 활동했고, 자녀들은 뒤에 모두 한국적으로 변경했지만 장모는 여전히 조선적을 유지했다. 그에 비해 김은자의 가족은 도쿄에 살았고, 총련계 커뮤니티와 일정한 교류는 있다 해도 사업상 네트워크의 성격이 좀 더 다양하게 열려 있던 것이 아니었을까 생각된다. 김은자의 가족의 경우, 아버지가 주도적으로 국적 변경을 했고, 가족들은 아버지를 따라 변경했던 것이다.

김계형의 어머니의 경우, 가족들은 어머니가 혼자 협정영주권을 취득한 사실도 몰랐기 때문에 그 이유에 대해서도 알지 못한다. 가부장적인 문화가 지배적이던 1960년대, 총련계 재일한인들의 지역 커뮤니티에 속해 있으면서 그리고 경제적인 면에서도 생활의 여유가 없는 상황에서 15년간이나 어머니 혼자 한국을 왕래했다는 것은 남편의 용인 없이는 생각하기 어려운 일이다. 또한 1980년대 초 아버지가 국적 변경을 할 때 어머니의 국적에 대해 몰랐을 리는 없다. 그렇다면 다른 가족에게는 비밀로 하고 부모님 사이에서만 어머니의 국적 변경 사실을 공유하고 있던 것은 아닐까? 어머니는 친정에 드나든 것으로 되어 있지만, 친정뿐 아니라 남편의 고향에도 다녀오곤 했을 가능성도 있다. 아버지는 1980년대 초 국적을 변경한 후에는 매년 두 차례씩 고향에 다녀왔고, 나중에는 한국에서 제기를 구입하는 등 부모님 제사를 일본으로 모시고 오기 위한 준비도 했지만, 결국 직접 제사를 모시지 못한 채 타계했다. 아버지가 장남으로서 부모님 제사를 동생들에게 맡기고 있는 것을 늘 탄식했던 것에 비추어, 어머니의 국적 변경과 협정영주권 취득은 고향에 있는 가족과 연락하기 위해 부모님이 의논하여 결정한 것일 가능성도 있다.

이들 가족은 협정영주권에 극력 반대한 총련 커뮤니티에 속했고, 자식들은 '조국열'이 불던 조선학교에 다니고 있었으며, '귀국 사업'과 한일협정을 둘러싼 민단과 총련의 대립이 격화되어 있던 시기다. 아이치의 작은 지역 커뮤니티에서, 협정영주권 취득이나 국적 변경은 공공연히 이야기할 수 없는 일이었을 것이다. 동네에서 함께 한국을 왕래하던 아주머니 몇 분이 있었다는 것도 흥미롭다. 당시 이 지역 재일한인 커뮤니티의 성격이나 김계형 가족의 네트워크에 비추어 볼 때, 그 아주머니들도 조선적이었을 가능성이 높다. 그러면 그분들도 김계형의 어머니처럼 한국적으로 변경하고 협정영주권을 취득했을 수도 있다. 공적인 세계 또는 명분과 관련된 부분에서는 남성이 변함없이 '조선'을 지키고, 부인들은 사적 영역에서 은밀히 '한국'으로 바꾸어, 가족 단위로는 양편에 걸친 생활이 형성되면서도 총련계 커뮤니티에 귀속을 유지할 수 있었던 것이 아닐까? 가족들이 모두 조선적인 가운데 할머니나 어머니 혼자 한국적으로 변경한 사례는 김계형 가족 외에도 있으며, 이에 대해서는 나중에 다시 언급할 것이다.

이렇게 김계형의 어머니가 한일협정이 이루어지자 곧 혼자 국적을 변경하고 협정영주권을 취득해 고향을 왕래하게 된 배경에는 남편의 장남으로서 책임감과 회한이 중요한 요인으로 작용했던 것으로 보이며, 김은자의 아버지가 협정 발효 후 곧 협정영주권을 취득한 것도 제주도에 있는 가족에 대한 마음이 크게 작용하지 않았을까 생각된다. 김계형의 아버지와 김은자의 아버지는 모두 장남이었고, 두 사람 다 전후 입국자였으며 일본에 들어오기 전에 결혼하여 가정을 이룬 가장이기도 했다. 김계형의 아버지는 부양하던 어린 동생들을 두고 일본에 온 데다가 제사까지 동생들에게 맡겨놓은 터였고, 김은자의 아버지는 본부인과 자녀들을 고향으로 보내놓은 터라 마음이 쓰였을 것이다. 협정영주권 취득 후 고향에 가서 호적을 정리했다는 것으로 보아 가계를 중요하게 생각했던 것 같고, 특히 본부인과 장남과 함께 호적을 정리했다는 것은 집안의 뿌리에 대한 생각이 있었던 것이 아닌가 싶다. 김은자가 초등학생일 때 제주도의 장남이 고대 의학부 졸업 후 의료 기구를 모은다고 일본에 와서 한 달 정도 같이 산 일도 있다고 한다. 1955년생인 김은자가 초등학생 때면 한일협정 발효 후 오래지 않은 때니 아마도 아버지가 협정영주권을 받자마자 장남을 일본으로 초청했을 것이다. 이렇게 고향에 있는 가족의 존재는 두 사람 모두에게 중요한 요인이었지만, 김계형의 가족이 속한 커뮤니티와 거주 지역, 아버지들의 일 등이 가족의 협정영주권 취득에 관해 서로 다른 방향을 취하게 한 것이 아닌가 생각된다.

김은자의 아버지는 1973년 무렵에 일본의 가족을 두고 혼자서 영구 귀국을 해버렸다. 김은자는 아버지가 혼자서 한국을 드나드는 동안에 귀국할 준비를 했을 것이라고 생각한다. 아버지가 귀국할 무렵은 오일쇼크로 사업도 잘 안되었고, 어머니와 사이도 아주 나빠진 상태였다. 그 전해에는 일본에 살고 있던 작은아버지가 사망했는데 그 일로 아버지는 충격이 컸던 것 같다. 자신은 절대 일본에서 안 죽겠다고, "불에 타는 건"(화장) 싫다고 했다. 귀국하던 날 공항에서 아버지는 손을 흔들면서 "잘 살아라"라고 딱 한 마디 했다. 어머니는 협정영주권을 받은 후에도 고향에 한 번도 가지 않았다. '귀국 사업' 초기에 북한으로 이주한 딸 때문일 수도 있고, 고향에는 아버지의 본처인 제주도 어머니가 살고 있어서였을 수도 있다. 어머니는 남편을 따라 한국적으로 바꾸고 협정영주권을 취득했지만, 딸은 북한에 가서 살고 있고 아들은 조선학교 교사를 하고 있었으니, 한국에 가는 것이 편치는 않았을 것이다. 김은자는 1974년에 한국에 가서 아버지를 만나 며칠간 함께 지내고 왔다. 아버지는 몸이 많이 아팠는데, 카레라이스를 만들어드

렸더니 이렇게 맛있는 음식은 처음이라 했고, 김은자가 떠나던 날 작은 목소리로 "보쿠모 가에리타이(ぼくも帰りたい. 나도 돌아가고 싶다)"라고 했다. 그러나 결국 일본에 한 번도 다녀가지 못한 채 세상을 떴다.

이런 두 사례와 달리 조선적이면서 민단에도 관여했거나 민단계 활동에 참가하다가 협정 발효 후 한국적으로 변경한 사람들도 있다.

【사례 7】

민단 지방본부 부단장을 역임한 김용민(가명, 3세, 1940년생, 남)은 1960년대에도 민단 청년회에서 활동했다. 그러나 조선적을 유지하고 있다가 협정 발효 뒤 곧 가족과 함께 한국으로 변경하고 영주권 신청을 했다. 김용민이 협정 발효 후 곧 한국적으로 변경한 것은 협정영주권을 받으면 고향에 있는 어머니를 일본으로 초청할 수가 있기 때문이었다. 김용민은 집안의 장손이고, 가장 가까운 혈육인 어머니가 고향에 있었다. 원래 오사카에서 태어났으나 집안일 때문에 어머니와 함께 제주도에 가 있던 중에 해방을 맞았다. 도항이 금지되는 바람에 돌아오지 못하고 있다가 한국 전쟁이 터지자 염려한 아버지의 주선으로 1951년에 혼자 일본에 밀항해 들어왔다. 당시 미성년자는 외국인등록증에 사진을 안 붙여도 될 때여서, 아버지가 외국인등록증을 미리 만들어놓고 기다렸다. 그런데 이듬해 아버지가 별세하여 당분간 할머니와 살다가 1954년에 제주도로 돌아가서 다시 어머니와 함께 지내며 학교도 다녔다. 일본으로 다시 온 것은 1958년이며, 이후 계속 일본에서 살고 있다.

김용민의 가족은 할아버지가 일찍이 1910년대에 단신으로 일본에 건너와 가정을 꾸리고 정착했고, 할아버지의 동생들도 뒤따라 일본에 들어와 일찍부터 4형제가 함께 일본에 살았다. 고향을 떠나 일본에 온 지가 오래된 데다가 형제들 4명이 일찍부터 일본에 모여 살았고, 고향에서의 생활이 너무 힘들었기 때문인지, 김용민의 눈에는 할아버지들이 고향에 대한 애착이 별로 없어 보였다. 김용민은 어머니가 한국에 있었지만, 밀항으로 제주도와 일본을 오가다 일본에 정착하게 된 1958년까지는 본인이 아직 미성년인 데다 아버지도 일찍 타계한 상태라 스스로 한국적으로 변경하기는 여의치 않았을 것이다. 1958년에 오사카로 돌아온 이후 김용민은 조선적을 그대로 유지하면서, 총련과 민단 양쪽에 단비를 내고 있었다. 당시 지역의 재일한인 중 70~80%가 총련계, 10~15%는 중립, 나머지 소수가 한국파라 할 수 있을 만큼 총련계의 세력이 강했기 때문에 민단 단비는 몰래 내기도 했다. 지역의 한인 사회는 가족, 친지, 출신지 등 다양한 네트워크가 서로 얽혀 있어서 민단과 총련으로만 구분할 수 있는 것은 아니었고, 민단이나 총련도 지역은 정치 조직에 가까운 중앙과 성격이 좀 달랐다.

할아버지 형제 중 막내는 총련 간부였고 자식들을 모두 조선학교에 보냈지만 위의 형제들은 총련에 비판적이었다. 막내 할아버지는 형님들에게 일본에서 고생하지 말고 조국에 가라고 권유했고, 할아버지들은 거기서 추운데 어떻게 사느냐, 선산은 어떻게 하느냐 등 반박을 하여, 제사 때마다 늘 싸움이 일어났다. 막내 할아버지가 총련 간부였지만, 할아버지들 가족 중 아무도 북한으로 '귀국'한 사람은 없다. 김용민은 가족 중에 누구라도 북으로 가면 연좌제에 걸릴 것 같아서 북한행을 극력 막았는데, 김용민이 종손이고 고향에 대해서는 가장 잘 알기 때문에 막을 수가 있었다고 한다. 가족 중 김용민의 할머니만 일찍이 1950년대에 한국으로 국적을 변경하여 1960년 무렵에 여행증명서를 받아서 제주도에 다녀왔다. 며느리가 있었기 때문에 다녀온 것이라고 한다. 김용민은 1958년에 다시 일본으로 들어온 이래 조선적을 유지하고 있었고, 한국과 왕래가 어려운 상황이었다. 김계형의 어머니와 마찬가지로, 남자들이 사회생활에서 국적 변경이 그리 간단치 않았을 때 여성이고 집안일을 살필 수도 있는 할머니가 먼저 국적을 바꾼 것은 아닐까?

김용민이 협정영주권을 취득한 후 어머니는 자주 일본에 다녀갔다. 어머니 친정 쪽 친척들 중 총련계도 있었는데, 어머니가 일본에 올 때 고향의 산소 등 이야기를 들으면 "내가 한번 가야 되는데 못 가서……" 하고 아쉬움을 표하기도 했다. 1970년 오사카만박 때 영주권자만 6촌 이내 친척 초청이 가능해져서 그때 친척들을 불렀다. 협정영주권자는 재입국 허가 기간이 길어진 것도 김용민에게는 좋은 점이었다. 전보다 본국 왕래가 더 용이해져서, 장손인 김용민이 고향에 가서 집안일을 챙기기도 수월해졌기 때문이다.

협정영주권 취득 후 김용민은 확실하게 민단계로서의 정체성을 표명했다. 청년회에서 활동하면서 협정영주권 신청을 독려하는 홍보·계몽 활동에도 적극 참여했다. 김용민은 어릴 때 한국에 들어가 4살 무렵부터 11살 때까지 살았고, 일본에 갔다가 다시 한국으로 돌아가 14~18세에 또 한국에 살았다. 청소년기 상당 부분을 어머니와 함께 한국에서 보내며 학교에도 다녔으니, 김용민에게는 그곳이 고향 같은 존재이기도 한 셈이다.

12살 때 아버지가 별세하여 일본에 부모님이 안 계신 가운데 어린 나이로 다시 밀항하여 한국에 돌아갔다가 재차 일본으로 들어오는 등 불안정한 상황에서 외국인등록증의 국적 표기는 중요한 문제가 아니었을 것이다. 한편, 1958년에 일본으로 돌아온 이후 본인이 직접 변경할 수 있는 나이가 되었을 때에도 한국으로 변경하지 않고 그대로 둔 것은 청년기에 재일한인 커뮤니티에서 일을 잡고 또 그와 관련된 교류를 해나가기 위해서는 인간관계에서 어느 정도는 전략적인 고려도 필요했기 때문이다.

【사례 8】

양미자(가명, 2세, 1941년생, 여)도 조선적을 유지하다가 협정영주권 받을 때 어머니와 함께 한국으로 변경했다. 어머니는 조선적이었지만 한국을 무척 사랑하는 사람이었고, 민단 부인회 활동에도 열심히 참가했다. 협정영주 무렵에는 매일 구청 앞에 가서 데모를 했는데, 어떤 때는 밤을 새우며 농성을 하기도 했다. 양미자도 후일 민단 지부 부인회장을 역임하는 등 민단 활동을 열심히 했다.

양미자의 가족도 한국과 일본에 나뉘어 사는 이산가족이었다. 종전 직후 조부모가 고향에 가고 싶다고 하여 아버지는 조부모와 함께 귀국했는데, 어머니는 귀국을 거부하고 양미자 자매와 함께 일본에 남았다. 그 후 소학교 다닐 때 아버지가 가족을 데리러 왔지만, 그때도 어머니가 가기 싫다고 해서 결국 아버지 혼자 한국으로 돌아갔다. 아버지는 부산으로 돌아가서 다른 여성과 가정을 꾸려 아들 둘, 딸 하나를 낳았다. 그러나 어머니와 이혼을 하지는 않고, 그 여성이 데려온 딸까지 4남매를 어머니 자식으로 호적에 올렸다. 당초 어머니는 그 집에 아들만 둘인 줄 알고 있었다. 그런데 양미자가 결혼할 때 호적을 떼어 보니 양미자 자매와 그 집 아들 둘 외에 딸 둘이 더 있어서 어머니 자식이 6남매인 것으로 되어 있었다. 급하게 부산의 이모를 통해 알아보니 사실이었다. 딸만 둘을 둔 어머니는 아들이 생긴 것을 크게 기뻐하여, 아들들은 고등학교까지는 마쳐야 한다면서 일본에서 학비를 보내주곤 했다. 어머니는 생활력이 강했다. 아버지한테서 생활비를 받아본 적은 없고, 주로 어머니가 경제적 지원을 했다. 특히 장남은 나중에 자신을 돌봐주고 제사 지내줄 자식이라며 귀하게 여겼다.

어머니는 제주도 출신으로, 13살 때 방적 공장에 취직하여 일본으로 왔다. 당시 모집이 있어 제주도에서 13~15살 소녀들이 집단으로 일본에 왔고, 나고야의 방적 공장에서 기숙사에 살면서 미싱 일을 배웠다.[15] 거기서는 기모노를 입고 일본 이름으로 생활했다. 양미자는 아버지 쪽이 언제 어떻게 일본에 왔는지는 잘 모른다. 아마도 조부모가 일본에 와 있었던 것이 아닌가 생각한다. 양미자의 어머니는 귀국을 거부하고 남편과 헤어져 딸들과 일본에 남을 만큼 대차고 독립적인 여성이었지만, 남편이 다른 여성과 낳은 아들, 특히 장남을 나중에 자신을 돌봐줄 아들이라고 기뻐하여 지원할 만큼 전통적인 가치관도 갖고 있었다. 어머니는 부산에 집도 사고 묘도 사두었다고 하는데, 나중에는 고향으로 돌아갈 마음으로 준비를 해둔 것이 아닌가 싶다. 일본에 있는 친딸들이 모두 일본에서 결혼하고 나면 노후를 아들에게 의탁해야 할 것으로 생각했을지도 모른다. 어머니는 협정영주권을 받은 뒤 자주 부산에 갔다. 부산에 가서 시부모님도 만나고 여동생도 만나고 오곤 했는데, 주로 여동생 집에 묵었고, 아버지의 새 가정은 들여다보지도 않았다. 아버지는 일찍이 50대에 작고했다.

부산의 장남은 20대 때부터 일본에 자주 왔고, 올 때마다 어머니가 용돈도 주곤 했다. 그때 양미자는 이미 결혼해서 자녀를 4명 두고 있었다. 어머니가 부산에 자신 명의로 사둔 집이 있었는데, 장남이 어머니에게 그 집을 달라고 간곡히 부탁을 하여 장남에게 증여했다. 그런데 집을 받은 그해 가을에 아들이 사망해서 그 자식들이 그 집을 물려받았다. 어머니는 그로부터 2년 후인 1993년에 세상을 떠났다. 아버지의 한국 부인이 데려온 딸은 20살이 넘어서 일본에 와 자영업을 하는 양미자의 일을 도우며 10년 넘게 지냈다. 오사카에서 중매로 결혼을 하고 아들도 하나 낳았는데, 가족을 두고 혼자 한국으로 가버렸다. 양미자는, 여기서 하던 일을 배워서 발전시키면 좋았을 텐데 돌아가 버렸다고 못내 아쉬워했다.

15) 다음 글 참조. 권숙인, 「일본에 돈 벌러 간 이야기: 1910~1920년대 일본 방직 산업의 조선 여공」, 『일과 생활세계: 1세들의 공간·노동·젠더』('재일한인 연구총서' 1권)(한울, 2020).

【사례 9】

정규호(가명, 2세, 1947년생, 남)는 협정영주권 취득이 가족 관계와는 무관하게 이루어졌다는 점에서 앞 절에서 본 변경 사례들과는 성격이 다르다. 정규호는 대학 시절 민단계 학생 조직인 한학동[16]에서 활동하여 위원장을 지내기도 했지만 조선적을 유지하다가 1970년에야 한국으로 변경하고 협정영주권을 취득했다.

정규호가 한국적으로 변경한 이유는 단 하나, 대학 시절 활동하던 연구회의 위원장이 되었기 때문이라고 했다. 정규호는 대학에서 민단계 학생 조직인 한학동에 들어가 조선역사연구회라는 서클에서 활동했다. 이 서클은 특이하게 한학동과 유학동[17]이 함께하는 조직으로 한학동과 유학동이 번갈아 회장을 맡고 있었다. 1970년에는 정규호가 회장을 맡았는데, 그해에 국적을 한국으로 바꾸고 협정영주권을 취득했다. 한학동은 민단 산하의 학생 조직이었지만 한국의 군사 정권에 비판적이었고, 한일협정에 대해서도 비판적이었다. 한일협정에 재일동포 문제가 제대로 언급되지 않아 민단과 한학동에서도 상당히 화가 나 있었다. 한일조약으로 국가와 거리감이 축소되었지만, 원래 한국이라는 존재는 익숙하지가 않고 거리감이 있었다. 정규호는 한국적이 되면 국가의 통제, 군부 독재 정권의 통제를 받을 수 있다는 우려가 있었다. 그런데 정규호가 한국적으로 변경하고 영주권을 취득한 1970년은 법적 지위 관철을 요구하며 협정에 반대하던 한청동이 협정영주권 신청에 찬성하는 쪽으로 방향을 전환한 해다. 한청동은 4·19 혁명을

16) 재일한국학생동맹의 약칭. 해방 직후 결성된 재일조선학생동맹이 이념 대립으로 분열되어 여기서 나온 학생들이 1950년에 조직했고, 이후 민단 산하 조직이 되었다. 1970년대에는 한국의 군부 독재 정권에 반대하고 학생운동에 연대한다는 입장을 취해 민단에서 제명되는 등 민단 산하에 있으면서도 독자적인 소리를 냈다.

17) 재일조선인유학생동맹의 약칭. 총련 산하의 대학생 조직이다.

기념해 탄생한 청년 조직으로 한국의 민주화 운동에 연대하는 입장이었으며, 그런 점에서 한학동과 궤를 같이하고 있었다. 한청동의 방향 전환이 한학동의 방침과 연계된 것인지는 확인하지 못했으나, 직접적인 연계는 아니라 해도 서로 관련이 있을 가능성은 크다고 생각된다. 그렇다면 정규호가 한국으로 변경한 이유가 위원장이 되었기 때문이라고 한 것은 위원장으로서 조직 차원의 방침을 실천했다는 의미로 해석할 수 있다. 정규호는 한국적으로 바꾸고 협정영주권을 취득한 그해에 곧바로 여권을 만들었다. 한국 유학을 위해서였다. 여권을 만들려면 호적이 필요해서 그때 호적 정리도 했는데, 이름의 한자 하나가 잘못 기재되어 있는 것을 알게 되어 바로잡았다. 이듬해인 1971년에 7개월간 한국에 유학을 다녀온 후, 한청동 문화부장으로 상근했다. 이때 7·4 남북공동성명, 한청동과 한학동 제명 사건이 있었으며, 정규호도 제명되어 그 후 28년간 여권을 받지 못했다.

정규호의 경우, 조선적을 선택할 적극적인 이유가 있었다기보다는 한국적을 택할 적극적인 의미를 발견하지 못해서 조선적을 유지하고 있었다고 할 수 있다. 정규호의 아버지는 5형제 중 셋째로 형제들과 함께 일찍이 1910년경, 아버지가 13~14살 무렵에 일본에 왔다. 첫째 큰아버지가 먼저 일본에 온 뒤 형제들이 모두 뒤따라 들어와서 2, 3년 사이에 다섯 형제가 모여 살게 되었다. 큰아버지는 처음에는 토목 노동자로 출발하여 나중에 기와 공장에서 일하다가 그곳 경영을 맡게 되었는데, 형제들과 함께 가족 경영을 하여 당대에 큰 성공을 거두었다. 아버지는 평생 일한 적이 없고, 어머니가 식당 경영, 아파트 등 부동산 사업을 해서 돈을 벌었다. 1949년에 고베로 이사했는데, 그때 큰아버지로부터 사업 자금을 받았다.

정규호의 집은 조선인 부락에 있었기 때문에 총련계와 교류도 있었고, 조선 대학에 가라는 권유도 많이 받았다. 민단 지부가 근처에 있었지만 드나들지 않았다. 그래도 '민족우익'적인 사람은 존경했다. 그런 사람은 일관

신념이 있기 때문에 총련계 사람들도 존경했다. 7남매(원래 11남매인데 7명만 살아남음) 중 막내인 정규호는 형제 중 유일하게 대학을 나왔다. 1960년대 그 지역에서 자녀를 대학에 보내는 일은 매우 드물었다. 정규호는 일본식 통명을 쓰면서 일본인처럼 살았으나, 대학 입학 때 본명으로 입학해야 한다고 해서 처음으로 민족명을 쓰게 되었다.

정규호의 집안은 중립계였고, 큰집 장남이 총련 쪽 사고를 일부 갖고 있는 정도였다. 그리고 아버지 형제들이 모두 일찍부터 일본에 모여 살게 되었고 생활 기반도 닦은 터라 고향에 대한 애착은 별로 없었다.

7. 한국에서 조선으로의 이동

1) 대항운동으로서의 국적기재 변경운동(国籍書換運動)

≪아사히신문(朝日新聞)≫ 1965년 5월 24일 자 칼럼 "오늘의 문제(今日の問題)"는 법무성 자료를 토대로 한국에서 조선적으로 국적 변경을 신청하는 건수가 전에는 한 달에 1, 2건 정도에 불과했는데, 최근 1개월 사이에 전국에서 109건의 신청이 있었다고 전했다(堀越作治·鎌田光登·鈴木一, 1965: 138). 한일회담 타결에 즈음하여 '조선'에서 '한국'으로 국적 변경을 신청하는 사람들이 눈에 띄게 증가하자, 그에 대한 대응 움직임도 나타나기 시작했다. 그 일환으로 이루어진 것이 역으로 국적 표기를 한국에서 조선으로 변경하는 운동이다. 가나가와현 가와사키에서는 1965년 한 해 동안 7차례에 걸쳐 총 177건의 국적기재 변경 신청이 있었다. 한일협정 체결이 임박한 6월 19일 가와사키 거주 총련계 대표 8명이 시를 방문하여 국적 변경 허용을 요구하는 진정서를 제출하기도 했다. 이들은 진정서에서 "국적 선택의 자유는

국제법상으로도 인정하고 있는 개인의 권리"라 하고, "쇼와 18년 10월 9일 조선민주주의인민공화국에서 국적법이 시행되었으므로, 우리는 그 법 제1조에 의거해서 조선민주주의인민공화국 공민"이라고 주장했다(総務局総務部市民課, 1971: 25).[18] 기타규슈에서는 1965년 11월 말까지 248명이 기재 변경을 신청했고, 도쿄도 아라카와구에서도 집단적인 변경 신청이 있었다(조경희, 2015: 29). 1965년 10월 25일 도쿄에서는 '조선 국적 요청자 대회'(관동 각 현에서 1300명 참가)가 열려 '조선 국적 요청자 연락회의'가 결성되었다(조경희, 2015: 29; 河昌玉, 1968: 398~399). '법적지위협정' 발효일을 목전에 둔 1966년 1월 5일 북한 외무성은 성명을 발표하여 일본 정부에 "국제법의 제 원칙에 따라 재일조선 공민의 기본적 인권을 무조건 보장"할 것을 촉구했다. 한편, 일본 각지에서 '조선 국적으로 바꾸는 모임' 결성이 추진되어 1966년 말 45개 도도부현 약 2만 명이 참가한 것으로 나타났다(河昌玉, 1968: 399).

총련은 '법적지위협정'은 협정영주권을 '미끼'로 해서 사실상 한국적을 강요하고 조선적 동포를 차별, 억압하는 것이라고 비판하고, 그에 대한 대응으로서 외국인 등록의 국적 표기를 한국에서 조선으로 변경하는 '국적기재 변경운동'을 전개했다. 이렇게 국적기재 변경운동은 협정영주권을 매개로 한 한국 국민화, 구체적으로는 국민 등록에 대한 대항운동의 성격을 내포하고 있었다.

일본 정부는 한국에서 조선으로 변경은 불가하다는 입장이었다. 외국인 등록법의 규정에 따르면 기재 사항 변경 등록은 변경이 발생한 날로부터

18) 이하 국적기재 변경운동에 관한 내용은 주로 가와사키시 총무국 총무부 시민과에서 작성한 보고서(総務局総務部市民課, 1971)를 참조했다. 이 문헌은 가와사키시에서 일어났던 국적기재 변경운동의 경과와 그 처리 과정을 정리한 보고서로, 가와사키 사례를 중심으로 하지만 그 역사적 배경과 전 일본 차원의 운동의 흐름에 대해서도 소개하고 있다.

14일 이내에 그 변경이 일어났음을 입증하는 문서를 첨부하여 신청하도록 되어 있는데, '조선'의 경우 그 입증 문서를 발급할 만한 권한 있는 기관이 없기 때문이라는 논리였다.

협정영주 허가 신청 마감을 5개월 반 정도 앞둔 1970년 8월, 전국 주요 도시에서 제2차 국적기재 변경운동이 대대적으로 전개되었다. 오사카만박 종료 후 민단의 영주권 신청 촉진운동이 막바지 총력전 태세로 접어든 시기였다. 9월 1일 자 ≪아시아 침략과 입관법(アジア侵略と入管法)≫은 이와 관련하여, 다음과 같이 전하고 있다.

> 조총련 중앙본부에 따르면, 전국 각 도도부현에 '조선적으로 바꾸는 모임'이 결성되어 '① 글자를 몰라서 다른 사람에게 등록을 부탁했더니 한국적이 되어 있었다, ② 역소(役所)의 실수로 한국적이 되었다, ③ 한국에 있는 육친을 만나고 싶어서 한국적으로 했지만 북조선을 지지한다'라는 사람들의 조선적 등록운동이 일어나, 8월 3, 4일의 제1파 신청만 해도 도쿄가 361명, 오사카에서 약 1000명, 가나가와에서 약 700명, 효고에서 약 400명이 신청을 했고, 나아가 대폭 증가할 전망이다(マルクス主義学生同盟·中核派, 1970: 59).

그에 앞서 1970년 6월 9일 전국 혁신시장회는 '재일조선인의 조선적으로의 변경에 관한 의견서'를 정부에 제출했다. 요코하마를 비롯한 53개 혁신시장이 서명한 이 의견서를 통해 정부가 "'영주권 신청'을 강행함으로써 본인의 의사에 반해 '한국'적을 강제"하려 한다고 비판하고, "국적 선택의 자유는 세계인권선언을 비롯한 국제법 및 국제관례에서 확립되어 있는 인류 보편의 기본적 인권"이므로, 이 문제에 대해서는 본인의 의지를 존중해서 결정할 것을 촉구했다(総務局総務部市民課, 1971: 28).

8월 14일 기타규슈의 다가와시가 지자체 중 최초로 5세대 14명의 국적 표기를 '한국'에서 '조선'으로 변경해 주었다. 사카다(坂田) 다가와시장은 담화를 통해 "지금 치쿠호에 있는 조선인들은 전시 중 탄광에 강제적으로 연행되어 온 사람들이 대부분이다. 강제로 일본에 끌고 와 고생시켜 놓고, 이제 그 사람들의 국적 선택을 인정하지 않는 것은 도리가 아니다"라는 입장을 표명했다. 그리고 "나에게 조선인 문제란 저 깜깜한 탄광의 아치 속에서 함께 고생한 사람들에게 보상하는 마음"이라고 했다(総務局総務部市民課, 1971: 31~32). 시장 자신의 개인적인 체험을 바탕으로 하면서 인도적 입장을 강조한 것이다. 이에 대해 법무성은 통달 위반임을 주장하고, 현을 통해 원상 복귀를 지시했다.

그 후 1970년 9월 14일 야마가타현의 사카타시, 9월 28일에는 미카사, 아카비라, 구시로, 기타미, 오비히로, 아사히카와, 유바리 등 홋카이도의 7개 혁신도시들이 잇달아 '조선'으로의 기재 변경을 허용했다. 사카타시의 국적 변경 허용은 이들 7개 도시 및 요코하마시와의 협의하에 이루어졌다. 이 도시들은 신청인이 ① 재일조선인이라는 것, ② 조선민주주의인민공화국 국적법 제1조에 해당자라는 것, ③ '조선'으로 변경하고자 하는 강한 의지를 갖고 있는 것 등이 확인되었음을 기재 변경의 허용 사유로 제시했다. 이는 '조선민주주의인민공화국 국적법 제1조'를 적용하고, '조선'을 '조선민주주의인민공화국'과 동일한 국호로 인정했다는 점에서 그 의미가 매우 중대하다. 그것은 외국인등록증의 '조선'은 국적이 아닌 '용어'라는 일본 정부의 해석과는 전적으로 배치되는 입장으로, 지방정부 차원에서 처음으로 '조선'이 국호임을 공식 인정한 것이기 때문이다.

사카타시의 고야마(小山) 시장은 관련 담화에서 인도적 입장과 더불어 '국적에 대한 사무는 국가로부터 위임받은 이상 지자체가 적부를 판단해야 한다'는 지방자치의 관점을 제시했다. 아울러, 이 조치는 혁신시장회의 통일된 행동에 따른 것임을 밝혔다. 혁신시장회는 법률이 아닌 통달로 지자체를 구속하는 당시의 통달 행정 방식은 자치권 침해라고 비판하고, 국적 표기 변경 건을 계기로 해서 정부를 규탄해 나간다는 입장을 표명했다. 이후, 혁신시장회의 대표 도시인 요코하마와 요코스카가 10월 30일에, 이어서 가와사키도 11월 7일에 국적기재 변경을 실시했다.[19] 1970년 8~10월에 법무성에 인가 신청을 하지 않고 독자적으로 기재 변경을 진행한 건은 23개 지자체, 420건에 이르렀다(조경희, 2015: 30).

지자체의 변경 실시가 확대되자 법무성은 1970년 9월 26일 통달(법무성 관등답합 제6883호)을 통해 ① 시정촌 직원의 사무 취급상의 과오로 '한국'으로 기재되었다고 인정되는 경우와 ② 본인의 의지가 아니라 제3자에 의해 '한국'으로 변경하는 절차를 밟았던 것으로 인정되는 경우는 변경 가능한 것으로 명시했다(등록법 제10조 2항 정정 조항에서 변경 가능한 경우). 단, 국민등록증 및 여권을 발급받은 자와 협정영주자는 이에 해당하지 않는다는 단서를 붙였고, 지자체 수준에서의 정정을 금하고 반드시 법무성에 올리도록 했다. 나아가 1971년 2월 27일에는, 변경 신청인이 국민 등록을 하지 않았고, 한국 여권을 발급받은 일이 없으며, 협정영주자가 아니라는 것을 확인할 경우, 시정촌장이 외국인등록원표의 국적란 기재를 '한국'에서 '조선'으로 정정할 수 있으며, 확인을 할 수 없는 경우에는 법무성에 조회한다는 새로운 방침을 내려보냈다(법무성 관등답합 제6883호 통달). 이로써 시정촌장의 국적기재 변경을 금한 모든 통달은 폐지되었다.

19) 가와사키시에서는 8월 3일 '가나가와현 가와사키 지구 조선적으로 변경하는 모임(神奈川県川崎地区朝鮮籍に改める会)'의 대표가 국적 선택과 변경의 자유를 요구하는 '요청서'를 제출했다. 그리고 1966년 시의회가 국적 변경 요구를 지지하는 결의를 채택하고 정부에 의견서를 올렸던 만큼, 가와사키시가 독자적으로 기재 변경을 결행해 줄 것을 요구했다.

2) 조선으로 변경한 사례

앞에서도 언급했지만, 한국에서 조선으로 변경한 사례자는 찾기가 매우 어려웠다. 조선에서 한국으로 변경한 사람에 비해 절대 수가 워낙 적기 때문이 아닐까 생각된다. 이번 연구 과정에서 인터뷰를 할 수 있었던 재일한인 중 1명만이 조선으로 변경한 경우였다.

【사례 10】

박명자(2세, 1941년생, 여)는 26살 때 재일동포들이 운영하는 오사카 공화병원에 취직했는데, 당시에는 한국적이었다. 조선으로 변경한 것은 공화병원에 근무하던 시절로, 1970년대 초였던 것으로 보인다. 박명자의 가족도 처음에는 조선적이었다. 아버지는 오랫동안 병상에 있다가 박명자가 중학생이던 때 세상을 떴는데, 그때까지도 조선적이었다. 언제 한국으로 변경했는지 박명자는 알지 못한다. 어느 날 보니 한국적으로 되어 있었다. 어머니가 예순 살쯤 되었을 때, 아마 "주변에서 모두들 바꾸던 그 무렵에" 어머니도 한국으로 변경하여 그때 가족 모두가 함께 변경했을 거라고 짐작할 뿐이다.

아버지는 한국에서 결혼한 직후 일을 찾아 혼자 일본으로 건너왔고, 어머니는 나중에 뒤따라 들어왔다. 박명자는 오사카에서 태어났는데, 중학교 졸업 후 도치기현의 한 병원에서 보조원으로 근무하게 되어 16살 때부터 집을 떠나 독립했다. 1962년에 간사이 대학 부속 간호원 학교에 입학하여 졸업 후에는 동 대학 부속병원에 근무하게 되었다. 그러던 중 동포들끼리 모여 만든 병원이 생겼다는 이야기를 듣고는 대학병원을 그만두고 그곳에 지원했다. 그곳이 총련 산하의 공화병원이다. 공화병원에서는 업무가 종료된 뒤 우리말과 역사 등을 배우는 학습 시간이 있었다(朴明子, 1992: 65). 박명자는 일본 학교에 다녔기 때문에 조선 사람이 어떻게 해서 일본에 오게 되었는지도 몰랐고, 민족의식도 없었는데, 공화병원에 들어가 처음으로 민족의식에 눈뜨게 되었다. 공화병원에서의 학습을 통해 조선 사람은 하나이며 조선은 한반도 전체를 말하고 한국은 그 남반부만을 가리킨다고 배웠다. 새롭게 민족적 자각을 갖게 된 박명자는 공화병원이 총련의 국적기재 변경운동에 동참하자 가족과 의논하지 않고 혼자 국적을 조선으로 재변경했다.

이후 박명자는 친구 소개로 지금의 남편을 만나 결혼을 했는데, 시댁은 총련계여서 자연히 박명자도 총련계 커뮤니티에서 살아왔다. 친정 식구들은 그동안 한국의 사촌들과 교류가 있었고, 친정 오빠들은 전부터 박명자에게 한국으로 다시 바꾸라고 권했다. 박명자는 수년 전에 다시 한국으로 변경했다. '조선 → 한국 → 조선 → 한국'과 같이 국적 변경을 거듭한 셈이다.

박명자 외에 한국에서 조선으로 변경한 당사자를 만나지는 못했으나, 1972년부터 가와사키시에서 외국인 등록 업무를 담당했던 전 가와사키시 직원 야마다 다카오(山田貴男)로부터 국적기재 변경을 희망한 사람들에 대한 이야기를 들을 수 있었다. 가와사키는 혁신지자체로서 1970년 11월에 조선으로의 국적기재 변경을 허용하기로 방침을 정한 바 있다. 이후 가와사키시가 조선으로 변경해 준다는 소문이 나서 다른 지역의 청년들이 가와사키로 전입해 오기도 했다. 본인의 의지와 무관하게 한국적이 되어 있기 때문에 국적을 조선으로 변경하겠다는 청년들이 있었는데, 대개는 부모가 한국적인 조선 대학교 학생이거나 조청에서 활동하는 청년들이었다. 그런데 시 차원에서는 국적기재 변경을 허용한다는 방침이었기 때문에 외국인 등록원표와 외국인등록증명서에 조선으로 기재했지만, 법무성에서는 인정하지 않은 경우들이 발생했다. 신청하는 학생들에게는 그런 사실을 미리 알려주었기 때문에, 나중에 결과를 알아도 큰 문제는 없었다. 학생들에게는 외국인등록증에 '조선'이라는 명칭이 기재되어 있는 것이 큰 의미가 있었다. 총련계 학생단체나 청년단체 등에서 활동할 때 동료들이 모두 조선인데 자기만 한국이면 창피하기 때문이었다.

8. 생활의 전략과 국적

이 글에서는 해방 후 오늘날까지 재일한인의 국민 정체성이 유동적이라는 특징에 주목하여, 국민 정체성 형성의 구조적 조건인 제도적 틀과 그 틀에 구속되면서도 자신의 삶의 전략을 모색하는 개인 행위자들의 실천을 함께 고찰함으로써, 재일한인의 국민 정체성의 특성을 밝히고자 했다.

'조선'과 '한국'은 일본 정부가 외국인 등록 제도에 의해 부여한 정체성이다. 일본의 재일외국인 국적 표기로서는 유일하게 두 개의 이름, 즉 '한국'과 '조선'이 병존하는 체제는 점령기라는 시대적 배경하에서 한국 정부와 SCAP의 개입을 통해 일본 정부가 만들어낸 것이다. 그러나 일본의 제도인 외국인 등록의 '한국'·'조선' 병존 체제는 본문에서 보았듯이 일본 정부뿐 아니라 한국과 북한, 민단과 총련, 그 밖에도 다른 여러 주체들의 개입과 상호작용에 의해 성립되고 유지되어 왔다. 한국과 조선 사이의 경계 설정뿐 아니라 경계 넘기도 체제의 본질적인 부분으로서 내포된 것이 바로 이 외국인 등록의 '한국'·'조선' 병존 체제의 특징이다. 재일한인이 대거 국적 표기를 변경하여 정체성을 재구성한 것은 이런 구조적 맥락이 있기 때문에 나타날 수 있었던 현상이다.

처음 '외국인등록령'이 적용되었던 재일 1세는 일본 정부가 이들에게 '조선'이라는 표상을 부여했고, '한국' 표기가 허용되었을 때 처음으로 선택의 기로에 놓였다. 이후 세대들은 자신의 의사와 무관하게 태어날 때 이미 부모(이 시기에는 아버지)와 같은 국적으로 정해졌고, 이후 삶의 과정에서 주어진 국적의 변경 여부를 고민하는 계기들을 맞는다. 귀속 의식이 달라진 경우에도 그것이 반드시 곧장 국적 변경이라는 구체적인 행위로 이어지는 것은 아니다. 변경의 이점과 부담 사이에서 고민하고, 경우에 따라서는 변경을 유보할 수도 있으며, 변경 시기와 방법을 고려하며 실천에 옮길 수도 있다. 국적은 개인의 정치적 귀속을 나타내는 것이지만, 1950~1970년대 일본에서는 가족은 '동일 국적'을 기본 방침으로 하고 있었고 사회적으로도 그런 관념이 지배적이었다. 한국과 조선 사이의 변경 또한 가족 관계 속에서 개인의 의지와 무관하게 이루어진 경우가 많았고, 가족 배경, 즉 가족 관계나 가족사 등이 중요한 요인으로 작용했다. 사례들을 통해 흥미로운 점들을 발견할 수 있었는데, 이들을 간략히 정리하면 다음과 같다.

우선, 인구 변화 추이와 구체적인 사례들 양편 모두 조선에서 한국으로의 변경은 특정 기간, 예컨대 협정영주권 신청 기간에 집중된 것이 아니라 1950년 이후 지속적으로 이루어진 현상이라는 점이다. 그리고 어느 시기에 변경했는지에 따라 국적 변경의 이유도 달랐다.

1960년대에 변경한 사람들의 경우, 대부분 협정 발효 후 곧(협정 체결 직후 발효 전에도) 국적을 한국으로 변경하여 영주권을 신청했다. 그러나 같은 조선적이라도 총련과의 관계 내지 거리는 모두 같지는 않고 세 가지 유형으로 분류될 수 있다. 첫째, 총련 조직에 속해 있거나, 조직에서 활동하지는 않더라도 생활 전반이 총련계 커뮤니티에 속해 있는 경우(1건), 둘째, 민단과 총련 어느 쪽에도 확실하게 귀속되지 않은 경우(1건), 셋째, 조선적을 유지하면서 민단에서도 활동한 경우(3건). 그렇다면 1960년대에 협정영주권 취득을 위해 변경한 사람들이 그동안 조선적을 유지했던 이유에 대해서도 생각할 필요가 있다. 그동안 협정영주권을 위해 국적을 변경한 사람들은 국민건강보험 때문에 부득이하게 변경했지만 총련 또는 북한을 지지한 것으로 간주되었다. 조선적은 총련 또는 북한 지지자라는 것이 전제되어, 조선적을 유지해 온 이유에 대해서는 질문을 하지 않고, 조선적 내부의 차이는 무시되었다.

1950~1970년 시기의 국적은 대개 가장인 1세 남성이 결정하고 가족은 동일 국적으로 표기했다. 민단계/총련계의 구분도 주로 남성 가장을 기준으로 하고 부인이나 자녀들은 가장을 따를 뿐이었다. 형제자매나 자녀들이 한국과 조선으로 나뉘는 일도 드물지 않았는데, 여성들이 결혼하면 대개 국적 표기를 남편의 국적에 맞추고 생활 세계도 남편의 커뮤니티에 속하게 되어 원래의 가족 간에 길이 달라진 것을 중요한 예로 들 수 있다. "우리는 원래 한국계"라 하며 '한국'적을 자연스럽게 받아들이는 이경자와 윤명철도 그런 가족사가 있었다. 아버지의 친족 관계가 국적 선택에 좀 더 영향을 끼쳤을 가능성이 높다. 부모 형제가 모두 한국에 있고 일본에는 친족이 없는 경우, 아버지가 '한국'을 선택할 가능성은 상대적으로 높을 수도 있다. 반대로 아버지 형제들이 일찍부터 일본에 들어오기 시작하여 모두 모여 살게 된 경우는 한국 내지 고향에 대한 애착이 상대적으로 약했던 것이 아닌가 생각된다.

한 가족 내에서 조선과 한국의 역할 분업을 했을 가능성도 있다. 사례들을 통해 어머니나 할머니가 먼저 한국 국적으로 바꾼 경우들이 발견되었다. 한일협정에 대응하여 공적인 세계나 명분과 관련된 부분에서는 남성이 변함없이 '조선'을 지키고, 부인들은 사적인 영역에서 은밀히 '한국'으로 변경하는 것이 전략적 선택으로서 존재했음을 볼 수 있었다. 김계형의 어머니와 함께 다니던 아주머니들이 있었다는 것은 이러한 전략적 선택이 '공공연한 비밀'이었을 가능성을 보여준다. 그 전략적 선택은 자녀들에게는 알리지 않고 부부간에만 의논하여 결정한 것일 수도 있다. 아버지는 이전부터 한국 가족과의 교류를 애타게 희망했을 터이나, 1960년대의 상황은 본인이 한국으로 변경하기에는 곤란한 사회적 네트워크가 존재했을 것으로 생각되며, 때문에 협정 발효 후 부인을 통해 한국과의 연결을 모색한 것이 아닐까? 가장인 남성과 자녀들이 '조선'적을 견지하면서 부인(어머니)이 한국과의 연결 창구가 됨으로써 한일 양편에 걸친 생활을 유지하면서도 가족 단위로는 총련계 커뮤니티 귀속을 유지할 수 있었던 것이 아닐까?

협정영주권을 신청하는 데 있어 장손으로서 집안일을 돌본다든가, 장남으로서 제사를 모신다든가, 떨어져 사는 가족들과 왕래가 가능하고 초청할 수 있다든가 하는 것은 매우 중요한 요인으로 작용했다. 재일한인의 생활세계는 국경을 넘어 한국과 일본 양편에 걸쳐 있는 경우가 많다. 이런 경우 가족 전략은 일본에 거주하는 가족뿐 아니라 본국의 가족도 포함한 전략이 된다. 협정영주권은 재일한인뿐 아니라 본국의 가족, 친지에게도 이점으로 작용할 수 있었다. 협정영주의 자격이 있으면 가족을 일본으로 초청할 수 있었고, 재입국 허가 기간이 길기 때문에 한국에 상당 기간 머물면서 집안의 필요한 일들을 할 수가 있었다. 그것은 한국과 일본에 걸쳐 사회적 자본을 확장하는 데 도움이 되었다. 한일 간 경제 격차는 한국 가족에 대한 유입 요인으로 작용하며, 본국에서 배우자를 맞을 수 있는 기회도 확대되었다.

협정영주권은 재일한인 사회에 의도하지 않은 결과로서 중요한 영향을 끼쳤다. 그것은 '올드커머/뉴커머'라는 이분법적 틀로는 포착이 안 되는, 양편을 연결하는 중간적인 뉴커머 사회의 형성이다. 개인의 법적 지위나 학문적인 정의에 따르면 뉴커머지만 생활 세계는 올드커머라고 할까? 이 시기 가족 초청으로 한국에서 일본에 들어온 사람들은 대개 협정영주자의 본국 거주 가족이다. 이들 가운데는 일본에서 태어났는데 귀국했다가 다시 들어온 경우도 있고, 한국에서 태어나 성장하여 나중에 들어온 경우도 있다. 이들은 일본에 들어와서 재류 자격이 불안정해도 가족들이 협정영주자

일 경우 일본에 체류하는 데 큰 문제는 없었다. 재류 기간을 여러 가지 이유를 대서 갱신을 거듭하면서 장기 체류, 결혼 등을 통해 일반 영주권을 받을 수 있었다.

협정을 계기로 국적 변경을 한 사람들은, 적어도 이번 인터뷰 대상자 중에서는, 결혼하여 '출가외인'이 된 딸 외에는 가족 중에 북한 이주자가 없다는 점도 흥미롭다. 김은자 가족의 경우, 이주한 언니는 아버지의 자식이 아닌 것으로 여겼다. 북으로 간 가족이 있는 경우 협정영주권 신청을 꺼렸을 것이다. 북으로 간 가족의 입장을 생각해서도 그렇고 자신도 북으로 '귀국'하거나 적어도 북으로 간 가족을 만나러 다닐 것을 고려해도 그렇고, 또한 북으로 간 가족이 있으면 한국에 가는 것이 여의치 않으리라는 생각 등 여러 생각이 있었을 것이다. 총련계 커뮤니티에서는 '귀국자', 즉 북한 이주자 수는 정체 상태에 있었지만 '귀국 사업'은 지속되고 있었고, '귀국 운동'은 '조국 왕래 운동'으로 발전한 상태였으며, 조선을 국적화하려는 운동이 전개되고 있었다.

조선적 재일한인들의 한국 입국이 실현된 1990년대 이후, 조선에서 한국으로의 '국적 변경'이 새로운 문제로 대두했다. 여기서 쟁점이 되고 있는 것은 '조선'이 국적인지 여부, '조선'은 무엇을 의미하는지이다. 이 장에서 다룬 1950~1970년대와 오늘날의 '조선'과 '한국'의 경계 넘기를 둘러싼 해석의 연속성과 차별성은 어디에 있는지 탐구하는 것은 향후의 과제로 남겨둔다.

제2장

재한재일한인, 본국과의 새로운 관계*

'조선'에서 '한국'으로 '국적 변경'을 한 재일 3세를 중심으로

한영혜

1. 들어가며

이 장에서는 현재 한국에 살고 있는 재한재일한인 가운데 '조선'에서 '한국'으로 국적을 변경한 재일한인 3세의 사례를 통해 재일한인과 본국의 새로운 관계를 고찰한다. 여기서 '재한재일한인'이란 일본의 특별영주권을 갖고 있으면서 재외국민의 신분으로 한국에 거주하고 있는 사람들을 말한다. 학업, 일, 결혼 등 다양한 이유로 한국에 생활 기반을 두고 거주하는 사람들로, 이들 중에는 사실상 한국에 정착했다고 보아야 하는 경우도 있다. 한국의 민주화와 경제 발전, 탈냉전·글로벌화의 진전을 배경으로 1990년대 이후 재일한인의 한국과의 교류·왕래는 대폭 증대했고, 이와 더불어 한국에 거주하는 재일한인도 증가했다. 재일한인과 본국의 거리는 이전보다 축소되었고, 1세, 2세에 비해 3세들이 본국과의 거리가 멀다고 단정할 수 없는

* 이 글은 「在韓在日朝鮮人: 本国との新しい関係―'朝鮮'から'韓国'へ'国籍変更'した在日3世を中心に」, ≪移民政策研究≫, 3号(移民政策学会, 2011)를 수정, 보완한 것이다.
이 연구를 위해 흔쾌히 인터뷰에 응해주신 사례자들께 깊이 감사드린다.

상황이 전개되었다. 이제는 재일한인 연구에서 그들의 일본 정주를 전제로 한 지금까지의 관점이 재고되어야 할 시점이 된 듯하다.

포스트냉전기 재일한인과 본국의 관계에서 또 한 가지 특기할 만한 점은 한국에서 '조총련계 동포'로 불리는 조선학교 출신자들의 한국 왕래가 급속히 증가한 점이다(조경희, 2014: 268). 1990년에 '외국 거주 동포의 출입국 보장' 조항이 포함된 '남북교류협력법'[1]이 제정되어 한국 정부는 조선적 재일한인에게 임시 여권에 해당하는 여행증명서[2]를 발급하여 이들의 한국 입국을 허용했고, 그에 따라 2000년 상반기까지 약 6만 명의 조선적 재일한인이 모국방문사업을 통해 한국을 방문했다(정인섭, 2014: 8). 1975년 총련계 동포 추석성묘단에서 시작된 냉전기의 모국방문사업이 남북 체제 경쟁의 일환으로 총련의 격한 반대와 비판 속에서 추진된 데 반해, 1990년대의 총련계 동포 모국방문사업은 남북 교류협력이라는 맥락에서 총련이 방문단을 꾸리는 등 일정 정도 참여했다는 점에서 중대한 차이가 있다. 그러한 점과 아울러 이 사업에 의한 방한이 주로 단체 방한이었다는 점도 이 시기 조선적 재일한인의 한국 방문 규모가 커지는 데 기여했다고 할 수 있다.

나아가 2000년대에는 질적 변화도 일어났다. 2000년 6월 김대중 대통령의 북한 방문과 6·15 남북공동선언 발표를 계기로 조선적 재일한인의 방한은 사실상 자유화되어 2000년 하반기 이후에는 개별 방문이 일반화되기에 이르렀다.[3] 김대중 정권하의 1999~2004년까지 5년간 조선적 재일한인에

1) 조선적 동포에 대한 여행증명서 발급의 근거가 된 '남북교류협력법' 제10조(외국거주 동포의 출입보장)는 "외국 국적을 보유하지 아니하고 대한민국의 여권을 소지하지 아니한 외국 거주 동포가 남한을 왕래하려면 여권법 제14조 1항에 따른 여행증명서를 소지하여야 한다"라는 내용이다(조경희, 2014: 269). 한국 정부는 1975년부터 시행한 총련계 동포 모국방문사업 때 한국 여권을 취득하지 않은 사람에게 여행증명서를 발급했고, 이를 법제화한 것이 '남북교류협력법' 제10조이다(정인섭, 2014: 8).

2) 재일한인들은 여행증명서를 흔히 '린파(リンパ)'라고 부른다. 이는 임시여권의 일본어 '린지파스포토(臨時パスポート)'의 약칭이다.

그림 2-1 _ 여행증명서와 재입국허가서
조선적 재일한인은 한국 방문 시 한국 정부가 발행한 여행증명서와 일본 정부가 발행한 재입국허가서가 필요했다. 여행증명서는 한국 여권과, 재입국허가서는 일본 여권과 모양이 같다. 여행증명서는 1회에 한해 유효했기 때문에 조선적 동포가 두 번 이상 한국을 왕래하는 경우, 매번 여행증명서를 발급받아야 했다. 사진은 다음 절 【사례 2】의 김태민이 실제로 발급받았던 여행증명서들과 재입국허가서다. 한국적 취득 이전에 조선적으로 7차례 한국을 방문했기 때문에 여행증명서가 총 7개다.

대해 1만 1819건의 여행증명서가 발급되었고, 뒤이은 노무현 정권 시기인 2005~2009년의 5년간에도 1만 1784건의 발급이 이루어졌는데, 이들 중 개별 방문자들이 상당수에 이르렀을 것으로 추정된다. 2000년대 들어 개별 방문으로 한국에 입국한 조선적 재일한인들 중 2회 이상 수차례에 걸쳐 다시 방문하는 경우나 수개월 내지 1년 이상 체류하는 경우도 나타났다. 재한 재일한인에는 이렇게 포스트냉전기에 한국에 들어와 거주하는 총련계 동포들이 포함되어 있는데, 그중 대다수는 조선적을 한국 국적으로 변경한 것으로 생각된다. 교환학생으로 1년 정도 조선적을 유지하며 체류한 경우

3) 6·15 남북공동선언의 후속 조치로 2000년 7월 29~31일 서울에서 열린 남북 장관급 회담에서 양측은 "남과 북은 총련 동포들이 방문단을 구성하여 고향을 방문할 수 있도록 협력하며, 이와 관련된 적절한 조치를 취한다"고 합의했다. 정인섭(2014: 9)은 이 합의가 1990년 '남북교류협력법' 제정 이후 용이해진 조선적 재일한인의 방한을 사실상 자유화하는 효과를 가져왔다고 보았다.

와 같이 조선적을 갖고 한국에 거주한 사례들이 없지는 않지만, 조선적인 채로 그 이상 길게 한국에 거주하는 것은 허가를 받기 어려웠다.

이렇게 포스트냉전기에 조선에서 한국으로 국적을 변경하고 한국에 거주하는 재일한인들은 재일한인과 본국 간 관계의 질적 전환을 집약적으로 보여주는 존재다. 제1장에서는 2차 세계대전 종전 후 냉전 체제 구축기에 일본에 살면서 조선에서 한국으로 또는 한국에서 조선으로 국적 변경을 한 사례들을 통해 재일한인의 국적과 정체성 문제를 탐구했다. 이 장에서는 포스트냉전기에 한국에 거주 또는 장기 체류하는 재일한인 3세의 조선에서 한국으로의 국적 변경 사례들을 고찰한다. 전자가 냉전기, 일본 영토 내, 1세와 2세들에 관한 이야기라면, 후자는 포스트냉전기, 남쪽의 본국인 한국 땅, 3세들에 관한 이야기다. 이 글은 변화된 역사적 맥락에서 새로운 주체들에 의한 국적 변경 사례들을 통해 오늘날 재일한인의 정체성과 국적에 관한 새로운 논점을 발견하는 데 목적이 있다.

2000년대에는 조선적 재일한인의 한국 방문 증가와 더불어 이들의 정체성과 '조선'·'조선적'의 의미가 새로운 쟁점으로 대두했다. 특히 이명박·박근혜 두 정권 시기에 조선적 재일한인에 대한 여행증명서 발급이 거부되는 사례가 급증하면서 조선적으로 한국에 들어올 권리에 대한 주장과 소송 제기 등을 통한 저항이 이루어지기도 했고, 조선적 재일한인에 대한 여행증명서 발급 시 향후 한국적 취득을 서약하도록 하는 영사관의 관행에 대한 문제 제기도 있었다. 이 같은 상황에 대응하여 최근에는 조선적 동포의 한국 입국과 관련된 제도, 정체성, 이념 등의 문제들을 다룬 연구 성과들이 발표되었다.[4] 오늘날 재일한인과 본국의 관계에서 매우 중요한 실천적 함의

4) 조선적 재일한인의 한국 입국과 국적 문제를 다룬 논문으로는 이재승(2013), 정인섭(2014), 조경희(2014; 2015), 조관자(2015) 등이 있다.

가 있는 문제인 만큼 이 연구들의 의미는 크다고 하겠다.

그런데 조선적 재일한인의 한국 입국과 국적 문제를 다룬 연구들에서 한국 국적을 취득한 사람들에 초점을 맞춘 경우는 찾아보기가 어렵다. 김예림의 「이동하는 국적, 월경하는 주체, 경계적 문화자본: 한국 내 재일조선인 3세의 정체성 정치와 문화실천」(2009)이 필자가 찾을 수 있었던 유일한 연구 논문이다. 김예림(2009: 353~354)은 "일국적, 영토적 장에 비교적 안정적으로 소속되어 있는 집단과는 달리 이주자와 그 후손들에게 국적은 결정되기 전까지는 유동적이고 선택적인 어떤 것"으로, 재일한인에게도 국적은 '공적 제도'이면서 '사적 선택'의 대상이라고 보았다. 그런데 기존 연구에서는 주로 법적 지위의 측면에 초점이 맞추어져 "현실적 조건 속에서 재일조선인 개개인이 어떤 방식과 경위로 자기에 관한 선택과 행위를 결정하는가라는 질문에 대해서는 답해주지 못한다"라 하고, "개개인의 자기 구성과 자기 실천 양상 그리고 이 과정에서 끊임없이 거치게 되는 갈등과 길항, 타협의 계기"에 주목할 필요성을 제기했다. 이 책에서 재일한인의 한국-조선 간 국적 변경을 다루는 필자의 관점도 김예림과 거의 같다고 할 수 있다. 단, 김예림이 조선적에서 한국적으로 국적을 변경하고 한국에 건너와 문화 관련 일(구체적으로는 사진작가, 연극배우, 카페 운영 및 한일 간 문화교류 행사 기획, 파트타이머 요리사)을 하는 재일한인 3세 여성 4명의 사례를 다루면서 개인의 욕망과 일에만 초점을 맞추고 있는 데 비해, 이 장에서 필자는 국적 변경자들이 형성하고 있는 인간관계 내지는 사회적 관계도 중요한 측면으로 다루고 있다. 국적은 개인이 국가와 맺는 관계이지만 온전히 개인적인 문제라고만은 할 수 없고, 일례로 국적 선택이 가족 전략의 일환으로 이루어지기도 하기 때문이다.

이 장에서 필자가 심층 인터뷰를 수행한 대상은 여성 4명, 남성 1명으로, 한국 체재 기간은 최소 6개월에서 최대 9년이다. 이들은 2000년대에 자신

표 2-1 _ 인터뷰 대상자

사례 번호	이름(가명)	성별	출생 연도	직업	한국 거주 사유	국적 변경한 해 (한국 첫 방문)
1	김경이	여	1973	연구자	결혼	2003(2000)
2	김태민	남	1980	대학원생/ 강사	연구	2010(2002)
3	정순경	여	1986	회사원	결혼	2005(2005)
4	김옥	여	1986	대학원생	학업	2003(2005)
5	고이선	여	1980	대학원생	결혼	2007(2007)

의 의사로 국적을 변경했다. 모두 조선학교 출신인데, 1명은 대학, 3명은 고교, 다른 1명은 중학교까지 조선학교에 다녔다. 부모를 비롯해서 가족들도 대부분 조선학교 졸업생이고, 부모 중 어느 한쪽이 조선학교나 총련계 직장에 근무한 경력이 있다. 이들 5명의 국적 변경 시기는 2003년, 2005년(2명), 2007년, 2010년 등, 주로 2000년대 후반이며 변경 이유는 결혼과 학업, 해외 유학 등 거의 개인적인 일이다. 여성 3명은 한국인 남성과 결혼해서 한국에 살고 있는데, 그중 2명은 결혼을 계기로 국적을 변경했다. 미혼자 2명은 유학으로 한국에 왔는데, 그중 1명은 조사 시점에는 비정규 연구직 자리를 얻어 체재 중이었다. 이번 조사 대상은 모두 대학원 재학 이상의 고학력이며, 2명은 한국 이외의 해외에 유학한 경험이 있다. 이번 인터뷰 대상자 중 한 명이기도 했던 지인을 통해 소개받았기 때문에 우연히 이런 구성이 되어버린 면도 있으나, 본래 한국에 장기 체재하는 국적 변경자가 이런 경향이 있는지도 모르겠다. 정식 인터뷰는 2010년 12월~2011년 2월에 걸쳐 실시했고, 인터뷰 후에 전화로 보충 질문을 한 경우도 있다. 이 글은 이 5명의 이야기를 재구성하고, 이를 토대로 오늘날 재일한인의 정체성과 국적에 관한 새로운 논점을 찾아보고자 한다.

2. '한국': "터부"에서 "한번 살아보고 싶다"로

조선학교에 다니던 시절 이들에게 '한국'이란 단어는 일종의 터부였다. 이들에게 한국은 '남조선'이었고, '한국'이라고 부르는 일도 없었다. 졸업 후에도 '한국'이란 말을 사용하는 데는 심리적 저항감이 있었다. 그런데 한국에 관심을 갖게 되고, '한번 가보고 싶다'고 생각하게 되고, 실제로 가보게 되고, 더 나아가 '한번 살아보고 싶다'라고 생각하게 되었다. 이런 마음의 추이를 만들어낸 계기들은 무엇일까?

인터뷰에 답해준 다섯 사람 중 2명은 조선적인 상태로 한국을 방문하게 되었고, 그 후에도 조선적으로 한국을 왕래하다가 한국으로 국적을 변경했다. 다른 3명은 일본에서 먼저 국적 변경을 하고 한국 국적으로 한국에 입국했다. 두 그룹으로 나누어서 이들이 국적 변경에 이른 배경과 과정을 살펴본다.

1) 처음에 조선적으로 한국을 방문한 경우

【사례 1】

2003년 한국인 남성과 결혼하면서 국적을 한국으로 변경한 김경이(가명, 1973년생, 여)는 결혼 후 지금[5]까지 한국에 살고 있으며, 전문직으로 일을 하고 있다. 김경이가 한국에 처음 와본 것은 대학원생이던 2000년 12월이다. 당시는 조선적이었기 때문에 영사관에서 임시 여권(공식 명칭은 '여행증명서')을 받아 들어왔다. 고등학교까지 조선학교에 다녔던 그는 한국에 다녀

5) 인터뷰를 했던 2010~2011년의 상황으로, 이후 사례에서 '지금' 또는 '현재'는 모두 인터뷰 당시 상황을 가리킨다.

온 조선적의 후배들로부터 한국의 민주화에 대해 이야기를 듣고 한국에 꼭 한번 가보고 싶다고 생각하게 되었다.

광주에서 큰 행사가 있어서 조선적 학생들이 많이 참가했어요. 한국에 다녀온 학생들이 이구동성으로 정말 감동적이었다, 한국 사회가 그런 곳인 줄은 몰랐다고들 하더라고요. 한국은 민주화되어 굉장히 달라졌다, 민족 화해와 탈냉전 분위기를 피부로 느꼈다, 같은 이야기를 들으며 꼭 가보고 싶다고 생각했죠.

김대중 정부의 방침에 따라 1999년 이후 조선적 재일한인들이 여행증명서를 발급받아 한국에 입국할 수 있게 되자, 김경이 주변에도 한국에 다녀온 학생들이 생긴 것이다. 꼭 한번 가보고 싶다고 생각하던 김경이는 2000년 12월에 혼자서 한국에 들어와 여행을 했다. 처음으로 온 한국은 아는 사람도 없고, 춥고, 무섭고, 외로웠다. 그런데 이듬해 대학원 연구실에서 한국의 대학과 교류하는 프로그램을 통해 다시 한국을 방문할 기회가 생겼다. 그 두 번째 한국 방문은 혼자 여행했던 첫 방문과 달리 동 세대의 한국인 젊은이들과 교류할 기회가 있었다. 그 두 번째 방문에서 김경이는 한국에 오래 머물고 싶다는 마음이 들어, 일본으로 돌아간 뒤 교환 유학을 신청했다. 이렇게 해서 2002년 5월부터 12월까지 6개월간 조선적을 유지한 채 교환유학생 신분으로 한국에 거주하게 되었다.

처음에는 아는 사람도 없고 힘들었죠. 학교에서 학생들과 거리가 있었는데, 한 달 후에 시작된 월드컵 덕분에 친구가 생겼고, 한국에 적응하기가 쉬워졌어요. 또, 전에 일본에서 만났던 ㅇㅇ네트(재외동포를 지원하는 시민단체) 사람에게 연락해서, 그쪽으로 잘 놀러가곤 했어요. 학교보다 그쪽을 더 자주 갔죠. 그곳 활동가들과 친해져서 …… 연애도 하게 됐고 …… 남편도 그곳 활동가였어요. 꿈같기도 하고, 한국 생활 중에서 가장 행복한 때가 아니었을까…….

유학 기간이 끝나서 일단 일본으로 돌아온 김경이는 2003년에 국적을 변경하고 한국으로 돌아와 결혼했다.

【사례 2】

현재 한 대학 연구기관에 근무하고 있는 김태민(가명, 1980년생, 남)도 조선적일 때부터 여러 차례 한국에 왔다. 처음 온 것은 조선 대학교 졸업 후 총련 지방조직에서 일하고 있던 2002년이다. 부산 아시안게임에 참가한 북한 선수단을 응원하기 위해 총련이 파견한 응원단의 일원으로서다. 그때는 단체에서 일하고 있었기 때문에 한국 사람들과 교류할 기회가 없었고, 한국에 다시 올 수 있을 거라고 생각도 하지 못했다.

그러나 뒤에 일본 대학원에 진학하여 한국 대학과의 교류 프로그램을 통해 서너 번 서울에 오게 되었고, 한국에도 지인이 여러 명 생겼다. 서울에 몇 차례 와보고 지인들도 생기니 한국에서 살아보고 싶은 마음이 들어, 2007년 박사 과정 진학과 동시에 교환 유학을 신청했다. 박사 논문의 테마도 한국에 있어야 연구할 수 있는 것을 선택했다. 2008년 여름부터 교환 유학으로 1년간 서울에 체재한 뒤 일단 일본으로 돌아갔는데, 한국에서 박사 논문과 관련된 연구를 계속하고 싶어져서, 대학 내 연구기관에 1년간 자리를 얻어 근무하게 되었다. 교환 유학 기간을 포함하면 통산 2년간 체재한 셈이 된다. 그는 한국 체재 중에 한국적으로 변경했다.

1973년생인 김경이는 1980년대부터 1990년대 초까지, 1980년생인 김태민은 1980년대 후반부터 1990년대 후반에 걸쳐 조선학교에 다녔다. 한국에서는 광주민주항쟁 이후 급진적인 민주화 운동 시기를 거쳐 민주화, 88올림픽 등 격한 정치적·사회적 변동이 일어난 시기다. 한국이 민주화된 1990년대에는 재일한인 2세나 3세의 어학연수 목적의 한국 방문이 증가했는데, 김대중 정권 들어 남북 화해 분위기 속에서 1990년대 말경부터 조선적자의 한국 방문이 가능해졌다. 김경이도 김태민도 분단 상태의 한국에 갈 수 있다고는 생각도 하지 못했다. 그런데 2000년대 들어서 두 사람 다 생각도 못 하던 한국 방문을 하게 된 것이다. 한국에 다녀온 조선적 학생들로부터 전해 들은 민주화된 한국 이야기, 남북 스포츠 교류를 통한 첫 방한 등이 그동안 마음속에서 거리를 두었던 한국에 대한 호기심, 개인적으로 한번 가보고 싶다는 마음을 불러일으켰다. 그동안 그 이름을 입에 올리는 것조차 위화감을 느꼈던 한국이 "미지의 본국"으로서 새롭게 다가온 것이라고 할까. 이렇게 두 사람은 '한번 가보고 싶다'는 호기심에서 조선적인 채로 한국을 처음 방문했다. 그 후에도 두세 번 다시 오게 되고, '한번 살아보고 싶다'는 마음으로까지 발전했는데, 이들이 한국에 대한 호기심을 그렇게 발전시켜 나갈 수 있었던 데는 일본 대학원의 한일 교류 프로그램이 큰 역할을 했다. 김경이는 대학 학부부터, 김태민은 대학원부터 일본 학교에 다녔는데, 한일 교류 프로그램에 참가함으로써 한국을 두 번 세 번 방문하여 한국 사람들과 교류하고, 자신을 받아들여 주고 이해해 주는 사람들을 만날 수 있었다. 그런 사람들의 네트워크가 이들로 하여금 한국에 살아보고 싶은 마음을 키우는 데 그리고 한국에 사는 데 대한 불안감을 넘어설 수 있는 토대가 되었을 것이다.

2) 한국적으로 변경한 후 한국으로 온 경우

국적 변경을 하고 나서 한국에 들어온 세 사람 정순경, 김옥, 고이선도 모두 조선학교 출신이다. 그런데 이들은 김경이, 김태민 등과 달리 조선학교 시절에 한국에 대한 적대감이나 위화감이 별로 없었다. 반면, 이들은 조선학교에 다닐 때부터 한국 문화를 매개로 간접적인 한국 경험을 했다. 이런 경험은 김경이와 김태민에게는 없던 것이다. 인터뷰에서 이들이 한국의 민주화에 대해 거의 언급을 하지 않은 것도 앞의 두 사람과 다른 점이다.

【사례 3】

정순경(가명, 1986년생, 여)은 현재 미국계 일본 회사의 한국 지점에서 일을 하고 있고, 한국인 약혼자와 결혼을 앞두고 있다. 국적 변경을 하고 한국에 처음 들어온 것은 2005년이다. 영어를 잘해서 학창 시절 여러 영어 스피치 콘테스트에서 수상한 경력이 있는 그는 고등학생 때부터 국적을 변경해서 유학 준비를 하고 싶어 했다. 대학 졸업 후, 워킹 홀리데이를 얻어서 호주에 가고 싶었지만 조선적으로는 비자를 얻을 수 없어서 국적을 변경했다. 국적 변경 후 비자를 신청하기 위해 한국에 온 것이 그의 첫 한국 방문이다.

정순경은 처음 접한 한국의 풍경에 친밀감을 느꼈다.

> 공항에서 서울로 가는 풍경은, 어딘가 평양과 비슷하다는 인상을 받았어요. 자연의 느낌이 그랬어요. 시내에 들어와서도 글자는 전부 읽을 수 있고, 말도 통해서 아주 친밀감이 있었어요.

처음 한국에 왔을 때 왠지 모를 불안과 외로움을 느꼈다는 김경이와는 매우 다른 반응이다. 김경이와 달리 이미 한국적이 되어 있었기 때문일까? 그것도 하나의 요인일 수 있다. 사실 정순경은 국적을 바꾸기 이전부터 적극적으로 한국어를 공부하고 있었다. 조선 고급학교 졸업 후 1999년에 단기 대학에 진학했고, 단기 대학 졸업 후에는 4년제 대학에 편입했는데, 단기 대학에는 한국어학과가 있었고 한국인 교원도 있었다. 정순경은 그 교원에게 부탁해 개인적으로 한국어를 배웠다. 조선학교에 다녔기 때문에 우리말은 유창했지만, 한국어는 여러모로 우리말과는 다르다고 생각했기 때문이다. 일찍부터 국적 변경을 희망하고 있던 정순경은 한국어를 학습함으로써 스스로 한국에 다가선 것이라 할 수 있다.

워킹 홀리데이 비자를 받아 호주에 간 그는 호주에서 한국 유학생들과 친해져서 한국어를 더 잘하게 되었고 그러자 자신감이 붙어서 한국에 살아보고 싶어졌다. 일본으로 돌아간 정순경은 미국계 컨설턴트 회사에 취직한 뒤 한국으로 놀러왔다. 그때, 호주에서 알게 된 친구에게서 지금의 약혼자를 소개받았다. 그가 일본어를 배우고 싶다고 해서 소개받은 것인데 알게 된 지 1년 반 정도 된 무렵 결혼을 생각하게 되었다. 회사를 그만둘 각오까지 하면서 결혼을 결정했다. 한국 친구가 정순경은 일본어, 영어, 한국어 3개 국어가 유창하니 한국에 오면 일은 얼마든지 있을 거라고 했기 때문에 어떻게 되겠지 싶었다. 정순경은 별로 기대는 하지 않고 상사에게 한국에 지사를 만들어줄 수 있는지 타진해 보았는데, 뜻밖에도 즉석에서 수락했다. 미국인인 상사는 정순경이 한국어를 할 수 있는 것을 높이 평가하고 있었다. 회사를 그만둘 각오로 가볍게 물어본 것인데 뜻밖의 반응이었기에, 정순경은 사장의 마음이 변하기 전에 움직이려고 급거 10월에 한국에 들어왔다. 인터뷰 시점에는 결혼을 두 달 앞두고 있었다.

【사례 4】

김옥(가명, 1986년생, 여)은 현재 한국의 대학원에서 한국학을 전공하고 있는 유학생이다. 그 역시 고등학교까지 조선학교를 다녔고, 대학은 일본 학교에 진학했다. 국적을 변경한 것은 2003년 고등학교 2학년 때다. 언니의 대학 진학을 계기로 가족이 함께 국적 변경 신청을 했다. 2005년 봄, 대학 입학 직전에 "한국에 푹 빠진" 재일교포 친구와 함께 처음으로 한국에 왔다. 그때의 인상은 별로 좋지 않았다.

> 충격이었죠. 일본의 미디어에 보도되는 한국은 고급 이미지인데, 우리가 묵었던 곳은 너무 달랐거든요. 그런데 일본에 돌아가서는 다시 가고 싶어졌어요.

그래서 2007년에 다시 한국에 왔다. 이번에는 언니와 함께 와서 주로 언니가 좋아하는 명동 등 화려한 곳을 돌아다녔다. 언니는 한국을 좋아해서 이미 여러 번 왔던 터였다. 김옥의 한국에 대한 이미지는 주로 일본의 미디어를 통해 형성되었다고 하지만, 의외로 총련계 커뮤니티를 통해서 형성된 부분도 있는 것 같다. 조선학교에 다닐 때부터 총련계 커뮤니티에는 은근하게 한류 붐이 일었다.

> 일본에서 한류 붐이 일어나기 전에, 2000년 무렵인 것 같은데요, 총련계 중에 한국에 다녀온 사람들이 있었는데, 그 사람들이 한국의 비디오나 CD를 사갖고 왔어요. 또 그 무렵 KNTV가 개국했거든요. 처음에는 주로 어머니들이 보다가 교사와 학생들에게로 확산됐어요. K팝을 부르다 보면 터부시된 것들도 튀어나오지만 선생님이 못 하게 하거나 하지는 않았어요. 선생님들도 들어서 알고 있었으니까. 당시는 브라운아이드걸즈,

GOD 등이 인기가 있었어요.

김옥은 일본에서 대학을 졸업한 후 한국으로 유학을 왔다. 일본에서는 법학을 전공했는데, 대학원에서는 한국학을 전공하고 있다. 그런데 한국에 온 진짜 이유는 음악을 하고 싶어서였다. 학부로 법학부를 택한 것은, 고등학교 때 조선학교 출신자의 국립대학 수험 자격을 인정하지 않는 데 대한 항의 운동에 참가하여 서명활동 등을 하면서 외국인의 권리에 관련된 법적 기반 만들기가 중요하다고 생각하게 되었고, 그 배후에 있는 사회 구조도 알고 싶어졌기 때문이다. 그런데 대학에서 아카펠라 서클에 들어가 음악 활동을 했는데 거기서 재능을 인정받아 졸업 무렵에는 프로로 함께하지 않겠냐는 제안을 받을 정도였다. 김옥은 지금 자신이 가장 좋아하고 능력을 가장 잘 발휘할 수 있는 것은 음악이라는 결론에 도달했다. 그리고 음악을 하기 위해 한국 유학을 선택했다. 일본에서는 당분간 음악을 할 수 없다는 생각이 들었다. 법률가가 된다는 것은 곧 "자이니치로서", "자이니치를 위한" 법률가가 된다는 의미다. 자신이 법학부에 들어간 것도 자이니치로서의 사명감이 있었기 때문이어서, 대학 졸업 후 일본에 있으면 그 길로 나아갈 수밖에 없었을 것이다. 김옥은 그런 "자이니치"라는 틀에서 벗어나고 싶었고, 부모님의 기대에서도 해방되고 싶었다. 미국에 갈 수 있으면 좋겠지만 경비가 너무 많이 들어서 가장 가까운 한국으로 오게 되었다. 현재 재학 중인 학교에 대한 정보는 대학 시절에 속했던 '한국문화연구부'라는 동아리에서 얻고 관심을 갖게 되었다. 한국문화연구부는 한국어를 모르는 자이니치 학생들의 공부 모임이다.

【사례 5】

독일 유학 중에 지금의 남편을 만나 결혼에 이르게 된 고이선(가명, 1980

년생, 여)은 2007년에 국적을 변경했다. 한국에 와본 적이 없던 그는 결혼하면 살게 될 나라이니 가봐야 한다고 생각했다. 본인은 독일 유학 중이라 일본에 있는 어머니가 한국 영사관에 임시 여권을 신청했으나 발급이 되지 않아서, 한국에 들어오기 위해 국적을 변경했다. 2010년에 유학을 마치고 일본에서 반년 간 머물다가 한국으로 건너와서 우선 박사 과정에 진학했고, 그 후 한국에서 결혼했다.

고이선은 중학교까지는 조선학교에 다녔고, 고등학교부터 음악을 전문으로 하는 일본 학교에 다녔다. 대학 졸업 후 독일에서 5년간 유학했다. 이때는 북한 여권으로 독일에 갔다. 남편과 만난 계기는 2006년에 독일에서 열린 월드컵이다. 한국과 프랑스 전이 가까운 곳에서 열린다 하여 표를 사러 갔더니, 한국인 20명 정도가 표를 사기 위해 전날부터 와서 노숙을 하고 있었다. 고이선도 그 그룹에 합류해 함께 표를 사고 응원도 함께하게 되었다. 그 그룹의 한 명이 당시 런던에 유학 중이던 지금의 남편이다. 그 후 재회할 기회가 있었고, 교제해 나가면서 결혼을 생각하기에 이르렀다.

고이선은 독일에서 한국인 친구에게 북한 여권을 보여준 일이 있다. 그 친구는 다른 사람에게는 절대 보여주지 말라 하고, 예전 같으면 둘 다 잡혀갔을 것이라고 농담처럼 말했다. 고이선은 그때 처음으로 조선이 이렇게 터부시되고 있구나 하고 느꼈다. 그러나 그는 한국 사람과 결혼하고 한국에 사는 것을 주저 없이 받아들였다. 고이선은 남편이 처음에는 자신이 북한 여권으로 독일에 와 있었다는 사실을 몰랐을 수도 있다고 생각한다.

3. 국적 변경과 가족

국적 변경은 온전히 개인의 문제일 수만은 없다. 개인의 국적 변경은 가족의 삶에도 영향을 끼치며, 변경 시 가족의 협력이 필요한 경우도 있다. 국적 변경은 국적에 대한 실용주의적인 사고가 강해진 오늘날에도 역시 간단한 문제는 아니다. 특히 무언가 균열선을 지닌 두 나라 사이의 변경은 더욱 그렇다. 실제로 재일한인들이 개인의 의사로 국적을 변경하는 경우에도 대부분 가족과 의논을 한다. 따라서 재일한인의 국적 변경에 관해서는 가족이라는 맥락을 볼 필요가 있다.

이 글의 사례자 5명의 경우, 한국으로 국적을 변경하는 데 반대한 가족은 없다. 5명 중 3명은 가족이 모두 함께 국적을 변경했고, 1명은 가족 중 일부가 수년 전에 이미 변경을 했으며, 나머지 1명은 가족이 여전히 조선적을 유지하고 있었다. 그러나 가족들은 조선적으로 남고 사례자 혼자 변경한 경우에도 국적 변경을 둘러싸고 가족과 갈등이 일어나지는 않았고, 오히려 가족의 지원과 이해를 받았다.

김경이의 경우, 언니가 14년 전에 한국적 재일한인과 결혼하면서 한국적으로 변경했지만 다른 가족들은 그대로 조선적을 유지하고 있었다. 그런데 2002년 무렵, 북한에 의한 일본인 납치 사건이 이슈로 부상하면서 일본에서 조선적으로 살아가는 것에 불안감을 느껴 국적 변경에 대해 의논한 일이 있다. 그때 김경이의 강력한 반대로 변경하지 않았다. 그런데 바로 그 이듬해에 김경이 자신이 결혼을 이유로 국적을 변경하게 되었다. 김경이는 가족에게 무척 부끄러웠다. 특히 남편의 국적을 따르는 모양새가 되니 더욱 면목이 없었다. 김경이의 어머니는 조선학교 교사로 재직한 일이 있고, 아버지는 총련 커뮤니티에 속한 자영업자였지만, 한국인과의 결혼을 매우 기뻐했다. 실용주의적인 관점의 소유자인 아버지는 한국에서는 정부 비판 같은 것은 하지 말고 그쪽 실정에 맞춰서 살아가도록 조언을 해주었다. 2003년 김경이의 결혼을 앞두고 가족 전원이 국적을 한국으로 변경했다. 김경이의 결혼은 2002년에 보류했던 과제를 일거에 해결하는 기회가 되었다.

정순경은 고교 시절부터 국적 변경을 바라고 있었으나, 조선적일 때 한 번이라도 북한에 다녀오기를 바라는 어머니의 강한 요망 때문에 국적 변경을 미루고 있었다. 고교 3학년 때(1998)와 대학생 때(2001) 한 번씩 북한에 다녀와서, 이제 한국적으로 바꿀 수 있다고 생각했다. 어머니는 정순경이 북한에 다녀온 이상, 이번에는 다른 기회를 주어야 한다고 생각해서 국적 변경에 동의했다고 한다. 이때 가족 전원이 변경 신청을 하여 2005년에 어머니를 제외한 가족 전원이 한국적을 취득했다. 어머니는 1979년에 일본적에서 조선적으로 국적을 변경한 전력 때문에, 변경에 시간이 많이 걸려, 4년 후인 2009년에야 한국적을 취득했다. 외할머니가 일본인으로 집안에서 반대하는 결혼이었기 때문에 혼인신고를 못 하여 어머니는 외할머니 호적에 들어가 본래 일본 국적이었다. 결혼할 때 시부모가 조선적 취득을 조건으로 했기 때문에 어머니는 결혼과 동시에 국적을 조선으로 변경했다.

김옥의 경우, 언니의 대학 진학을 계기로 가족 전체가 국적을 변경했다. 언니가 대학에 진학할 때, 앞으로 해외에 갈 일이 늘 것으로 예상해 국적을 변경하기로 한 것이다. 어머니는 한류 붐을 통해 한국에 대한 이해가 있었고, 총련계 동포 기업에 다녔던 아버지도 때마침 민족단체와는 관계가 없는 일본계 기업으로 이직을 한 상태였다. 또 형제들도 조선학교를 졸업하고 일본 대학에 다니고 있거나 일본 대학으로 진학할 예정이어서 별로 신경 쓰지 않고 한국적으로 바꿀 수 있었다. 변경 절차가 마무리되어 한국적이 된 것은 2005년 김옥의 대학 입학 직전이었다. 언니는 이전부터 한국을 무척 좋아해서 매년 두세 번은 한국에 갔다. 처음에는 임시 여권으로 왕래했는데, 임시 여권으로는 횟수가 제한되어 있어서 더 자유롭게 다니고 싶다고 했다.

김태민의 경우, 어머니와 남동생은 2002년 무렵에 한국적을 취득했는데,

아버지는 조선적을 유지하고 있다. 부모님은 이혼한 상태여서 국적 변경 문제도 각자 결정한 것 같다. 동생은 대학 졸업을 앞두고 취직 준비를 하고 있었는데, 납치 사건 등으로 일본에서 북한에 대한 여론이 너무 나빠서 한국적을 취득했다. 어머니는 동생 때문에 함께 변경했다. 김태민은 2010년까지 조선적을 유지했지만 2010년 여름 임시 여권 갱신이 안 돼서, 한국에 계속 체재하기 위해 국적을 변경했다. 어머니가 동생과 국적을 변경했을 때 외할아버지 호적에 가족을 등록해 호적 정비를 함께 해두었기 때문에 김태민은 간단히 변경할 수가 있었다. 김태민이 어머니, 동생 등과 함께 국적 변경을 하지 않은 이유는 듣지 못했으나, 그 당시 김태민은 조선 대학 재학 중이었기 때문이 아닐까 생각된다. 동생은 일본 대학에 진학했으나, 김태민은 조선 대학 출신이며, 졸업 후 수년간 총련 산하의 지방조직에서 일했다. 그가 2010년에 국적 변경을 한 배경에는 총련계 조직과의 업무상 연결이 없어진 것도 영향을 끼쳤을 수 있다.

고이선의 경우, 부모님은 조선적을 유지하고 고이선 혼자 국적을 변경했다. 어머니는 고이선의 국적 변경을 원치는 않지만, 여권 때문에 항상 고생하는 것을 알고 있기 때문에 이해할 수는 있다고 했다. 일본의 가족은 조선적이었지만 한국에서 열린 결혼식에 참석했다. 아버지는 전에도 일 때문에 몇 차례 한국에 왔고, 어머니도 친구들과 한국에 여행을 온 적이 있다. 부모님은 해외여행 때 좀 불편하기는 해도 일부러 국적을 변경하면서까지 여행을 할 필요는 없다고 한다. 혹시 자신들이 여행증명서를 못 받게 되더라도, 고이선이 가끔 일본에 가서 만날 수 있기 때문에 별문제 없다고 한다. 외할머니는 원래 일본인인데 결혼하여 조선적이 되었다. 그런데 어느샌가 한국적으로 변경되어 있었다. 숙모의 가족이 한국적으로 변경했을 때 함께 변경한 것 같다. 숙모의 가족은 뒤에 일본으로 귀화했다.

이상 5명의 사례에서 보면, 대체로 국적 변경을 하기 수년 전부터 가족과 국적 변경 가능성에 대해 이야기를 시작했다. 가족 중 일부가 먼저 국적을 바꾼 예도 있다. 변경 방침은 정해놓고, 적절한 시기에 실행한 경우도 있다. 언제가 적절한 시기인지는 각 가정의 사정에 따라 다르지만, 총련계 조직에 자리를 갖고 있거나 거기서 일을 하는 동안은 적절하지 않다는 것은 분명하다. 5명의 사례만 보더라도 가족 중에 국적을 두 번이나 바꾼 사람이 여러 명 있다. 국적 변경을 둘러싼 이 같은 상황은 재일한인의 생활에서 국적 변경은 순전히 개인의 선택 문제만은 아니라는 것을 보여준다. 재일한인의 국적 변경은 가족 관계 속에서 짧지 않은 기간에 걸쳐 전개되는 과정으로 파악하고, 개인의 국적 변경은 그 과정 속에 자리매김되어야 하는 것은 아닐까?

4. 자기실현

이들 재일한인 3세 5명이 한국에 장기 체류 또는 정주를 택한 요인으로서 자기실현을 들 수 있다. 이들에게 한국은 향후 자신들의 경력에서 가능성을 발견할 수 있는 곳이기도 했다.

이를 가장 선명하게 보여주는 예는 정순경이다. 앞 절에서 보았듯이, 정순경은 영어도 한국어도 적극적으로 공부해서 매우 높은 수준에 올랐다. 언어 능력은 그에게 가장 중요한 자산이고, 한국 생활에서도 자신감의 원천이 되고 있다. 그러나 한국어에서 적극적인 의미를 발견한 것은 최근의 일이다.

> 고등학생 때까지는 한국어를 할 수 있다는 게 어떤 이득이 있는지 몰랐어요. 대학 때부터 이것이 이점이 될 수 있도록 내가 만들어가자는 생각을

하게 됐죠.

그가 고등학생 때까지 조선학교에서 배운 것은 "우리말=조선어", 즉 북한의 표준어다. 1990년대 일본 사회에서는 그 '우리말'의 능력을 어떻게 살릴 수 있을지 전망하기가 쉽지 않았을 것이다. 그러나 정순경이 대학생이던 2000년대 전반은 한국과 일본의 민간 교류가 확대되었고, '한류'라는 새로운 현상이 나타나고 있던 시기다. 정순경은 한국어를 공부함으로써 본래 자신이 갖고 있던 '우리말' 능력을 자기실현을 위한 자산으로 발전시키겠다는 생각을 하게 된 것이다. 현재 정순경이 맡고 있는 일은 주로 한국 금융기관의 전문가들을 인터뷰하여 시장 동향을 보고하는 것이다. 인터뷰는 대개 한국어로 하고, 보고서는 일본어나 영어로 쓴다.

한편, 김옥에게 한국으로 가는 목적은 좋아하는 음악을 하기 위해서였다. 일본에 있으면, 음악에 대한 마음을 누르고 자이니치를 위해 법률관계의 직업을 찾게 될 것으로 예상한 것 같다. 그래서 일단 일본을 떠나 좋아하는 것, 잘하는 것을 자유롭게 추구할 수 있는 해외로 나가자고 결정한 것이다. 목적지가 반드시 한국일 필요는 없었는데, 가깝고 돈이 그리 많이 들지 않아서 한국으로 오게 되었다고 했다. 그러나 거리나 비용 등 현실적인 조건이 맞더라도 한국에서 그가 추구하는 음악 활동이 가능할 것이라는 기대가 없었다면 한국을 택할 수 있었을까? 김옥은 어머니의 영향으로 어릴 때부터 소울 같은 블랙뮤직을 좋아하고 많이 들었다. 총련계 어머니나 교사들 사이에 한류 붐이 일어났을 때 중학생이던 그는 한국 대중음악을 통해 음악에 대한 마음을 자각한다.

K팝을 듣기 시작했을 때, '음악이란 얼마나 좋은 것인가' 하는 마음이 폭발했어요. 그것은 K팝이 좋다든가 하는 것이 아니라, 음악에 대한 마음이

지요. 당시는 한국 CD를 입수하는 것이 어려워서 텔레비를 보면서 피아노로 멜로디를 따라 하거나 해봤습니다.

김옥이 음악을 하고 싶어서 일본을 떠날 결심을 하면서 한국을 염두에 둘 수 있었던 것은 이런 경험이 있기 때문이었을 것이다.

김태민과 김경이는 둘 다 한국에서 학계에 속해 있다. 조선 대학 출신의 김태민은 한일 대학원 교류를 통해 사람들을 접한 뒤 한국에 살아보고 싶어져서 연구 테마를 한국에 관한 것으로 정했고, 연구를 계속하기 위해 국적을 변경했다. 연구자를 지향하는 김태민에게, 한국에 장기 체재하면서 연구를 하고 나아가 얼마간이라도 경력을 쌓는 것은 향후 취직에 이점이 있다. 일본에서 취직할 경우, 한국 전문 교원 내지 연구자는 한국에 대한 전문적인 강의뿐 아니라 한국과의 교류에서 역할도 요청되는 일이 많다. 한국에서 구축한 네트워크와 생활·활동의 경험은 그때 중요한 자산이 된다. 또한 한국에 체재하면서 한국의 학계에서 활동하면, 일본에서 습득한 것을 자산으로 한국에서 취직 기회를 얻을 수도 있다.

한국에 산 지 9년째 되는 김경이는 결혼 후 수년간은 우울했다. 결혼 후 박사 과정을 수료했지만 전망이 불투명했고 스트레스가 컸다. 자신의 인적 자원을 버리고 한국에 와버렸나 싶고, 왜 한국에 왔던가, 후회를 한 적도 있다. 당시 남편은 시민운동 활동가로서 사상적으로는 리버럴이었으나 가정생활에서는 보수적이고 수입도 없었기에, 김경이의 생활은 매우 불안정했다. 한국의 가족 관계가 일본과 다른 점도 스트레스의 한 요인이었다. 그 시기에는 '나는 이곳에 속박되어 있는 것이 아니라 언제라도 일본에 돌아갈 수 있다'라고 자신에게 말함으로써 정신적인 자유를 유지하려고 했다. 그러나 지금은 한국이 더 좋고, 여기서 일자리를 찾아 정착하고 싶다고 생각하고 있다. 결혼한 지 2년 될 무렵 출산하고 바쁘게 지내는 동안, 박사 학위가 없이는 연구도 할 수 없다는 것을 깨닫고 박사 논문을 쓰자고 결심하여, 2008년에 박사 학위 취득에 성공했다. 그 뒤 대학의 강의나 연구 같은 사회 활동을 할 수 있게 되면서, 정신적으로도 안정을 회복했다. 그 사이에 남편도 다른 일을 해서 수입을 얻게 되었다. 김경이는 이 9년간이 개인적으로는 성숙기였다고 생각한다. 지금은 이전에 비해 한국의 관점에서 사물을 보고 있는 것 같고, 여기가 좋다. 아마도 정착할 것이라 한다.

김경이는 한국을 처음 방문한 후 다시 가고 싶어져서 교환 유학을 했고, 좋은 사람을 만나 결혼까지 했다. 그러나 만약 한국에서 자기실현의 길이 닫혀 있었다면, 지금과는 다른 길을 모색했을지도 모른다. 고이선의 경우도, 결혼을 결심하고 한국에 왔지만, 결혼하기 전에 박사 과정 진학부터 했다. 대학원에서는, 일본어도 독일어도 가능해서 도움이 되는 일이 종종 있다. 현악기 전공이어서 연주 때문에 일본 등에 가는 일도 있다. 김경이, 정순경, 고이선, 이 3명의 예를 보면, 여성이라도 결혼해서 한국에 오는 것이 경력 단절을 의미하는 것은 아니다. 경력을 추구하는 것이 가능하고, 어쩌면 한국에 왔기 때문에 바로 새로운 가능성을 발견할 수 있었을지도 모른다.

5. '조선'이라는 기호: 불안과 애착

국적을 바꾼 사람들은 정도 차는 있지만 많은 경우 몇 가지 불안과 심리적 부담을 느끼고 있었다.

우선, 조선적이었다 해서 배제나 차별을 당하는 것은 아닐까 하는 불안이 있다. 김옥은 대학원 입학 신청을 했을 때 소학교부터 각급 학교의 졸업증명서를 제출해야 했다. 재외국민에게만 요구되는 절차였다. 고교까지 조선학교 출신인 김옥은 그 때문에 불합격되는 것은 아닌지 걱정했다. 이런 종류의 불안은, 10살이던 1980년에 아버지와 함께 국적을 변경했고 한국인과 결혼해서 15년 가까이 한국에 살고 있는 3세도 갖고 있었다. 조선적이었던 것이 알려지는 것이 싫고, 거짓으로 대답하지는 않지만 묻지도 않는 것을 자진해서 말하지는 않는다.

이른바 "위장 국적 변경"이라고 의심받는 것은 아닐까, 불안감을 느끼는 사람도 있다. 김경이는 국적을 바꾼 후 한국에서 재외동포의 참정권 문제에 관한 심포지엄에 참가할 기회가 있었다. 심포지엄에서 한 연구자가 최근 총련계 사람들이 국적을 한국으로 변경하고 있는데, 재일동포에게 참정권을 부여할 경우 이들을 어떻게 걸러낼 수 있는가 하는 문제 제기를 했다. 김경이는 이와 관련해서 이렇게 말했다.

> 제 나름대로 변명을 했지만 정말 슬픈 기분이었어요. 정치 상황의 변화에 따라 어떻게 될지 모른다는 불안감이 있지만, 지금은 한국이 이렇게 성숙되어 민주화되었으니, 그 정도 포용력은 있지 않을까, 그런 기대와 희망을 갖습니다. 그런 신뢰감이 있기 때문에 이곳에 살고 싶은 것이 아닐까요?

언어에 대해 불안감을 느끼는 경우도 있다. 한국에 온 2세, 3세의 재일한인에게 좌절감과 콤플렉스를 안겨주는 질문 중 하나가 "한국인인데 왜 한국말을 못하는가?" 하는 힐난성 질문이다. 그들에게는 일본어가 모어인 만큼, 언어에 관한 고민은 주로 한국어와 일본어 사이의 문제로 여겨진다. 그런데 한국에 거주하는 조선학교 출신자는 이와는 또 다른 경험을 한다. 이번에 인터뷰를 한 국적 변경자들은 모두 조선학교 출신으로 언어와 관련해서 거의 공통된 경험이 있다. 지금은 한국에서도, 일본에서 태어나 자란 재일한인이 한국어를 습득하는 것이 얼마나 곤란한지 어느 정도 이해를 하고 있어서, 이들은 한국에서 "교포가 어떻게 한국말을 그렇게 잘해요?"라고 칭찬을 받곤 했다. 조선적인 사람들은 냉전 체제하에서 심리적으로나 정치적으로나 한국과 거리가 컸지만, 한국적의 재일한인보다 한국에 적응하기 쉬운 면이 있다. 그것은 조선학교에서 교육을 받을 경우, 한국어를 잘하게 되기 때문이다. 오히려 이들은 일본에서 배운 "우리말 = 조선어"와 한국어의 차이에서 스트레스를 느낀다. 한국어를 말하는 방식이나 악센트가 드러내고 싶지 않은 자신의 아이덴티티를 드러내기 때문이다.

자연스런 한국어를 구사하는 정순경도 아직 한국어에 자신이 없다고 했다. 영어는 조금 틀려도 "네이티브가 아니니까" 하고 체념할 수 있는데, 한국어는 완벽하지 않으면 안 된다고 생각하게 된다. 정순경은 한국에 오기 전부터 일본에서 적극적으로 한국어를 공부했고, 호주에서 한국인 친구와 교류하면서 한국어가 더 늘었던 만큼 상당히 자신감이 있었다. 그런데도 '완벽한 한국어'에 집착하는 것은 자신의 말에 새겨 있는 '조선성'에 대한 자격지심이 강하기 때문이 아닐까. 음악을 하기 위해 한국에 온 김옥도 한국에서 공부하기 위해서는 언어를 한국식으로 고치지 않으면 안 된다고 생각했다. "조선학교에서 배운 언어는 불충분하기 때문에, 제대로 된 언어를 배우고 싶었어요"라고 했다. 여기서 "불충분"함이란 일본에서 배운 것과 북한식이라는 두 가지가 중첩되어 있는 데 대한 인식이라고 볼 수 있다.

이상과 같이 조선학교에서 교육을 받은 국적 변경자는 한국에서 자신들이 지니고 있는 '조선성'이나 '조선'이라는 표상을 대면하지 않으면 안 된다. 일본에서 국적 변경 전부터 한국어나 한국 대중문화를 흡수했던 정순경과 김옥은 재일한인으로서 자신들이 가지고 있는 '조선성'을 유지하면서도 '한국'이란 것을 받아들일 수가 있다. 이것은 2세에게는 어려운 일일지도 모른다. 앞에서 예로 든 이런저런 불안은 정도의 차는 있지만 대부분 사람에게 공통적으로 존재하는 것으로 보인다. 그러나 대응 방식은 모두 같지는 않다. 정순경과 김태민은 자신이 조선적이었던 것, 조선학교 출신인 것을 일본과 한국 또는 유학했던 호주에서 알게 된 한국인들에게 처음부터 밝혔다. 그래도 문제없이 받아들여졌고, 인간관계가 그 때문에 무너진 기억은 없다. 조선적이었을 때도 주변 사람들은 "조선적이니까 수상한 놈이다"라고 농담하면서 자연스럽게 받아들여 주었다고 생각한다. 언어의 문제도 그다지 크게 느끼지 못한다. 김태민은 일본에 있었을 때 한국에 다녀온 친구가 유창하게 한국어를 말하는 데 반감을 느낀 일이 있다. 한국에 있었기 때문에 어휘, 문법 등을 현지에 맞춰서 고치는 것은 이해할 수 있지만, 악센트까지 한국식으로 바꾸는가 하고 언짢은 생각이 들었다. 그러나 정순경이나 김옥과 마찬가지로 김태민도 사전에 한국에 가기 위해 노력했고, 조선학교에서 배운 우리말과는 다른 한국어에 대해 충분히 자각하고 있었기 때문에 마음가심을 포함해서 뭔가 준비가 되어 있었다고 추측된다.

6. 본국과의 새로운 관계

이 글에서 고찰한 재일한인 3세 5명은 지금은 한국적을 갖고 한국에 살고 있다. 그들에게 한국은 갈 수 있다고 생각도 못 한, 터부시되었던 나라다. 그러나 1990년대 말 무렵부터 조선적의 가족이나 친구들 중에서 한국에 다녀온 사람들이 생겼고, "한국이 너무 좋다"거나 "한국에 푹 빠진" 사람도 나타났다. 필자가 인터뷰한 이들 3세 5명이 한국에 가보고 싶다는 마음을 갖게 된 것은 주로 이런 사람들로부터 전해 들은 한국에 관한 이야기와 당시 총련 커뮤니티 내부에서 일어난 변화 때문이었다. 그들로부터 일본에서 한국인과 친구가 되거나 친밀하게 교류했다는 이야기는 듣지 못했다. 한국에 대한 이들이 마음이 "가보고 싶다"에서 "살아보고 싶다"로 발전한 것은 한국에서 혹은 독일이나 호주 등 해외(일본 밖)에서 형성된 한국인과의 교류가 큰 영향을 주었다.

한국적이 되어 한국에 살게 된 지 짧게는 6개월, 길게는 9년 된 그들은 지금은 한국과 자신의 관계를 어떻게 생각하고 있을까? 한국인과 결혼해서 살고 있는 김경이, 고이선, 정순경의 경우 지금으로서는 한국에 정착할 가능성이 높아 보이지만, 그렇지 않을 수도 있다. 재일한인 여성과 한국인 남성이 결혼한 경우, 일단은 여성이 한국에 시집오는 남성 중심적인 이동 형태를 취하지만, 후일 한국인 남성이 일본에 이주할 가능성도 배제하지는 않고 있는 것으로 보인다. 적어도 김경이, 고이선, 정순경의 사례에서 보는 한, 한국과 일본 중 어느 쪽에 살지를 결정하는 데는, 본인의 일이나 장래의 전망은 물론이지만, 가족도 매우 중요한 요인으로 작용한다. 남편의 일본어 능력이나 직업, 장래의 커리어에 대한 희망 그리고 자녀의 장래와 양육 방식에 대한 생각은 중요한 요인이다. 그러나 거주지 결정과 관련하여 부모에 대해 언급하는 일은 거의 없었다.

김경이는 수년간의 힘든 시기를 극복하고 박사 학위를 취득하여 지금은 한국에서 연구자로 활동을 시작했으며 다양한 네트워크도 형성해 가고 있다. 그는 이전에 비해 한국의 관점에서 생각하게 되는 것 같다고 한다. 자이니치는 종종 한국에서 차별을 받고 있다고들 하지만, 자이니치 자신도 한국에 대한 인식을 상대화시켜 볼 필요가 있다고 생각하게 되었다. 자이니치도 한국에 대한 편견이 없었다고는 할 수 없기 때문이다. 김경이는 지금은 한국이 좋아서 한국에 정착하고 싶다.

결혼식 날이 다가오고 있는 정순경은 한국에서 커리어를 발전시키고 있다는 점에서는 김경이와 마찬가지이나, 일본의 회사에서 지사로 파견하는 형태로 이전 일과 연속성을 유지하고 있다. 회사 사정에 따라 일본으로 돌아갈 가능성도 있고, 미국이나 또 다른 어떤 나라로 이동할 수도 있다. 일본에 관심이 많은 남편은 일본에 살아보고 싶고 가능하면 영주권을 취득하고 싶다고 한다. 또 장래에 자녀의 반은 일본에, 반은 미국에 보내고 싶고, 일본에서 민족 학교에 보내는 것도 좋다고 생각하고 있다. 남편은, 민족 학교에서는 어린이들이 강한 인간으로 길러진다고 생각하는 것 같은데, 그건 아마도 정대세, 이충성 등의 영향일지도 모른다.

이상과 같이 한국인 남성과 결혼하여 한국에 살고 있는 여성 3명은 모두 각기 전문적인 커리어를 추구하고 있으나, 자신의 형편이나 희망뿐 아니라 가족 관계, 특히 남편이나 자녀의 장래도 한국과 일본 어느 쪽에 살지를 결정하는 데 중요한 요인이다. 지금은 한국에 정착하는 것으로 생각하고 있어도, 예전과 같이 이곳만이 유일한 정주지라는 인식은 없다. 가족의 라이프사이클 속에서 필요에 따라 어디서라도 생활할 수 있다고 생각하고 있다. 또한 만약 한국에 정착한다 해도, 자녀 세대, 나아가 대대로 여기에 뿌리를 내리고 산다는 의미는 아니다. 자녀에게는 오히려 한국 이외의 지역에서도 살 수 있는 가능성을 가능한 한 확보해 주고자 한다. 특별영주권은 그런 의미에서도 매우 중요한 의미를 지닌다. 한국에 정착하고 싶다고 생각하는 사람도 특별영주권은 포기하지 않을 생각이며, 자녀에게도 그 권리를 물려주어 유지하도록 할 생각이다.

아직 미혼인 김태민과 김옥의 경우는, 적어도 지금으로서는 앞의 3명과 같은 가족 요인은 별로 관련이 없다. 김태민은 일본에 취직이 확정되어 가까운 시일 내에 일본으로 돌아가지만, 만약 한국에 더 좋은 일자리가 있다면 다시 돌아오고 싶다고 한다. 김태민은 적극적인 성격이어서, 한국에도 많은 지인과 친구들이 있고 인적 네트워크가 형성되어 있는 것으로 보인다. 반면, 김옥은 일본으로 돌아가거나 아니면 또 다른 나라로 가고 싶다고 한다. 그는 한국에 오기 전에는 한국에 대한 동경심이 있었지만, 지금은 자신이 한국을 쉽게 보았다고 느낀다. 한국에 온 지 1년이 되는 김옥은 자신이 토박이 한국인이 되는 것은 불가능하고, 역시 자신은 "재일조선인"이라는 자각을 강하게 갖게 되었다. 뜻하지 않게도 그는 한국에서 "일본 재발견"을 하게 되었다. 일본에서는 일본을 좋아하지 않았는데, 오히려 한국에서 일본 음악에 대해 새로운 인식을 갖게 되었고, 한국에서 뭔가 문제가 있을 때 일본인 친구에게서 위로를 받고 지원을 받았다. 한국에 유학한 일본인은 재일한인에 대해 이해가 있는 편이어서 그런 관계가 만들어질 수 있었는지도 모르겠다고 한다. 김옥은 한국에 유학 온 지 1년 정도 되었는데, 지금 살고 있는 원룸을 주거라기보다는 스튜디오처럼 정비하여, 학교 수업 이외의 시간에는 여기서 음악을 만들고 있다. 캐나다나 유럽에서 온 유학생들과 함께 음악 창작을 하고 있다. 김태민과 성격이 다른 점도 있겠지만, 아마도 이런 그의 생활 스타일이 한국인과의 교류에 어느 정도 영향을 끼치는 것이 아닐까 생각된다. 한국에 온 지 1년이 넘어, 여기서 만들고 있는 음악이 앞으로 새로운 교류를 만들어낼지도 모른다.

그러면 지금 이들 3세들의 북한이나 일본에 대한 인식이나 태도는 어떨까? 그들은 대부분 조선학교 시절 북한에 다녀온 경험이 있다. 조선학교에서 북한은 '조국'이었다. 그러나 북한에 가는 것은 한국과 달리 개인적인 자유 여행이 아니라 단체로 행사에 참가하는 형태였다. 그들은 북한에 대해 별로 많은 것을 이야기하지 않는다. 북한에 대해서는 주로 환대받은 것, 북한 주민들이 소박하고 따뜻했다는 것을 기억하고 있다. 그리고 북한 정권과 민중을 구분해서 보려고 한다. 고이선은 "북의 우리나라, 남의 우리나라"라는 표현을 쓴다. 김태민은 지금까지보다 더 조선적 동포들을 위해 할 수 있는 일을 하고 싶다고 한다.

다섯 사람 모두, 조선적을 한국적으로 변경한 것이 어쩌면 지금 곤란한 상황에 있는 조선적 동포들과 북한에 등을 돌린 것은 아닌가 하는 심리적 부담감을 갖고 있는 것처럼 보였다. 재일 3세인 젊은이들은 체제 이데올로기에는 익숙지 않고 내셔널리즘으로서의 민족·국가 의식도 희박하다. 그러나 정권이나 정치 체제와는 다른 차원의 정신적 지주로 삼아온 "우리나라"와 그곳의 동포에 대한 마음은 여전히 갖고 있고, '조선'이라는 기호는 그런 의미를 지닌 표상이다. 한국적이 된 것은 그런 마음까지 바뀐 것은 아니라고, 조선적 동포와 스스로에게 확인시켜 주고 싶은 마음이 엿보였다.

이번 연구를 통해 '국적 변경' 사례자 5명의 한국적 취득이 단순한 실용주의적인 행위가 아니라, 지금까지 먼 존재였던 또 하나의 "우리나라"에 대한 마음과, 그곳의 구체적인 사람들과의 관계가 그 기저에 깔려 있음을 볼 수 있었다. '국적'이라는 것이 대립하는 두 체제의 어느 한쪽에의 배타적인 귀속을 의미해 왔기 때문에 닫혀 있던 부분이 있었다. 그 양편 모두에 연결될 수 있다면 하는 바람이 그들의 마음 저변에 있는 것은 아닐까 한다.

이상과 같은 한국과 북한에 대한 마음은 그들의 일본에 대한 마음과 어떻게 관련될까? 국적에 대한 태도와 마찬가지로 특별영주권도 단순한 수단으로서만 볼 수는 없다고 생각된다. 국적과 특별영주권을 함께 갖고 있는 것은 양국에서 어느 정도 안정적인 지위를 갖고 생활할 수 있는 이점이 있다. 앞서 본 바와 같이 한국적을 취득해서 한국에 정주하는 경우에도 특별영주권을 유지하고 자녀에게도 그 지위를 물려주고 싶어 하는 것은 분명 이런 이점이 있기 때문이며, 그런 점에서 실용주의적인 태도라고 할 수 있다. 그러나 일본을 재발견했다는 김옥의 이야기에 단적으로 나타나듯이, 재일 3세들은 일본에서 태어나 지금까지의 삶에서 많은 부분이 일본에서 형성되었다. '일본'과 그 안에 존재하는 '재일한인 사회'가 있다. 가족이 있고, 많은 인간관계가 있고, 사회적 자본과 문화 자본이 있다. 5명은 공통적으로 한국에서 형성된 일본인 친구들의 네트워크와 재일한인끼리의 네트워크에 대해 말했다. 지금은 조선적에서 한국적으로 바꾼 사람들의 네트워크도 만들어져 한국 생활에서 의지가 되고 있다. 특별영주권은 단지 권리를 규정한 법적 지위를 넘어서서, 그 지위에 이르기까지의 재일한인의 역사가 포함되어 있는 역사적인 존재다. 재일한인 3세의 젊은 세대에도 이같이 특별영주권이 지닌 의미가 무거운 것이다.

1965년의 한일협정에 기초한 협정영주권의 획득과 관련해서, 그 후 재일한인 사회에서는 '조선'에서 '한국'으로 이동이 대거 일어났다. 협정영주권과 연계된 국적 변경은 본국과의 새로운 관계를 추구한 행위가 아니라, 일본 정주의 안정성을 확보하기 위한 것이었다. 협정영주권을 취득하면 일본에서 좀 더 안정된 신분이 확보되고, 다른 한편 고향의 가족들과 연락이나 왕래도 가능하기 때문에, 많은 사람들이 협정영주권을 위해 국적을 변경했다. 그러나 이 시기 재일한인 사회의 한국에 대한 인식은 대체로 부정적이어서 일반적으로는 그곳에 산다는 것은 현실적인 선택지로 고려되지 않았다.

오늘날 조선에서 한국으로의 국적 변경은 그 자체가 새로운 현상은 아니다. 재일한인끼리의 결혼에서 조선적 여성이 한국적 남성과 결혼하여 국적을 한국으로 바꾸는 경우도 드물지 않은 것 같다. 이번에 재한재일한인 3세의 인터뷰를 통해 발견한 오늘날 국적 변경의 새로움은, 한국에 거주하며 생활한다는 실태를 수반할 가능성이 높다는 점에 있다. 뿌리가 있는 곳이라고는 해도, 지금까지 '조국'이란 북한을 가리키며 조선학교 시절 '조국'을 방문해 환대를 받았던 기억을 지니고 있는 그들에게 한국에 거주하는 것은 용기가 필요한 일이기도 하다. 그것은 한국인과의 구체적인 인간관계가 형성됨으로써 비로소 가능했다고 생각한다. 물론 한국에는 반공 이데올로기가 뿌리 깊게 존재하고 있으며, 특히 최근에는 북한과의 군사적 긴장이 조성되고 있어 과거 조선적이었던 것에 대한 불안에서 완전히 자유롭지는 않다. 그러나 그들을 받아들여 주고 지지해 주는 사람들이 있고, 자기실현을 추구하는 것도 가능하다. 이렇게 보면, 오늘날의 재일한인 3세에게 국적이란 이념화 내지 추상화되어, 실태에 맞지 않는 시대착오적인 것이 아니라,

오히려 부모 세대에 비해 실질적인 의미가 있는 것이라고 할 수 있다. 한국 국적은 그들에게 일본 영토를 벗어난 곳에 자유롭게 드나들 수 있고, 일을 할 수도 있고, 불리한 점이나 차별적인 대우가 다소 있다고는 해도 국민으로서 시민권이 기본적으로 보장되는 장소를 확보하는 것을 의미한다. 이런 '유리함'은 냉전 체제에서 형성된 남과 북, 일본 세 국가 사이의 구조적 불균형(조경희, 2015: 13)이 온존하는 위에 성립되어 심리적 부담을 안겨주기도 한다. 그러한 불균형이 사라질 때 재일한인과 본국의 관계는 또 다른 새로움을 맞게 될 것이다. 그때 재일한인의 국적 선택은 어떤 전략 또는 의미부여 속에서 이루어질지, 오늘에 비추어 생각해 보는 것도 의미 있고 필요한 일이 아닐까 싶다.

제2부

사회 조사

제3장

재일한인 인구 및 실업 통계의 생산과 전유*

김인수

1. 들어가며

동아시아의 인구 이동에서 1945년 8월 15일은 중요한 변곡점을 이룬다. 일본의 패전, 한반도의 해방 그리고 그 이후 중국 대륙의 본격적인 국공 내전 돌입이라는 사태는 이 지역 곳곳에서 인구 집단의 거대한 이동을 야기했다. 19세기 이래 일본 제국주의의 침략에 따라 진행된 일본인 인구의 거대한 팽창·확산은 이제 급속한 귀환(引き揚げ)을 통한 수축의 운명을 마주했다. 이와 함께 대륙, 한반도 북부, 일본 본토, 동남아시아 등지로 이동했던 식민지 조선인 인구도 다시 한반도 안으로 복귀하는 과정을 거쳤다.

이 가운데 일본 본토로 이동해 간 조선인 인구의 경우, 중일전쟁(1937) 발

---

* 이 글에서 활용한 각종 조사/통계 자료는 일본 가와사키시의 세이큐샤 후레아이관 도서자료실, 고베 대학의 청구문고(青丘文庫), 시가 현립대학의 박경식문고에서 수집했다. 자료 수집에 도움을 준 배중도, 야마다 다카오(山田貴夫), 히다 유이치(飛田雄一), 가와 가오루(河かおる) 선생께 감사드린다. 이 글은 ≪사회와 역사≫, 113집(2017)에 실린 논문을 수정, 보완한 것이다.

[상자글 3-1] 재일한인(ethnic Koreans in Japan)

'재일조선인', '재일동포', '재일한국인', '재일코리안', '자이니치', '재일한국·조선인' 등 그동안 여러 연구에서 사용되어 온 용어들의 경우, 역사적으로 어떤 특정한 시기에 사용된 개념을 그대로 사용한 것이거나, 해당 용어에 한반도 분단 등 정치적 요소가 개입되어 있어서 그 용어를 사용하는 순간 마치 어떤 정치적 입장에 선 듯한 오해를 불러일으키기 쉬운 경향이 있다. 또 어떤 용어는 의식적으로 이러한 정치적 용법에서 거리를 두다 보니, 단순한 병기와 열거의 형태로 한 단어 안에 두 개념을 겨우겨우 조합해서 간결성이 떨어지는 문제를 안고 있다. 어떤 용어는 일본에서의 정주와 삶의 지속을 표현하는 데 방점이 찍혀서 한반도와의 관계성이 희석되는 측면이 있다. '재일한인'이라는 용어 역시 온전히 만족스러운 것은 아니지만, "ethnic Koreans in Japan"의 의미를 담는다는 점을 의식하면서 고민 끝에 선택한 용어다.

발 이후 총동원 체제하에서 인구 동원 — '전시 노동력 동원', '징용', '강제연행' 등으로 불린다 — 을 거치면서 기하급수적으로 팽창했던 인구 집단 상당수가 다시 한반도로 귀환했지만, 그 이전부터 일본에 생활 기반을 마련하고 있던 이들이나 해방 이후 한반도에서 발생한 새로운 정치적 사태, 핍박, 빈곤을 피해 '현해탄'을 건너간 이들은 일본에 그대로 남았다. 이들 대다수는 오늘날 '재일한인', '재일동포', '재일조선인', '재일코리안', '자이니치(在日)', '재일한국·조선인' 등으로 불리거나 스스로 이름 짓고 있는 인구 집단의 기원을 형성했다.

사회적인 차원에서 이루어진 이 인구의 이동을 파악하는 일은 패전국가 일본과 한반도에 들어선 신생국가 두 곳이 해결해야 할 새로운 업무가 되었다. 물론 이것은 일본과 한반도 남쪽에 각각 들어선 미군 점령기구의 업무이기도 했다. 특히 일본의 재일한인 집단은 이들 국가 기구의 공통적인 관심사였다. 이들 재일한인 집단은 인민의 누적된 구체적인 삶을 통해 제국-식민지 역사의 흔적을 가시화하는 존재였던 동시에, 바야흐로 새롭게 시작된 동아시아 냉전의 현실 속에서 '국적'을 매개로 한 새로운 국민 분류·확정의 정치, 그 소용돌이의 한복판에 자리한 존재였기 때문이다.

이 장에서는 1945년부터 1955년까지 일본 국가와 재일한인 단체에서 생산된 주요 조사/통계를 소재로 이 인구 집단에 대한 인식의 양태를 검증해 보고자 한다. 구체적으로, 인구 집단 전체의 규모에 대한 파악에서 그 내부의 속성에 대한 파악에 이르기까지 이 인구 집단에 대한 조사가 어떤 문제 관심 위에서 수행되었는지, 또 조사를 통해 수집, 정리, 표기된 통계에서 이들이 어떻게 구획, 분류, 측정, 재현되었는지를 분석해 보고자 한다. 이것은 전후 일본에서 재일한인에 대한 인식 정치(epistemological politics)의 초기 양태를 규명하는 작업이 될 것으로 기대한다.

2. 이론적 배경과 자료

1) 조사/통계론

이 연구는 조사와 통계 자체를 하나의 연구 대상, 분석의 소재로 삼는다. 이를테면 특정 집단의 규모나 인구학적인 속성을 통계자료에 제시된 수치를 통해 규명하고 확정하려는 인식관심과는 다소 거리를 둔다. 대신, 조사가 갖는 정치적인 속성과 기능에 주목하는데, 통상 '지식권력(knowledge power)'으로 언급되어 온 관점에 서서 조사/통계에 대한 해석을 시도해 보고자 한다. 이 장에서 조사/통계를 바라보는 관점을 간략히 언급하면 다음과 같다.

첫째, 반영물·재현물(representation)로서의 조사/통계다. 조사/통계는 사회를 수량화해서 재현하는 특정한 지식 양태이자(Porter, 1995: 7~8), 시대 및 주체의 목적과 취지에 따라 그 양식을 달리하는 역사적·사회적 양태다(조형근, 2015). 조사/통계의 자료는 통상 아카데미즘에서 객관적 실증의 토대로 수용되는데, 이와 동시에 각 시대와 사회마다 해당 사안에 대해 논의가 진행되고 쟁점화되었던 방식을 확인할 수 있는 일종의 징후이기도 하다.

둘째, 사실의 단순한 수집이 아니라 사실을 생산하는 장치로서의 조사/통계다. 사회 조사에서 구사되는 개념이나 범주는 조사를 모두 수행한 이후 최종 단계에서 작성되는 것이 아니라, 조사를 시작하기 이전에 이미 결정되어 있어야 하는 것들이다(Hacking, 1986; 김인수, 2013; 최정운, 2016). 조사란, 특정한 목적 위에 사실을 '선택적으로 수집'하는 행위이자 사실을 생산해 내는 행위다. 조사자의 목적, 취지, 의도는 그가 사용한 질문지, 측정도구(지표화, 개념화, 범주화의 양식), 보고서의 목차 등에 투영되게 마련이고, 따라서 질문지, 측정 도구, 목차를 분석함으로써 조사의 인식관심, 권력의지를 역으로 추적할 수 있다.

셋째, 지식권력(Foucault, 1980)이자 상징권력(symbolic power)(부르디외, 2015)으로서의 조사/통계다. 조사/통계 자료는 사회 정책이나 사회과학의 지식실천에서 일차 자료로 원용되는 동시에, 종종 논쟁적 경합과 대립의 장에서 '과학적 무기'로서도 구사된다. 조사/통계 자료는 연결되고 뒤섞이고 조합됨으로써 특정한 주장과 입론 그리고 보다 추상화된 개념을 생산해 내는데 쓰이는 기초 원료다(라투르, 2016: 444).

넷째, 물질적 사업으로서의 조사다. 사회 조사와 통계의 산출은 언제든 어느 곳에서든 누구든지 자유롭게 해낼 수 있는 것이 아니라, 조사에 필요한 재정과 학술 능력이 구비되었을 때에만 수행될 수 있다. 조사 수행의 가부(可否)와 그 과정은 그 자체로 조사 기관의 능력, 세력, 조직력을 보여주는 지표가 될 수 있다.

2) 분석 자료의 소개

이상의 역사적 배경과 이론적 관점에서 이 장은 〈표 3-1〉의 목록에 담긴 각종 조사/통계 자료를 검토한다. 이 장에서 검토하는 자료의 생산 시기는 1945년부터 1955년까지로 한정하였음을 미리 밝혀둔다. 참고로, 이 가운데 연번 15는 1956년에 출간된 자료이지만, 저자가 직접적으로 무언가를 새롭게 조사한 결과를 간행한 것이 아니라, 종전까지의 조사/통계를 종합하고 활용하여 입론을 세워간 것에 속한다.

조사/통계 자료의 검토 시기를 이렇게 한정한 것은 '1955년'의 시점이 '전후의 종결'이라는 슬로건으로 대표되듯 일본 사회 안에서 정치적·경제적인 분기점이자, 재일한인 사회 안에서도 재일본조선인총연합회의 결성(1955)에서 알 수 있듯이 매우 중요한 분기점이라는 점을 감안한 결과다. 이 점은 재일한인 집단을 둘러싼 조사/통계의 실천에서 1955년까지는 일본 정부와 재일한인 단체 간 경쟁과 충돌이 중요한 문제였지만, 1955년 이후로는 재일한인 사회 내에서 민단과 총련 간 조직화된 헤게모니 경쟁이 더욱 심화되어 갔고 이들이 점차 조사/통계 생산의 주요 행위자가 되어갔던 사실을 배경으로 한다. 또 유독 1950년대 후반부터 1960년대에 걸쳐서는 재일한인 집단에 관한 조사/통계가 거의 눈에 띄지 않는다는 점도 함께 고려했다. 재일한인 단체나 연구자층에서 조사/통계가 본격적으로 생산되기 시작하는 것은 1970년대로 접어든 이후다. 1970년대 이후의 양상에 대해서는 제4장에서 서술하기로 한다.

표 3-1 _ 조사 자료 목록

연번	보고서 제목	조사 시기	조사기관/조사자
1	「일본재주조선인 귀국 희망자 예상 수(內地在住朝鮮人歸鮮希望者見込數)」	1945.9.25	일본 후생성 사회국
2	「조선인·중국인 동향 조사: 1945년 10월(朝鮮人·中國人の動向調査: 1945年10月)」	1945.10.19	일본 후쿠시마현 경찰부
3	「1945년 인구조사(昭和20年人口調査)」	1945.11.1	일본 내각통계국
4	「내무성경보국 연말 인구 통계(內務省警保局年末人口統計)」	1945.12.31	일본 정부
5	「비일본인 귀환 희망 등록 조사(非日本人歸還希望登錄調査)」	1946.3.18	일본 정부
6	「1946년 인구조사(昭和21年人口調査)」	1946.4.26	일본 정부
7	「최초의 외국인 등록 집계(最初の外國人登錄の集計)」	1947.9.30	일본 정부
8	「1947년 임시 국세조사(昭和22年臨時國勢調査)」	1947.10.1	일본 정부
9	「제8회 전체 대회 경과보고: 1949.10(第8回全體大會經過報告: 1949.10)」	1949	재일본대한민국거류민단 중앙총본부 사회부
10	「1950년 국세조사(昭和25年國勢調査)」	1950.10.1	일본 정부
11	「재일조선인의 생활 실태: 도쿄도 고토구 에다가와초의 조선인 집단 거주 지역 조사: 1951.11(在日朝鮮人の生活實態: 東京都江東区枝川町の朝鮮人集団居住地域における調査: 1951.11)」	1950.12.30	재일조선과학기술협회(在日朝鮮科學技術協會)
12	「(비밀) 재일동포의 실태[(秘)在日同胞の實態]」	1951~1952 (추정)	재일본대한민국 거류민단(추정)
13	「재일조선인의 생활 실태: 1953.7.1(在日朝鮮人の生活實態: 1953.7.1)」	1953.5~6	재일조선통일민주전선 중앙상임위원회 사회경제부(在日朝鮮統一民主戰線中央常任委員會 社會經濟部編)
14	「재일조선인 처우의 추이와 현황: 1955(在日朝鮮人處遇の推移と現狀: 1955)」	1955	법무연수소[모리타 요시오(森田芳夫)]
15	『재일조선인의 생활의 실태: 1956/1958(在日朝鮮人の生活の實態: 1956/1958)』	—	일본적십자[이노우에 마스타로(井上益太郞)]

3. 행정 조사와 대항 조사

1) 일본 국가의 재일한인 인구조사(센서스)

패전(1945)과 함께 일본은 종전의 제국에서 열도로 수축되었고 이것은 심상지리의 재편을 동반했다(강상중, 1997). 총력전기에 식민지 인민의 전쟁 동원을 위해 설파했던 '다민족 제국'의 슬로건은 폐기되었고(오구마 에이지, 2003), 패전 이후 '단일 민족 국가' 일본 안에 남은 이민족 인구 집단, 예를 들어 조선인과 대만인(중국인)에 대한 처리 문제가 시급한 과제로 부상했다. 미군정(GHQ)의 일본 점령(1945~1952)은 '제국 주권'의 해체와 시간적 단절을 의미하는 사건이었다. 그러나 식민지 인민의 생활과 삶은 지속되었고, 이제 이 모호한 영역은 일본 국가 행정의 새로운 관심 영역이자 개입 영역으로 부상했다.

이 시기 재일한인에 대한 일본 국가 행정의 작용은 우선 각종 센서스, 다시 말해 인구조사와 국세조사(國勢調査)를 통해 이루어졌다. 연번 3(「1945년 인구조사」)은 패전 이후 일본 국가가 실시한 최초의 전국 규모의 인구조사였다. 이 조사는 편의적으로 '자원조사법'(제1조)에 따라 실시되었는데, '1945년 인구조사 요강(昭和20年人口調査要綱)'(1945.8.31 각의 결정)에 따르면, 그 조사 목적은 "다가올 총선거의 의원 정원 수의 기초 자료로 그리고 전쟁 종결에 따른 시국 전환에 대응한 여러 방책의 기초 자료로 삼기" 위한 것이었다. "유권자의 선거인명부 작성이 시급한 상황"(앞선 '요강'의 일부 개정, 1945.10.15)에서 진행된 조사였던 셈이다. 기재 사항은 '본적지', '주소', '씨/명', '남/녀의 구분', '연령', '생년월일'로 비교적 간소한 편이었고, 재일한인과 재일대만인이 그 조사 대상에 포함되었다. 일본인과 재일한인, 재일대만인은 '본적지'를 통해 서로 변별되었다. 이 조사의 결과물 가운데 하나로서

"조선인·대만인의 남녀 및 연령에 따른 인구수 표"가 집계되었는데, 이것은 재일한인과 재일대만인을 총선거의 선거인명부에서 배제하려는 목적에서 작성되었다고 한다(金英達, 1995: 121; 長澤秀 編, 2011: 2~4).[1] 재일한인의 수는 총 115만 5594명으로 집계되었다. 이것은 8·15 당시 약 200만에 달하던 재일한인의 인구 가운데 한반도로 귀국해 버린 인구가 빠진 수치다. 일본의 규슈 북부와 야마구치현 각 항만에 집결한 채 여전히 귀국 배를 기다리던 재일한인의 상황, 귀환이 지체되어 동일본과 북일본 지역에 남아 있던 재일한인의 상황이 통계에 그대로 반영되어 있다.

한편, 이 시기 재일한인에 대한 행정 조사는 한반도 귀환 희망자를 추려내는 데에 몰두했다. 연번 1(「일본재주조선인 귀국 희망자 예상 수」)에서 시작된 이러한 관심은 연번 5(「비일본인 귀환 희망 등록 조사」)를 거쳐 연번 6(「1946년 인구조사」)에 이르러 정점에 다다랐다. 연번 5는 GHQ 지령 "조선인·중국인·류큐인·대만인의 등록"(1946.2.17)에 의거한 것으로, 비(非)일본인의 실태 파악과 인양·수송 계획을 마련하기 위해 작성되었다. 본국 귀국의 희망 여부가 등록의 기본 사항이 되었다(金英達, 1995: 121). 이 '비일본인'이라는 표현은 행정 당국의 고민이 들어가 있는 표현이었다. 재일한인이 '외국인'으로 분류되는 것은 '외국인등록령'(1947.5.2 공포, 시행) 제11조에서 재일한인을 "당분간 외국인으로 간주"한다고 규정한 이후의 일이다(國際高麗學會日本支部『在日コリアン辞典』編纂委員會, 2010: 61~62). 이에 따르면, 등록 총수는 64만 7006명, 이 가운데 귀환 희망자는 51만 4060명(79%), 잔류 희

1) 1945년 12월 17일에 공포된 '중의원의원선거법중개정법'(衆議院議員選擧法中改正法. 1945年法律第42号)은 그 부칙 5항에 "호적법의 적용을 받지 않는 자의 선거법 및 피선거권은 조만간 이를 정지한다"는 규정을 넣었다. 이것은 1945년 4월에 성립했던 구(舊) 식민지 출신자의 참정권[정확히 말하면, '외지(外地)'에서의 참정권]을 정지시키는 것을 의미했다(遠藤正敬, 2015: 232). '1945년 인구조사'에는 이러한 정치적·사회적 맥락이 그 배경에 자리하고 있었다.

망자는 13만 2946명이었다(金英達, 1995: 123~124).

연번 6은 GHQ 지령 '1946년 4월 일본의 센서스'(1946.1.31)에 의거한 것으로, 취업 상태를 조사하는 것이 주된 목적이었다. 특기할 점은 "귀환을 희망하는" 조선인·대만인·오키나와인을 제외하여, "내지에 정주(定住)를 희망하는 자만" 조사한 점이었다. 그 결과, 재일한인의 수는 남성 15만 1362명, 여성 8만 1240명으로 합계 23만 2602명에 불과한 것으로 집계되었다(長澤秀 編, 2011: 1).

다음으로, 연번 8(「1947년 임시 국세조사」)은 귀환 희망 여부를 묻지 않고 다시 일괄적으로 인구를 조사한 것이다. 이 조사는 일본이 패전 이후에 실시한 최초의 국세조사(國勢調査, 1947)였다. 조사 항목은 '씨/명', '남/녀의 구분', '연령', '배우자 관계', '출신 지역 또는 국적', '장애 여부', '종전(終戰) 이후 해외에서 귀국 여부', '소속된 산업 및 직업', '실업(失業)의 관계' 등으로, 주로 실업 대책을 위한 산업·직업 관련 인구 통계의 수집에 치중했다(佐藤正広, 2015: 123~125). 이때 재일한인의 수는 '1947년 10월 1일 현재' 기준으로, 남성 31만 9300명, 여성 18만 9605명, 합계 50만 8905명으로 집계되었다. 패전 이후 2년여가 경과된 시점에 이루어진 조사로서, 조선으로의 귀환 희망자 대부분이 이미 귀환을 완료했기 때문에 비교적 정주 희망이 강한 재일한인만이 계상되었다고 평가할 수 있다. 결과적으로 현재에 이르는 재일한인 사회의 원점이 된 사람들을 포착, 계상한 것으로 평가받는 자료다(長澤秀 編, 2011: 5~6).

마지막으로, 연번 10(「1950년 국세조사」)은 GHQ의 직접적인 영향 아래서 일본 정부가 실시한 조사였다. GHQ 경제과학국장대리 통계조사부장인 에머슨 로스(Emerson Ross)가 일본 정부에 전달한 '국세조사계획(國勢調査計劃)'이라는 각서에 준하여 조사 편제가 구축되었다. 이 각서는 정부 각 부서의 통계 작성이 일관성이 떨어진다는 점을 지적하면서, 각 부서별 조사 계

표 3-2 _ 재일한인의 인구 추이(외국인 등록, 국세조사) (단위: 명)

조사 시기	등록 수	국세조사/인구조사	비고
1945.11.1	–	1,155,594	'자원조사법'에 의한 인구조사
1945.12 말	–	980,635	내무성경보국 인구조사
1946.3.18	647,006	–	GHQ 각서에 의한 등록1)
1946.4.26	–	232,602	'자원조사법'에 의한 인구조사 (*단, 귀환 희망자 제외)
1947.9 말	529,907	–	'외국인등록령'에 의한 최초의 등록
1947.10.1	–	508,905	임시 국세조사
1948.12 말	601,772	–	외국인 등록
1950.3 말	535,236	–	'외국인등록령' 개정에 따라 대체된 등록
1950.10.1	–	464,277	국세조사
1952.9.28	571,008	–	외국인 등록
1954.9 말	564,849	–	외국인 등록
1955.2 말	567,053	–	외국인 등록

주: 1) GHQ의 일본점령기에 재일한인 정책의 방향을 결정한 것은 요시다 시게루(吉田茂)로 알려져 있다. 그는 시데하라 내각에서 외무대신과, 점령당국과의 교섭을 위한 일본 측 창구인 종전연락사무국(終戰連絡事務局) 총재를 겸임했다. 1946년 2월 25일 지방장관회의 석상에서 그는 구 식민지 출신자를 대상으로 '등록법제'가 필요하다고 하면서 이를 통해 "불량분자(不良分子)를 일소하여 사회 혼란의 원인을 제거해야 한다"는 견해를 피력했다. 이어 일본 정부는 1946년 3월 18일을 기해 GHQ의 양해하에 강제력을 동원하여 재일한인과 재일대만인의 등록을 실시했다. 겉으로는 귀국 희망자를 조사한다는 외양을 띠었지만, 실제적으로는 치안·경찰적인 목적에 따른 것이었다(遠藤正敬, 2015: 236~237).

자료: 法務研修所(1955: 236).

회의 조정과 함께 산업 분류, 직업 분류, 상품 분류의 각종 통계를 통일할 것을 제안했다. 이 조사는 귀국한 일본인들로 인해 일본 국내의 실업 문제가 심각해지면서, 이에 대처하기 위해 취업 상태(직업 및 수입 내역 포함)를 세밀하게 추적한 조사로 알려져 있다. 부대 조사로, '미인양자조사(未引揚者調査)'와 피폭자에 대한 조사(히로시마와 나가사키)도 병행되었다(佐藤正広, 2015: 127~130). 이 조사에서 '조선재적자(朝鮮在籍者)'는 약 45만 5000명으로 집계되어 있다. 또 이 가운데 시부(市部)에 거주하는 '조선재적자' 수는 26만 8000명에 달했다(總理府統計局, 1954: "第5表 國籍又は出身地及び男女別人口").[2)]

[상자글 3-2] 타계신고(他計申告. Direct interview 또는 Canvasser method)

조사원이 피조사자를 면접하여 조사표에 따라 질문하고 그 회답을 조사표에 기입하는 조사 방법이다. 숙련된 조사원을 활용하여 회답률이 높고 정확한 회답을 얻을 수 있으며, 또 피조사자에게 질문을 정확하게 이해시킬 수 있어서 복잡한 내용을 묻는 조사에서 유용하다. 다만, 일반적으로 조사비용이 많이 드는 단점이 있다. 통상 문맹률이 높은 개발도상국에서는 타계신고 방법이 필수로 간주된다.

한 연구는 1945~1955년 사이 재일한인의 인구 추이를 정리하고 있다. 이를 잠시 인용해 보면 〈표 3-2〉와 같다. 외국인 등록 인구보다 국세조사 인구가 적은 것에 대해서는, 조선인인데 일본인이라고 신고한 이가 있을지도 모른다고 추측하는 정도였다. 1950년 국세조사의 경우 '타계신고'에 의한 것이어서 비교적 신빙성이 높은 편이지만 조선인 집단거주 지구의 조사에서는 그것이 철저하지 못했고, 또 주소부정자(住所不定者)나 이동자가 조사에서 누락되었을 가능성이 있다고 추측하는 정도였다(法務研修所, 1955: 235).

2) 일본 국가의 생활보호법 대상자 조사: '색출형 행정 조사'

한편, 패전 직후 일본 국가는 재일한인을 치안의 대상, 즉 시국 범죄와 생활 범죄의 온상으로 보고 그 조직화 양상에 주의를 기울였다. 예를 들어, 연번 2(「조선인·중국인 동향 조사: 1945년 10월」)는 패전이 두 달 정도 경과한 시점에서 각 공장에 남아 있는 조선인과 중국인의 실태를 조사한 보고서

2) 해당 자료는 일본 총무성 통계국의 데이터베이스(www.e-stat.go.jp)에서 검색하여 확인했다. https://www.e-stat.go.jp/SG1/estat/GL08020101.do?_toGL08020101_&tstatCode=000001036869&requestSender=search (검색일: 2016.12.22).

다. 여기에서 조사 내역은 조선인·중국인 취로자 인원수, 취로 장소, 사업의 종류(토건 혹은 제조 품목), 사업주(공장주)의 씨/명과 자본/경영의 상황, 종전 이후 가동(稼働) 상황, 생활 상황(식량 입수, 금전 문제에서부터 독신자의 성생활 태도까지), 불온 행위의 유무(사업주에 대한 불만이나 귀환 대책에 대한 불온 언동 등), 공장/사업장 이외에서의 동정(가족을 포함하여, 종전 이후 귀환 대책 및 생활 수단), 관계자의 의향 등이었다. 후쿠시마현 경찰부장의 지령(1945. 10.19)에 따라 현내의 20개 경찰서가 관할 지역에서 조사를 하여 취합했다. 당시 탄광 지역에서의 궐기와 재일본조선인연맹의 조직 등 재일한인들이 정치화되는 가운데 일본 경찰은 이에 대한 정보 수집에 민감하게 반응하고 있었던 것이다(福島県警察部, 1945; 長澤秀, 1978: 124~125에서 재인용).

한반도 귀국 인원 및 치안·범죄 차원에서 재일한인 동향 파악에 발 빠르게 움직였던 일본의 국가 행정은, 그러나 1950년대까지 재일한인 사회 내부의 핵심 이슈로 자리했던 생활 곤궁/빈곤, 실업 문제에 대해서는 별다른 조사를 수행하지 않았다. 당시의 재일한인 실업자의 규모와 관련된 조사 자료는 〈표 3-3〉과 같다.

이들 자료를 정리하고 해설해 「재일조선인 처우의 추이와 현황: 1955」를 작성한 이는 모리타 요시오(森田芳夫)로 알려져 있다.[3] 그는 "실업자에 대해 명확한 숫자 파악은 불가능하고, 지금까지 제시된 통계는 위의 표 정도"라고 토로했다. 또 그나마 '조선인 사회의 경제생활 실태조사'라고 할 만한 것은 "1951년 11월에 도쿄도 에다가와초(枝川町)의 조선인가(街)에서 116세대 538명에 대해 실시한 실태조사 자료가 거의 유일한 것"이라고 언

3) 이 자료에 대한 '해제'에서는 "패전 이후 공백 속에 자리할 수밖에 없었던 재일조선인 문제에 대해 당시 정부 각 기관의 자료·통계를 기초로 작성되었고, …… 곤궁에 접어든 재일조선인의 생활 및 정치 상황을 알기 위해 불가결한 매우 시의적인 문헌이다. 활용된 자료는 1910~1955년까지의 범위에 이른다"는 내용이 언급되어 있다.

표 3-3 _ 재일한인 실업자 수

조사 시기	실업자(명)	조사자	비고(특기사항과 자료의 출처)	
1947.11 말	136,792	다카하시 마사미 (高橋正己)	실업자, 재감자, 누범자, 직업범을 등록 인원의 26.2%로 추정함.	「패전 이후 일본에서의 조선인 범죄(敗戰後の日本における朝鮮人の犯罪)」, ≪형법잡지(刑法雜誌)≫, 제1권 제2호.
1952.7	94,941	일본 경찰	실업자, 일용직노동자, 기타[지하경제종사자(不正業者)]	「재일조선인의 생활 실태(在日朝鮮人の生活實態)」
1947.7	204,987 (가족 포함)	조선인연맹	—	「가동인구 및 실업자 수(可動人口および失業者數)」, ≪해방신문(解放新聞)≫, 1947.7.10
1949.5 말	286,118 (가족 포함)	거류민단	—	「재일동포직업별조사통계표(在日同胞職業別調査統計表)」, 민단 제8회 대회 보고, 1949.10. 17
1951.10	250,000 (가족 포함)	거류민단 부단장 권일(權日)	이 외 최저생계 생활자 250,000명	「재일동포의 실태(在日同胞の實態)」
1951	138,700 (가족별)	이대위 (李大偉)	지하경제종사자 47,333명; 부동자(浮動者), 미결수, 기타 91,367명	「재일한교의 실태와 그 대책(在日韓僑の實態とその對策)」(1952.9)
1953.7	423,453	민전(民戰)	직안(職安)[1] 52,398명; 자유노동 112,500명, 부동 189,000명; 생활보호 69,555명	「재일조선인의 생활실태: 1953. 7(在日朝鮮人の生活實態)」(1953. 7), 민전 중앙상임위원회 사회경제부

주: 1) 직업안정소의 실업구제사업에 고용된 임시노동자.
자료: 法務硏修所(1955: 252).

급했다(法務硏修所, 1955: 254). 그는 1945년 이후로 일본 국가가 치안 관계를 제외하고는 재일한인에 대한 종합적 실태조사를 단 한 차례도 행한 바 없다는 점을 개탄했다. 보고서의 집필 시기인 '1956년 현재'를 기준으로, 생활 실태는 물론, 연령, 출생지, 결혼 관계(한인과 일본인의 결혼 비율 등), 생활고와 범죄의 관련성, 대학졸업생의 취업난 등을 규명한 통계 자료가 하나도 없다는 것이다. 연령과 출생지의 경우 1950년의 국세조사 자료가 있기는 하지만, 5년 정도 흐른 당시 시점에서 인구가 이미 그때와는 10만 명

[상자글 3-3] 모리타 요시오(森田芳夫, 1910~1992)

경성제국대학 법문학부를 졸업하고 녹기연구소 소장, 국민총력조선연맹사무국 전무참사를 역임했다. 패전 이후에는 "경성일본인세화회"에서 근무하기도 했다. 1946년에 후쿠오카로 귀국했고, 1950년부터 외무성 조사원, 법무성 입국국 인양과 사무관, 1958년부터 외무성 아시아국 북동아시아과 사무관, 1972년부터 주한일본대사관 참사관을 각각 지냈다. 주요 저서로는 『조선종전의 기록(朝鮮終戰の記録)』이 있다.

정도 차이를 보이기 때문에 의미가 없어졌다고 덧붙였다(法務研修所, 1955: 272).

〈표 3-4〉는 재일한인 생활보호 수급자에 관한 것인데, 당시 재일한인 사회의 빈곤 추이를 대강 확인하는 데 도움이 된다.이 표에서 1951년에 6만 명 정도에 머물렀던 피보호 조선인 수는 1955년 말에 이르러 14만 명에 육박할 정도로 급증했다. 그 배경에는 전후 직후의 만성적인 실업 상태, 암시장과 탁주 판매 등 당시 재일한인의 생활 기반에 대한 일본 국가의 비합법화 처분 및 강화된 단속이 자리하고 있었다. 당시 재일한인들은 중노동, 저임금의 하청산업 노동이나 일용 노동으로 생계를 이어갈 수밖에 없는 상황이었다(金耿昊 編, 2013: '解説'). 이런 속에서 재일한인 단체를 중심으로 각지에서 생활보호 수급을 위한 투쟁이 진행되었고 표의 수치상의 증가는 그 자연스런 귀결이었다.

샌프란시스코 강화조약의 발효(1952.4)를 계기로, 일본의 생활보호 행정당국은 재일한인을 생활보호 수급의 적용 대상에서 배제하는 시도를 줄기차게 해나갔다. 일본 국가는 예산의 배분 문제를 근거로 삼아 이른바 '생활보호 적정화' 방침을 제시했고, 1956년에 전국에 걸쳐 대대적으로 '외국인 피보호자 일제조사'를 실시하여[4] 재일한인 수급자 수를 격감시켰다.

표 3-4 _ 재일한인 생활보호 수급 상황(실재 인원, 보호율, 보호비) 추이

조사 시기	피보호 조선인						전체 보호자 중 조선인 비율(%)	전체 보호 총액 중 비율(%)
	실재 인원(명)	지수	보호율 (%)	지수	보호비 (엔)	지수		
1951.8	59,968	100.0	10.81	100.0	47,034,368	100.0	2.93	2.57
1952.3	62,684	104.5	11.10	102.7	58,746,168	122.3	3.00	2.27
1952.9	74,911	124.9	13.12	121.4	82,205,994	171.1	3.59	3.16
1953.3	81,168	135.4	14.95	138.3	95,189,287	198.2		3.65
1953.9	97,839	163.1	17.70	163.7	124,019,450	258.2	5.05	3.92
1954.3	112,222	187.1	20.05	185.5	142,265,577	296.2		6.14
1954.9	123,918	206.6	21.94	203.0	179,263,114	373.2	6.58	5.47
1955.3	133,709	223.0	23.53	217.7	211,509,088	440.3		6.10
1955.9	137,472	229.3	23.93	221.4	210,832,331	422.3	7.04	5.75
1955.12	138,972	231.7	24.06	222.6	239,263,811	498.1	7.24	5.76

자료: 福田芳助(1956); 金耿昊(2015: 110~111)에서 재인용.

당시는 한국전쟁을 전후한 시기이기도 해서, 일본의 공안 당국은 "조선인 공산계 분자가 생활보호법에 의한 생활부조자금을 일본 정부로부터 탈취하여 공작 자금으로 이용하는 전술"을 펴고 있다고 선전하기도 했다(金耿昊, 2015: 115).

요컨대, 일본의 행정 조사/통계 속에서 재일한인은 국가 예산의 합리적인 배분을 저해하는 '외국인'이자 치안 문제를 일으키는 범죄의 온상으로 표상되었던 것이다. 나아가 재일한인은 장기적으로는 일본 본토에서 '추방', '강제 퇴거'되어야 할 존재로 표상되었다.

4) 대표적인 것이 교토 지역에서의 일제조사였다. 이 일제조사의 실행 근거와 진행 과정을 살펴볼 수 있는 자료로는 『(비밀)생활보호법에 의한 외국인세대 일제조사 결과표[(秘)生活保護法による外國人世帶一齊調査結果標]』(京都府民生勞動部社會課, 1956.10)가 남아 있다.

> **[상자글 3-4] 외국인 피보호자 일제조사**(外國人被保護者一齊調査)
>
> 이 조사는 소위 '조선 정벌(朝鮮征伐)'이라고 할 정도로 재일조선인의 생활보호 수급 세대를 주된 조사 대상으로 삼아 전개되었다. 이것은 엄밀한 의미에서 조사라기보다는 적발에 가까웠다. 이 일제조사는 1956년 2~3월, 9월, 1957년 9월 등 3차에 걸쳐 실시되었다. 조사 이전인 1956년 1월의 외국인 생활보호 수급자는 3만 205세대, 13만 5278명(보호율 23.7%)이었는데, 조사 이후인 1957년 12월에는 1만 8934세대, 8만 178명(13.5%)으로 격감했다(金耿昊 編, 2013: '解說'). 일제조사의 방법은, 예를 들어 오사카 이쿠노구(生野区)에서의 조사의 경우, 3인 1조로 2명이 함께 집에 들어가 각종 집기류, 재봉틀, 리어카, 라디오, 자동차, 의류, 신발, 아이의 의류와 학용품, 부인의 의류를 보고 가구의 소비 수준을 파악하고, 바깥에 남은 1명은 만일의 사태에 대비해 연락과 정보 수집의 임무를 맡는 것으로 되어 있었다. 또 사전에 경찰과 긴밀히 연락 협조를 하는 것으로 되어 있었다(生活相談全國連絡事務所, 1956).

3) 대항 조사: '투쟁의 무기로서의 조사/통계'

그렇다면 일본 국가가 행정 조사를 통해 구성해 낸 재일한인의 모습('치안/범죄') 또는 조사 자체의 부재에 대해 — 특히 빈곤/실업 조사의 부재에 관하여 — 당시 재일한인 민족단체들은 어떻게 대응했을까? 연번 11(「재일조선인의 생활 실태: 도쿄도 고토구 에다가와초의 조선인 집단 거주 지역 조사: 1951.11」)과 연번 13(「재일조선인의 생활 실태: 1953.7.1」)은 조사/통계를 투쟁의 무기로 삼은 재일한인 민족단체의 활동 흔적을 잘 보여준다.

우선 연번 11은 재일조선과학기술협회에서 조사한 자료로서, 요시다 정부가 '출입국관리령'을 통해 민주적 인사와 60만에 이르는 재일한인, 빈곤자를 모두 묶어 추방하려 한다는 인식을 전제로 하고 있었다. 1951년에 제정된 '출입국관리령' 제24조(퇴거강제)에는 "빈곤자, 방랑자, 신체장해자 등으로 나라 또는 지방 행정에 부담을 주는 자"가 기재되어 있었고, 샌프란시

그림 3-1 _ 도쿄 고토구 시오자키 마을의 풍경(1963년, 道岸勝一 촬영)

자료: 在日韓人歷史資料館 編(2008: 108). 재일한인역사자료관 제공.

스코 강화조약 발효 이후에는 재일조선인도 이 관리령의 적용을 받는 것으로 되었기 때문에, 법의 문구상으로는 '생활보호를 수급하는 조선인'도 퇴거강제 대상에 해당될 수 있었던 것이다. 이에 대해 협회 측은 "재일한인 동포의 생활과 위기 실태, 빈곤자층의 생활 실태와 빈곤의 원인 그리고 일본의 빈곤자층과 비교해 어떤 속성을 가지고 있는지 등을 '과학적 견지'에서 해명한다"(在日朝鮮科學技術協會, 1951: '序文')는 취지를 밝히고 조사에 돌입했다. 도쿄도의 에다가와 지역(枝川町1丁目)은 재일한인의 밀집 거주 지역이자 빈곤 지역이어서 대상지로 선정되었고, 1950년 12월 30일에 120세대에 관한 생활 실태조사가 실시되었다. 조사의 결과는 다음과 같은 간명한 문장으로 정리되었다.

> 이 조사를 통해 많은 것이 알려졌다. 특히 재일동포의 실업 문제, 생활수준의 문제 등에 대해 주목할 만한 사실이 밝혀졌다. 일본에서 조선인이라

그림 3-2_「재일조선인의 생활 실태: 도쿄도 고토구 에다가와초의 조선인 집단 거주 지역 조사: 1951.11」의 표지

는 이유로 수입의 원천인 노동력을 팔 수 있는 장이 거의 없는 상태, 만성적인 실업 상태로 방치되어 있는 상태 그리고 유업자(有業者)라도 그 직업이 매우 반(半)실업적·임시적인 것으로, 이른바 사회 하층의 기생적인 직업밖에 없는 상태, 또 그 수입도 일본인의 최빈곤층에 비해 평균 80%에 불과하고 생활보호법을 적용받아야 비로소 일본인의 최빈곤층에 겨우 비슷한 수준에 근접할 정도라는 점, 또 조선동포 중에서 일본에 와서 수십 년이 경과한 이들이 의외로 많고 모국어를 말할 수도 쓸 수도 없는 이들이 매우 많다는 점 등(在日朝鮮科學技術協會, 1951: '序文').

에다가와 지역에 속한 총 134세대 가운데 실제로 조사가 이루어진 인원은 116세대, 538명이었다. 조사 결과, 0~13세 인원이 전체의 44.6%인 240명, 14~59세 인원이 전체의 54.3%인 292명, 60세 이상 인원이 1.1%인 6명이었다. 세대당 세대 인원이 매우 많고(4.683명. 도쿄 평균은 3.58명), 게다가 세대 내에 노동력이 없이 얻어먹고 사는 이들의 수가 많았다(在日朝鮮科學技術協會, 1951: 16~17).

이 보고서는 에다가와 지역의 유업자의 경우, 일본 국가의 통계에 많은 직업 분류가 있지만 거기에 기대 분석을 해봐야 얻을 수 있는 결과는 무용하다고 비판했다. 직업에서 계급성이 반영되어 있지 않고 취업 상황이 정확히 판명되지 않는다는 점이 그 근거였다. 예를 들어, 정부 통계에서는

표 3-5 _ 에다가와 재일한인 밀집 거주 지역의 "세대 인원 취업 상황조(調)" (1950년 말 현재)

		세대 및 인원 수	세대원당 %	생산 가능 인구당 %
세대수		116		
세대 인원수		538	100	
생산 연령자 수	무업자(無業者)	140	26.0	47.9
	실업자(失業者)	33	6.1	11.3
	유업자(有業者)	119	22.1	40.8
	계	292	54.2	100

주: 유업자는 생산 연령자 이외에 1명이 더 있어서 실제로는 120명.

"미망인이 꾸려가는 조그마한 독립 자영업자의 접객업이나 정계와 재계 인사들이 드나드는 일류요리점의 접객업이 동일하게 분류되어 있다"는 것이다. 조사자들은 다음과 같이 새로운 분류법을 제안했다.

① 비노동력: 병역, 통학, 가사, 영유아, 무업 등

② 부르주아지: 지주, 경영자, 대상인, 고급관리 등

③ 소상품생산자 또는 자영업자: 농민, 소상인, 직인, 의사, 소규모제조업자 등

④ 프롤레타리아트: 사무원, 교원, 순사, 기술가, 하급사무관리, 점원, 공원(工員)

⑤ 반(半)프롤레타리아트군: 임시공, 공장잡역부, 수위, 예자(藝者), 여급, 오뎅집, 인부, 보험사원, 보이 등

⑥ 반(半)실업자군: 자유노동자, 직안 인부, 목수/미장이, 농업일용부, 구두닦이, 신발상점, 노점상, 점술가 등

⑦ 완전실업자

⑧ 노동 예비군 수용소[廢兵院; An asylum for disabled soldiers]: 노령자, 불구질환자 등(在日朝鮮科學技術協會, 1951: 23).

그림 3-3 _ 「재일조선인의 생활 실태: 1953.7.1」 의 표지

이른바 각 직업에 계급적인 지위를 투영하여 재범주화(re-categorization)를 수행한 것이다. 에다가와 재일한인의 대다수는 ⑤ 직군에 몰려 있었다(유업자 120명 가운데 59명).

이와 함께, 유업자 가운데 '정체적 실업자(停滯的 失業者)'라는 범주를 새롭게 제안했는데, 여기에는 가사담당자 중 취업희망자(14명), 월 15일 이하로 근무하는 불완전취업자(70명), 내직자(內職者, 3명)가 포함되었다. 이들을 완전실업자(33명)와 합산하면 총 120명으로, 그 결과 생산 가능 인구(생산연령층) 가운데 실업자의 비율은 41.1%(120/292 × 100)로 특정되었다(在日朝鮮科學技術協會, 1951: 25~30).

저자들은 재일한인들이 이러한 상황에 처해 있기 때문에 생활보호법의 적용을 받아야만 비로소 생활을 유지할 수 있다고 주장했다. "생활보호비를 받아 간신히 세타가야의 일본인 하층 인민과 동등한 생활수준을 유지할 정도이고, …… 그렇지 못할 경우 일본 최하층민의 80% 정도의 수입으로

생활해야 하는 셈"이라고 적었다. 요컨대, 재일조선과학기술협회의 사회 조사는 인간이라면 응당 누려야 할 최저한도의 생활의 권리이자 투쟁을 통해서라도 반드시 얻어내야 할 권리로서 '생활보호 수급권'의 의미를 재규정한 것이다. 이로써 빈곤의 원인 역시 재일한인 사회 내부에 있는 것이 아니라, 제국-식민지의 부정적 유산과 패전 이후로도 잔존하거나 오히려 새롭게 강화된 일본 국가와 사회의 민족 차별, 억압, 배제에 있는 셈이 된다.

표 3-6 _ 직업별 동포 인구 분포표

직별	호수 (호)	인구수 (명)	%
직안	11,644	52,398	8.4
자유노동	25,000	112,500	19
농업	500	2,250	0.3
기업	10,000	45,000	7.5
상업	20,000	90,000	15
부동	42,000	189,000	30
생산노동	9,000	40,500	11.5
피생활보호	15,156	69,555	11.5
합계	131,200	601,203	100

자료: 民戰社會經濟部(1953: 2).

연변 13은 "'조사 없이 발언 없다'는 마오쩌둥의 격언을 인용하면서 말머리를 열고 있다. 앞의 에다가와 지역의 사례는 물론, 1951~1953년에 걸쳐 진행된 아오모리, 교토, 효고, 미야기 등지에서의 실태조사 결과들을 종합하여 소개하는 한편, 일본 정부의 통계 자료(노동성, 후생성 등)와 민전 사회경제부의 자체 추정치에 기반하여 직업별 인구를 〈표 3-6〉과 같이 추정했다.

이 표에서 직안, 생활보호 수급자, 자유노동, 부동(浮動)을 모두 합하면 70%가 넘는 42만 명에 해당한다. '기업'으로 분류된 것도 실상은 거의 대다수가 노동자 10인 이하의 영세 기업이고, 생산물은 고무 제품, 미싱 가공, 금속 가공, 전기기구, 주물, 직물, 염색, 광산 등에 한정되었다. 대부분이 2중, 3중의 하청이고 계속 대자본의 압박과 금융상의 차별 또는 판로에서 곤란을 겪고 있는 실정이었다. '상업' 역시 일본의 일반적인 상업과 달리 대부

[상자글 3-5] 민전(民戰)

재일조선통일민주전선(在日朝鮮統一民主戰線)의 약칭으로, 1949년 9월 8일 GHQ가 "폭력주의적 단체"로 규정하여 해체시킨 조련(在日本朝鮮人聯盟: 朝聯)을 이어, 1951년 1월 9일에 결성된 단체다. 통상 총련(總聯)의 전신으로 이해되고 있지만, 조련과 마찬가지로 일본 공산당의 영향하에서 한반도의 통일 및 방위와 함께 일본의 민주혁명을 표방한 단체였다(國際高麗學會日本支部『在日コリアン辞典』編纂委員會, 2010: 183~184, 198~199).

[상자글 3-6] 부동(浮動)

유동(流動)이 격심하고 안정도가 없는 생활, 다시 말해 밀주, 식량 구매(買い出し: 시골에 직접 가서 식량을 구매하여 판매), 넝마주이·고물상(バタヤ), 행상, 숯쟁이, 연초업, 조청 제조, 군고구마 장수 등이 포함된다(民戰社會經濟部, 1953: 3). 만성적인 실업 상태라고 할 수 있다.

분이 파친코업, 고물상, 음식점, 여관업 등에 한정되어 있었다. 민전의 이 조사보고서 역시 "생활보호의 획득은 결코 반동(反動) 일본 정부에 의해 자선적으로 부여되는 것이 아니"라, 생활 속에서 살아남기 위한 사회보장의 투쟁이고 "탄압으로 인한 희생을 동반한 피어린 투쟁"으로 의미화했다(民戰社會經濟部, 1953: 11).

한편, 거류민단도 민전 등에서 수행한 조사들에 필적할 수준은 못 되지만, 제한적으로 각종 조사 결과를 수집하여 간행했다. 연번 9(「제8회 전체 대회 경과보고: 1949.10」)는 거류민단 사회부에서 작성한 것인데, 당시 거류민단이 한국 정부의 주일대표부로부터 귀국사무 수속, 신원보증문서 명부 작성, 신청서명부 영문 작성 등을 위탁받아 수행하고 있었기 때문에 이와 관련한 통계를 낼 수 있었고, 이 외에도 호적 정리 업무도 조만간 위탁받을 것으로 생각되었기 때문에 이를 매개로 재일한인 동포사회의 현황을 파악할 수 있었던 것으로 보인다. 또 1949년 9월 31일 현재 외국인 등록자가 59만 7623명, 한국인과 일본인의 결혼 수 11만 5182조(組), 이 가운데 한국인 남성과 일본인 여성의 결혼 수 11만 797조라는 점 등이 확인되고 있다(在日本大韓民國居留民團中央總本部社會部, 1949; 金英達 譯, 1999: 96~97에서 재인용). 1949년 5월 말 기준의 직업별 조사 통계표(31개 직업 범주)도 등장하는데, 이 가운데 실업자의 인구수는 28만 6118명(전체 재일한인 수에 대비하여 단순 계산으로 47.9%로 기재)으로 기재되어 있다.

연번 12[「(비밀) 재일동포의 실태」]의 경우도 거류민단에서 작성한 것으로 추정되는데, 한국의 유력 정계인사에게 보고할 용도였던 것으로 보인다. "재일동포의 실태를 약술하여 그 원인과 대책에 관한 소견을 간단히 피력하고, 이로써 본국 요로(要路) 제씨(諸氏)의 관심을 환기하려" 한다는 내용이 언급되어 있다(在日本大韓民國居留民團, 1951; 金英達 譯, 1999: 105에서 재인용). 또 본국 정부에 대한 요망사항을 기재한 부분이 있는데, 예를 들어 "거류민단을 양적·질적으로 강화할 근본 방침을 본국 정부(한국—인용자)와 대표부에서 수립하고, 재일동포 국적 문제 해결을 계기로 하여 국민 등록 기타 법적 조치를 통해 재류교포를 일원적으로 파악할 수 있는 시책을 확립할 것" 등이 언급되고 있다(在日本大韓民國居留民團, 1951; 金英達 譯, 1999: 111, 113~115에서 재인용).

이 보고서에서 특이한 점은 재일한인 인구 집단의 사상 경향을 집계한 것인데, 집계의 근거는 밝히지 않은 채 한때 90%에 가까웠던 좌익세가 약화되고 점차 민족진영에 포섭되고 있다고 하면서, 다음의 수치를 제시하고 있다.

(1) 한국 지지자	45%. 270,000명
(2) 반한반공(反韓反共) 중간파	30%. 180,000명

(3) 용공반한자 25%. 150,000명

(在日本大韓民國居留民團, 1951; 金英達 譯, 1999: 107에서 재인용)

이 수치의 출처는 정확히 기재되어 있지 않아 확인하기 어렵지만, 흥미로운 점은 이 수치가 이후 다른 글들에서 종종 참고자료로서 인용·활용되고 있다는 점이다.5)

그리고 이 자료에서는 재일한인들의 경제 상황에 대한 개괄적인 보고도 찾아볼 수 있는데, 일본 정부의 조사 통계와 거류민단 자체의 조사 통계를 소개하면서 이를 비교하고 있다. 일본 정부의 통계는 '1950년 7월 30일 현재'의 일본 정부 법무부 특심국(特審局)에서 조사한 자료인데, 거류민단 측의 조사 자료를 함께 보이면 〈표 3-7〉과 같다.

사실 이 거류민단 측의 자료가 어떻게 수집, 생산되었는지, 글만으로는 정확히 확인할 수 없다. 다만, 거류민단 측은 재일한인 사회의 현황을 일본 정부의 자료에서처럼 '직업'을 기준으로 측정하는 것은 큰 의미가 없고, '자산 규모'를 통해 확정할 때 더 정확하게 인식할 수 있다는 판단을 했던 것으로 보인다. 여기서 '완전 무직 실업자'는 일용 인부로 전락하거나 타인에 기생하든지 일본 정부의 생활보호를 받든지, 아니면 범죄자의 길로 들어서 있는 이로 정의되었다. 실업자 수는 일본 정부의 조사에 따르면 약 50% 가까운 수치를 보이는데, 거류민단 측 자료에서도 40%로 확인되고 있다. 거

5) 예를 들어, "모리타 요시오의 「재일조선인 처우의 추이와 현황: 1955(在日朝鮮人處遇の推移と現狀: 1955)」(法務硏修所, 1955: 188)에는 오늘날까지 재일조선인의 한국 지지, 북한 지지의 세력 분야에 대해 등록의 몇 퍼센트와는 별도로 다음과 같은 견해가 있다. (1) 한국 지지 45%, 중간 30%, 용공반한 20%, 공산당 5%[1951년 10월 권일(權逸) 씨]……"로 되어 있고, 그 주석으로서 "권일, 『재일동포의 실태(在日同胞の實態)』"라는 출처가 언급되어 있다고 한다. 이를 통해, 김영달은 이 보고서가 권일이 1951년 10월에 개인적으로 한국 정부에 건백서(建白書)로서 제출하고자 작성한 것일 수도 있다고 추정하기도 했다(在日本大韓民國居留民團, 1951; 金英達 譯, 1999: 115에서 재인용).

표 3-7 _ 직업통계치의 비교: 일본 정부 조사 자료와 거류민단 조사 자료

재일교포 직업별(일본 정부 조사 자료) (단위: 명)		거류민단 조사 자료	
농업	7,303		
상업	25,919		
자유상업(중개상인 포함)	1,225		
어업	388		
광업	693	유산자1)	1,000호/5,000명
공업	9,592	안정자활자2)	30,000호/150,000명
토건	4,709	호구생계자3)	60,000호/250,000명
기술자[공원(工員) 포함]	161,699	완전 무직 실업자	60,000호/250,000명
사무원	126		
자유노동자(준실업자)	39,196		
실업자	286,118		
학생	62,655		
총계	597,623	총계	151,000호/655,000명

주: 1) 동산과 부동산을 합하여 일화(日貨) 500만 엔 이상인 자.
2) 중소상공업, 토건업 등 영구 직업을 가진 자.
3) 중개행상, 토건 등 미영구(未永久) 직업이나 날품팔이.
자료: 在日本大韓民國居留民團(1951); 金英達 譯(1999: 106~107)에서 재인용한 자료를 기초로 하여 표로 정리.

류민단은 이 수치에 해당하는 무산 계층(실업 인구)이 당시 좌익 운동의 기반이 되고 있다고 경고하기도 했다(在日本大韓民國居留民團, 1951; 金英達 譯, 1999: 106에서 재인용).

4) 일본 정부에 의한, 조사/통계의 의미 전유

연번 14(「재일조선인 처우의 추이와 현황: 1955」)에 대해서는 앞에서 잠시 언급했는데, 실제로 이 글을 집필한 저자는 모리타 요시오로 알려져 있다. 이 글에서 저자는 재일한인의 실업 통계를 일본 정부가 수집한 일은 거의 없다고 하면서, 재일한인 민족단체에서 펴낸 연번 11과 연번 13의 자료를 인용해 실질적인 유업자 인구(전자는 24%, 후자는 29.5%)와 실업 인구를 제시했다(法務研修所, 1955: 254). 모리타는 재일한인에 대해 치안 방면을 제외하고

그림 3-4 _『재일조선인의 생활의 실태: 1956/1958』의 표지

는 일본 정부의 종합적 실태조사가 부재하다는 점, 재일한인을 대상으로 하는 정부 정책부서가 서로 분할되어 있어 여러 한계가 있다는 점을 언급하면서, 가능한 대로 앞의 두 자료에 의거해 논의를 진행해 가고 있다.

그런데 연번 15(『재일조선인의 생활의 실태: 1956/1958』)에 이르면 사태는 조금 복잡해지고 또 미묘해진다. 이 자료는 일본적십자의 외사부장 이노우에 마스타로(井上益太郎, 필명 M.I.)가 작성한 것이다. 별도의 조사를 수행해 얻은 자료가 아니라, 재일한인에 대한 이전의 각종 조사/통계 자료들을 수합해 자신의 논지에 맞게 정리한 글이다. 이 글은 초입에서 재일한인 인구 집단의 구성('1954년 12월 말' 기준 총 56만 3146명)을 살피면서, 97%에 이르는 이들의 출신지가 남한 쪽이라는 점, 그러나 정치적 계통별로는 북선계가 27만 7321명(49%)으로 수위에 이르고 이어 남선계 12만 2308명(20%), 중립계 3만 3300명(6%), 기타 13만 217명(25%)으로 구성되어 있다는 점을 언급하고 있다. 이노우에는 이 정치 성향별 인구 분포 통계의 정당성을 주장하기는 했지만, 그 정확한 출처는 확인하지 않고 있으며 이와 동시에 여러 개의 단서 조항을 달고 있다. 또 정치 성향별로 일본인을 아내로 둔 비율을 언급하면서, 세대별(世帶別) 구성에서 일본인을 아내로 둔 가정의 비율이 가장 낮은 북선계(전체의 14%)가 다른 집단에 비해 귀국하기 수월한 조건을 가지고 있다고 평가했다(日本赤十字, 1958: 1~2, 4~5).

그런데 테사 모리스-스즈키는 당시 일본적십자가 '인도주의'를 표방하면

그림 3-5 _ 1960년대 니가타항(新潟港)에서의 북송자 환송 모습

자료: 在日韓人歷史資料館 編(2008: 117). 재일한인역사자료관 제공.

서 재일한인의 '귀국 운동' — 한국에서는 '북송'(北送)이라고 알려졌다 — 을 지원하고 북한과 실질적인 교섭을 벌여간 주체였다는 점을 밝혀낸 바 있다. 그녀는 '귀국 운동'이라 불렸던 이 '사업'을 통해 일본 정부가 실질적으로 얻어내고자 했던 것은, 적십자 활동이 지향하는 인도주의적인 목적보다는 오히려 일본 국가로서는 부담스러울 따름인 재일한인 빈곤층 인구, 좌익 성향의 인구를 '정치적으로 추방'하는 것에 불과했다고 주장했다(모리스-스즈키, 2008). 마침, 이노우에 마스타로는 이 글(연번 15)에서 파친코, 밀주, 고물 수집, 히로뽕 거래 등 패전 이후 일본 사회에서 재일한인들이 생존과 생활을 위해 어쩔 수 없이 선택한 일련의 '직업군'을 '반(反)사회적 고용'이라는 범주로 규정하고, 재일한인 대다수가 생활보조금에 의존하지 않으면 살아갈 수 없는 상황에 처해 있다는 점을 지적했다. 한편, 이노우에는 다른 글에서, "일부 재일조선인들은 현재와 같은 일본의 환경에서는 제아무리 노력해도 결코 살아갈 수 없으며 가까운 미래에도 이 문제는 해결될 기미 또한 전혀 보이지 않는다고 생각한다. 그들에게 남은 유일한 대안은 (북한으로의) 귀국뿐"(Inoue, 1956: 57; 모리스-스즈키, 2011: 51에서 재인용)이라고 말하기도 했다.

그런데 이 글(연번 15)에서 이노우에가 활용한 '실업'에 관한 정의는, 이전에 재일한인 민족단체에서 빈곤의 원인이자 현상 그 자체로 지목했던 '부동(浮動)' 등의 '정체적 실업자' 범주를 '잠재적 실업'으로 재정의한 것에 불과했다. 그는 그럭저럭 직업을 가지고 있는 이들조차도 적합한 직업을 얻었다고 하기는 어렵고, 극심한 저임금을 감내하고 있는 형편이어서 오히려 이들을 '잠재적 실업자'로 부르는 편이 적절하다고 언급했다(日本赤十字, 1958: 7).

이 지점은 대단히 인상적인 국면을 지시하는데, 바로 이러한 '치환(displacement)'을 통해 통계치의 의미가 탈맥락화(de-contextualization)되는 사태가 발생했던 것이다. 다시 말해, 1951~1953년 단계에서 재일한인 단체들이 조사하여 펴낸 통계에서는 재일한인의 빈곤의 실상을 폭로하고 일본 정부에 생활보호의 필요성/필연성을 요구하는 것과 연계하여 제시했던 실업 실태조사/통계, 다시 말해 전후 일본 국가 행정의 실패와 일본 사회 안에 자리한 민족 차별 구조를 비판하고, 나아가 제국-식민지의 체제가 남겨놓은 부정적인 유산이자 흔적으로서의 재일한인의 빈곤한 삶을 부각하려는 용도로 재일동포 단체들이 열심히 수집, 작성했던 통계를, 이노우에는 '인도적 귀국 사업'(실질적인 의미에서, 빈곤한 재일한인의 '추방')의 필연성을 지지하는 과학적 근거로서 바꿔치기했던 것이다. 이노우에는 덧붙여 말한다.

> 재일조선인들이 차별을 받지 않고 동일한 레벨에서 일본인과 경쟁하는 경우에도 일본인 사회에서는 사회적 기반이 강한 일본인처럼 될 수 없다. 일본의 경제가 좋아지고 암시장이 없어지면 일본인의 경우는 경제적 기반이 강하기 때문에 다른 일로 전업하여 실업자가 되지 않을 수 있지만,

> 일부 조선인 사회층에서는 경제적 기반이 좁고 약해서 전업이 어렵고 실업에 빠지게 된다. 최근 수년간 일본인에 대한 생활보조는 상대적으로 감소해 가는 데 비해, 조선인에 대해서는 역으로 증가하고 있는 중이다. 그 원인은 취직난, 그중에서도 전직난(轉職難)에 의한 탈락이다. …… 이로 인해 일부 조선인 사회층은 일본 사회에서 항구적 실업자층의 일부가 된다. …… 이것은 왜 일부 조선인이 귀국하는 것 이외에는 방법이 없는지를 보여주는 **과학적 근거**(강조는 원문)이기도 하다. …… 일부 재일조선인의 생활이 일본의 현실에서는 아무리 해도 잘되지 않고 가까운 장래에 해결의 길도 없어 귀국 이외에는 다른 방법이 없다는 것은 비교적 신빙성이 높은 통계에서 객관적으로 과학적으로 연역할 수 있는 일이라는 것을 함께 경험을 통해 알 수 있는 사실이라고 나는 믿는다(日本赤十字, 1958: 18~20).

패전 이후 일본 국가가 거의 손을 놓고 있었던 영역의 조사/통계, 다시 말해 오로지 재일한인 단체들의 손으로 만들어졌던 일련의 생활 실태조사/통계가 이번에는 거꾸로 일본 정부 측의 '개념의 전유·횡령·절취(appropriation)'를 통해 완전히 다른 용도 및 의미로 전환되어 활용되었던 것이다. 다시 말해, 일본 국가와 사회의 민족 차별의 결과, 재일한인 사회에 정체적 실업이 만연해 있음을 증명하던 조사/통계는 이제 재일한인 집단의 대부분이 — 이노우에는 '일부 빈곤층'이라는 표현을 쓰고 있지만 — 왜 일본에서의 생활을 청산하고 (북으로) 귀국하는 것이 최상의 선택인지, 아니 귀국할 수밖에 없는지를 증명하는 근거로서 전도된 채 활용되었던 것이다. 그리고 이때 이노우에는, 이러한 자신의 주장이 조사/통계의 이른바 '객관적이고 과학적인 근거'에 입각해 있음을 언급하는 일을 잊지 않았다. 그는 마치 쐐기를 박기라도 하듯이, "과학적인 객관적 사실이라는 점이 증명되었을 때, 이를

그림 3-6 _ 「재일조선인의 귀국 문제에 대해: 인도주의 원칙은 지켜져야 한다」(1959.8)의 표지

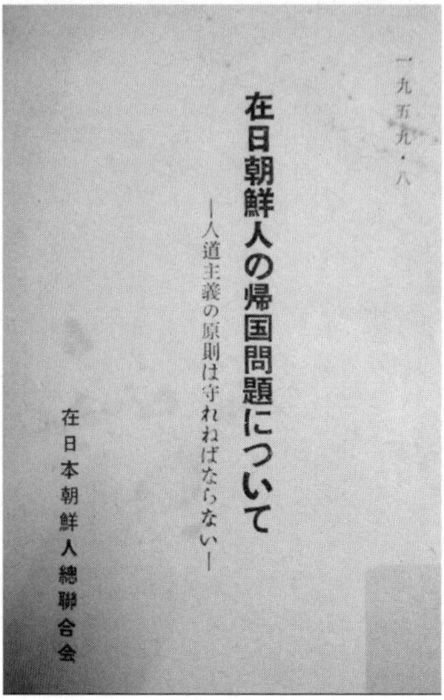

저해하는 것이야말로 **인도(人道)에 반하는 일**"(日本赤十字, 1958: 20. 강조는 원문)이라는 문구로 마지막 문장을 장식했다.

여기서 한 가지 언급해 둘 것은 이 '인도'에 관한 재일한인 측의 인식이다. 재일본조선인총연합회(조선총련) 명의의 한 문서 「재일조선인의 귀국 문제에 대해: 인도주의의 원칙은 지켜져야 한다(在日朝鮮人の帰国問題について: 人道主義の原則は守れねばならない)」(1959.8)는 일본 정부에 재일한인들의 조국 귀국을 허용할 것을 요청하는 논리로서 인도주의를 들고 있다.

그런데 이 글에서 언급된 인도주의는 앞에서 일본적십자의 이노우에가 말한 '인도주의'와는 결을 좀 달리한다. 다시 말해 재일한인들의 귀국 문제는 이른바 사활 문제(死活問題)이자 미국과 이승만 정부의 온갖 방해 공작에도 불구하고 인도주의적 원칙에 따라 처리해야 할 문제라고 언급하는 동시에, 그간 일본 정부가 재일한인에 행한 핍박과 억압의 문제를 인도주의의 대립물로서 위치시켰다. 인도주의 개념을 이주의 자유 및 권리를 보장하는 국제 사회의 일반 원칙으로 사용하는 것은 물론, 이전까지 일본 정부의 재일한인 정책의 비인도성을 비판하고 이를 고발하는 용법을 취했던 것이다. 조금 길지만 관련 내용을 인용해 본다.

(제2차 세계대전 중에) 사실 일본에서 그들(재일조선인)을 기다리고 있

던 것은 광산이나 위험한 토목 공사 그리고 군수산업공장의 강제 노동이었다. …… 그들은 종전과 동시에 이른바 일본의 직장에서 쫓겨났다. 취로의 길은 완전히 막혀버렸다. 그 결과 현재 재일조선인의 실업자 수는 전체의 80%에 이른다. 일본 정부는 지금까지 재일조선인의 그와 같은 실업 상태에 대해 어떤 보호 조치도 강구하지 않았을 뿐만 아니라, 외국인으로서 정당한 일체의 권리도 인정하지 않았다. 그리고 일방적으로 의무만 지우고 민족적 차별과 박해를 가해 탄압에 탄압을 더해갔다. …… 일본 정부는 '외국인등록법'을 악용하여 목욕탕에 가는 사람까지도 '등록불휴대(登錄不携帶)'로 체포하기도 했다. …… 일부 영세한 조선인 중소 상공업자(약 4만 명)는 융자, 판로, 신용의 측면에서 늘 민족적 차별을 받고 있다. 일본 정부는 작년만 해도 재일조선인들로부터 약 130억 엔(1959년은 200억 엔)의 세금을 거두었으면서도 진적으로 생활의 방도를 잃은 일부 조선인들이 받고 있는 생활보증금을, 예를 들어 아이의 공부책상이 있다는 이유 따위를 들어 끊어버렸다. …… 재일조선인들의 생활은 한층 더 불안해질 뿐이다. 이러한 상태에 있는 재일조선인이 어떤 방도도 없는 이국(異國) 일본에서의 생활을 단념하고 자신의 조국으로 돌아가는 것은 매우 자연스럽고 당연한 일이다. 재일조선인의 자녀 교육 문제도 생활만큼이나 심각한 문제다. 재일조선인 아동생도 15만 명 가운데 민족 교육을 받고 있는 것은 겨우 3만여 명에 불과하다. …… 많은 아이들이 자기 나라의 문자나 언어도 알지 못하는 불구 상태에 있다. …… 바로 여기에 재일조선인의 귀국 문제가 한층 심각한 인도상의 문제로서 제기되는 이유가 있다. 이러한 재일조선인의 귀국을 막는 것은 인도상의 범죄 행위다(在日本朝鮮人總聯合會, 1959: 6~9).

4. 맺으며

이 장에서는 1945~1955년까지 일본에서 실시된 재일한인에 관한 각종 조사의 정치적 의미를 추적했다. 1945년 패전 이후 일본에서 재일한인 인구에 대한 조사는 한반도 귀환 인구의 규모 측정에 함몰되어 있었고 치안의 관점에 선 것들이 일반적이었다. 일본 정부는 재일한인을 '외국인'으로 규정하여 정치적으로 배제했고, 사회복지에서 낭비적 요소로 간주하여 '부정수급자'를 색출해 내는 데에 급급했다. 이에 대해, 민전으로 대표되는 재일한인 단체는 재일한인 사회의 생활 실태와 실업에 관한 미시적이고 구체적인 조사를 통해 그들의 빈곤이 타자를 배제하는 일본 정부의 정책과 일본의 사회 구조 때문임을 드러냈다. 그런데 재일한인 단체의 조사를 통해 얻은 이 실업 및 빈곤에 관련된 통계를, 1950년대 중후반의 이른바 '귀국사업'에서 일본 국가가 전유·횡령·절취하여 재일한인 귀국의 불가피성을 증명하는 인도주의적이고 과학적인 근거로 제시했다. 이 사례는 조사/통계의 생산과 소비 사이의 간극(탈맥락화된 활용)을 보여줌과 동시에, 통상 객관적인 것으로 간주되는 조사/통계가 실제로는 격렬한 전략적 전투, 은폐의 현장임을 다시금 상기시킨다.

조사/통계는 그것이 산출된 시공간의 정치적·역사적·사회적 배경과 구조를 묻지 않고 활용되는 한, 조사 당시 사회에 구축되어 있던 인식 폭력을 그대로 강화, 확대, 재생산하는 데에 기여할 소지가 많다. 앞에서 재일한인 집단에 대한 일본 국가의 조사/통계의 실천 안에 내포된 인식의 편향, 인식 폭력의 문제를 분석했는데, 이와 함께 더 생각해 볼 것은 일본 사회에서의 재일한인에 대한 인식이다. 예를 들어, 인류학자 이즈미 세이치(泉靖一)는 샌프란시스코 강화회의를 앞둔 1951년 9월 2일과 3일에 도쿄 시내 25개소에서 각각 시민 20명씩을 대상으로 '인종 거리조사'를 실시한 바 있다. 이즈

[상자글 3-7] 이즈미 세이치(泉靖一, 1915~1970)

1915년 홋카이도에서 출생했다. 부친이 경성제국대학 교수로 재직하여 한국에서 학창 생활을 보냈다. 1935년 경성제대에 진학했으며, 1935년부터 1965년에 걸쳐 제주도를 수차례 방문하여 인류학적 조사를 실시했다. 패전 이후 일본에 돌아와 메이지 대학 교수, 도쿄 대학 동양문화연구소 교수와 연구소장을 역임했다. 저서로 『잉카제국(インカ帝国)』(1959), 『제주도(済州島)』(1966), 『필드노트: 문화인류학, 사색 여행(フィールド・ノート: 文化人類学・思索の旅)』(1967), 『문화 속의 인간(文化のなかの人間)』(1970) 등이 있다.

미는 이 가운데 344매를 추려 그 결과를 분석하여 "도쿄 소시민의 이민족에 대한 태도"를 다룬 논문으로 간행했다.[6] 이 조사는 조선, 중국, 필리핀, 인도, 인도네시아, 태국, 미얀마, 베트남, 미국, 영국, 프랑스, 호주, 독일, 이탈리아, 러시아, 흑인('니그로'로 기재) 등 16개 인종에 대해 외관과 민족성, 정치, 경제, 문화 각 항목에 관한 간단한 질문사항을 만들어 회답을 요청한 것이었는데, 여기서 '조선인'은 응답자 전체의 95%로부터 '싫어하는 민족'이라는 응답을 받아 1위를 차지했다. 이 외에 조선인의 민족성으로는 "불결"하고 "교활"하며 "무례"하고 "문화 수준이 낮다"는 응답이 압도적인 다수를 차지했다. 이것은 "패전 이후 일본에서 조선인에 대한 인종 편견, 스테레오타입"이 식민지 시대 이상으로 더 강고하게 만들어지고 있었다는 점을 확인시켜 주는 것이기도 한데, 다만 이즈미는 이런 응답이 나온 데에는 "조선인이 성격적으로 이상해서가 아니라, 혐오의 스테레오타입이 거기에 중

6) 「일본인과 이민족 간의 긴장(日本人と異民族との間の緊張)」(≪社會教育≫, 1952.8). 이즈미 세이치는 이 외에도 공동연구의 형태로 「도쿄의 제주도인(東京における濟州島人)」(≪民族學研究≫, 16巻, 1号, 1951)이라는 학술적 실태보고서를 발표한 바 있다. 이 실태보고서는 우리말 번역서 『제주도: 1935~1965 일본 문화인류학자의 30년에 걸친 제주도 보고서』(2014, 여름언덕)에도 실렸다.

요한 역할을 하고 있는 것으로 보인다"는 말로 결론을 맺고 있다(泉靖一, 1952; 法務研修所, 1955: 231~232에서 재인용).

이 점은 국적을 매개로 한 법적 차원에서의 문제와 함께, 일본 사회 안의 분위기 변화를 가늠케 한다. 패전 이전에는 같은 '일본 신민' 속에서 '이등 국민'이었던 조선인이 패전 이후에는 '해방 민족', '전승 국민'으로 바뀐 것이고, 소위 '일등 국민'이었던 일본인 자신들은 '패전 국민'으로 전락했다는 점에서 오는 민족적 자부심의 상실감, 그 속에서 재일한인 집단에 대한 쇼비니즘이 양성되고 있었다는 사실을 바로 여기서 확인할 수 있는 것이다(遠藤正敬, 2015: 233).

결론적으로, 1945~1955년간 일본 사회에서 생산된 재일한인에 대한 조사/통계는 바로 이러한 정치적·사회적 인식 속에서 실천된 것이고, 또 이를 보다 근본적인 역사적 지평 속에서 비판하려는 목적으로 실천된 것이었다. 조사/통계를 통한 지배와 저항, 경쟁과 투쟁, 스테레오타입화와 그에 대한 비판이 그 실천들 속에 고스란히 녹아들어 있었던 것이며, 이들 행위자들은 각자 상대방이 구축한 조사/통계를 자신의 목적에 맞게 변형, 전유, 횡령하는 정치적인 실천을 벌여가고 있었던 것이다. 오늘날 우리에게 주어진 재일한인 집단에 대한 통상의 이미지, 인식이란 것도 실제로는 이 당시에 발원하여 그 이후로 계속 확대, 강화, 변형, 재생산된 '조사/통계-권력'의 실천이 가져온 결과라는 점, 그 속에는 여러 행위자들의 조사/통계의 부단한 전유·횡령이 자리하고 있었다는 점은 재일한인 집단의 이미지와 정체성(identity)이 구성적이고 전략적이며 전투적인 실천의 산물임을 깨닫게 한다. 한일 관계의 악화와 일본 사회의 우경화 속에서 여러 정치적 문제의 소용돌이 한복판에 자리하게 된 재일한인 문제를 바라볼 때, 역사적 분석을 통해 이 문제의 기원과 그 재생산 과정을 체계적으로 분석하고 종합해야 할 책임은 우리에게 남겨진 몫이 아닐까?

제4장

'보이지 않는 자'의 가시화와 헤게모니 경쟁*

김인수

1. 문제 제기

'보이지 않는 자(the invisibles)'란 누굴까? 언제 어디에나 또 바로 옆에 존재하지만 감지되지 않는 그런 존재다. 스스로 목소리를 내거나(coming out), 누군가 대신 말해주기(representation) 전까지는 "부재로써 존재"하는 이들이고, 마이너리티로서 지시되는 이들이다. 현대 사회 이론 속에서는 타자의 형상으로, 타자화의 폭력이 횡행한 사회의 모습을 드러내는 근거로서 이해되는 이들이기도 하다. 그렇다면 이 '보이지 않는 자'는 자신이 속한 비식별역(非識別域)의 한계 속에서 자신이 속한 공동체의 범위와 속성을 어떻게 가늠하고 또 의미화해 왔을까? 그러한 작업을 통해 그들이 얻어내려 했던 것은 무엇일까?

보이지 않는 자를 드러내는 일은 역사적으로 매우 다양한 지식 형태를

* 이 글은 「'보이지 않는 자'를 가시화하기: 재일한인 사회 조사의 원점」, ≪인문논총≫, 75권 2호(서울대학교 인문학연구원, 2018)를 수정, 보완한 것이다.

보였다. 예를 들어, 법과 행정 지배의 시선 속에서 타자/마이너리티를 식별해 내는 지식, 사회운동의 실천 속에서 타자/마이너리티의 발언권(authority)을 의미화하는 지식, 역사적 전거를 통해 타자/마이너리티의 속성을 정의하거나 규정하는 지식, 사회과학의 조사 기법을 통해 타자/마이너리티 사회의 현황을 드러내는 '객관'의 지식 등이 존재한다. 이 가운데 특히 마이너리티를 사회 조사 대상으로 삼는 일(minority survey)에 대해서는 여러 연구자들이 그 어려움과 한계를 토로해 온 바 있다. 전 지구적 이민 사회의 형성으로 마이너리티 서베이의 필요성이 점증하고 있지만 그 실행은 무척 어려운 일로 간주되고 있다(Font and Méndez, 2013). 에스닉 마이너리티의 통계적 분류 과정에서 범주화의 적합성을 둘러싸고 쟁점이 형성되는 것도 지극히 일상적인 일이다(Orlans, 1989: 24~25).

역사적으로 볼 때, 일본 사회의 타자/마이너리티인 재일한인에 관한 사회 조사 역시 그로부터 예외일 수는 없었다. 일본 제국주의 시대부터 성립된 재일한인 집단의 고유한 역사성이 사회 조사의 현장에 투영되었던 것은 물론이거니와, 집단 식별에 필요한 ID의 내적 변화도 사회 조사를 실행해 가는 데 있어 현실적인 조건으로 작용했다. 예를 들어, 국제결혼과 귀화에 따른 국적 변경, 재일 3, 4세의 증가 그리고 일본으로의 신규 이민(new comers)의 활성화에 따른 재일한인 사회 내부의 인구학적 재편은 재일한인 사회 조사의 실행에서 여러 난점들을 낳았다.

그렇다면 이렇듯 재일한인의 존재 조건이 갖는 고유성과 제한성 그리고 역사적 변화 속에서 그동안 재일한인에 대한 사회 조사는 누가 어떤 방식으로 그리고 무엇을 초점으로 진행해 왔을까? 그러한 사회 조사의 제한성, 불투명성 위에서도 끝내 발동했던 가시화/재현의 실행 의지는 과연 어떤 의미가 있을까? 이 장에서는 재일한인 사회의 여러 조직 및 단체들 – 민단(民團), 총련(總連), 민투련(民鬪連), 혁신자치체 등 – 의 사회 조사 활동을 역사적으로 분석함으로써 이러한 질문들에 응답해 보고자 한다.

2. 재일한인 사회의 인구학적 변화와 위기의식

1945년 패전/해방 이후 1950년대 중반까지 일본 국가와 재일한인 운동단체는 재일한인에 대한 조사에 열중했다. 패전 이후 일본 국가에게 재일한인의 수를 센다는 것(census)은 주권의 경계를 설정하는 일이자 국내 정치의 성원권(주체와 대상)을 규정하는 과제, 나아가 재일한인에 대한 복지 지출을 삭감함으로써 국가 재정을 절약한다는 기획과 서로 연동되어 있었다. 이에 대해 민전 등 재일한인 운동단체는 재일한인 사회의 실태를 조사해 드러냄으로써 일본 국가 정책의 기만성을 폭로하는 데에 열중했다. 그리고 1950년대 중반 이후로 그 결과물이, 애초 자료 생산의 의도와는 관계없이, 이른바 재일한인의 북한으로의 '귀국 운동'을 정당화하고 필연화하는 자료로서 활용되기도 했다(김인수, 2017: 147~152). 그런데 어떤 이유에서인지 1955년 이후로 1970년대 중반까지는 일본 국가의 센서스(國勢調査)를 제외하고는 재일한인에 대한 사회 조사의 흔적을 찾아보기 어렵다.[1)]

---

1) 재일한인 사회 조사 자료를 수집하기 위해 필자는 일본 가와사키시의 세이큐샤 후레아이관 도서자료실, 도쿄의 재일한인역사자료관, 고베 대학의 청구문고, 고베시의 아시아청년문화센터, 시가 현립대학의 박경식문고 등을 방문 조사했고, 1970년대 후반부터 현재까지 이루어진 각종 사회 조사 자료 약 30여 종을 확보했다. 1955년부터 1970년대까지 재일한인 사회 조사의 '공백'은 이들 자료를 수집해 가는 과정에서 확인한 사실이다. 재일한인 사회 조사 자료군의 전체적인 특징에서 볼 때 총련에서 생산한 자료는, 물론 접근에 제한이 있다는 한계가 있기는 하지만, 발굴된 자료의 숫자가 매우 적은 편이다. 다만, 총련계열의 사회 조사 자료가 극소한 까닭을 발굴/수집의 한계로 볼 것인지, 아니면 사회 조사의 실행 자체의 부재 때문으로 볼 것인지에 대해서는 좀 더 심층적인 논의가 필요하다. 이 시기는 북한으로의 '귀국 운동'의 여파가 지속되던 시기였기 때문에 일본 사회에서의 정주 및 생활에 관한 관심이 적었던 점이 하나의 요인이 되지 않았을까 추측해 볼 수 있다. 참고로, 시가 현립대학의 박경식문고의 경

표 4-1 _ 재일한인의 가시화 시도

연번	보고서 제목	조사 시기	표본 구성 및 비고
1	「가려진 사람들, 재일조선인(隠された人々在日朝鮮人)」(1978)	1978.6~7	· 교토 대학의 일본인 학생 102명(임의 추출). · 개별 면접 조사.
2	「일본 학교에 아이를 통학시키는 재일조선인 부모의 교육관에 관한 조사(중간보고)[日本の学校に子どもを通わせている在日朝鮮人父母の教育観に関する調査(中間報告)]」(1979)	1979.6 하순~7 중순	· 아마가사키시(효고현)와 도요나카시(오사카부)의 일본 공립 소·중학교의 재일한인 학부모. · 518/818(회수율 63.1%) · 아마가사키시(층화 추출), 도요나카시(전수 조사). · 자기 기입식 무기명 질문지. 담임 통해 배포, 회수. · 도요나카시 교직원조합의 전면적인 협력과 아마가사키시 일조문제연구회(日朝問題研究會)의 소개로 조사가 진행됨.
3	「일본 학교에 아이를 통학시키는 재일조선인 부모의 교육관에 관한 조사(최종보고)[日本の学校に子どもを通わせている在日朝鮮人父母の教育観に関する調査(最終報告)]」(1980)	1979.9	· 조사 지역과 방법은 위와 같음. 도요나카시(오사카부), 아마가사키시(효고현)에 오사카시(히가시나리·이쿠노구)를 추가. · 956/1,323(회수율 72.5%)
4	「재일조선인에 관한 의식 조사에서(在日朝鮮人に関する意識調査より)」(1980)	1980.2	· 재일조선인교육연구위원회 위원이 소속한 학교의 1, 2학년생. · 회답 수 923명(1학년 479명, 2학년 441명). · 조사용지 배포, 자기 기입.

재일한인에 대한 사회 조사가 본격적으로 개시된 것은 1970년대 후반부터다. 이른바 '재일 2세/3세'의 문제, 다시 말해 새로운 세대의 출현으로 재일 1세가 구축한 '민족 사회'가 실감을 잃고 풍화될 것이라는 위기의식과, 마이너리티에 대한 일본 사회의 무지 및 동화 교육으로 점점 더 민족 식별이 불가능해질 것이라는 위기의식이 본격화한 시대와 정확히 겹친다. 민족 재생산의 위기를 알리는 징후는 언어 사용('조선어' 구사 능력), 이름 사용(본

우, 2000년대 중반에 한국의 국사편찬위원회에서 자료를 마이크로필름의 형태로 일괄 수집해 소장하고 있다.

명/통명), 혼인 관계(일본인과의 국제결혼) 등에서 전방위적으로 표출되었다.

당시 포문을 열었던 몇몇 사회 조사들은 일본 사회 속에서 '보이지 않는' 재일한인의 존재를 부각하고 가시화하는 것이 목적이었다.

연번 1(「가려진 사람들, 재일조선인」)은 교토 대학의 조선인 학생들이 같은 대학의 일본인 학생들(주로 1, 2학년생)을 대상으로 실시한 앙케트다. 해방 이후 33년이 지난 상황에서 일본 사회에서 재일한인들이 '보이지 않는 사람들'로 자리하고 있다는 문제의식에 따른 조사로, 재일한인 문제는 일본인들도 진정으로 생각하게 해야 한다는 점을 강조했다. '서문'에는 "자신들(일본인)의 주변에 똑같은 교육을 받으면서 완전히 다른 '가치관'을 체현할 수밖에 없는 사람들이 있다는 것을 알고 이에 대해 생각하는 것은 결코 무의미한 일이 아닐 것"이라는 조사의 취지를 제시했다. 이 조사는 조사 자체보다는 일본인 학생들에게 재일한인의 처지를 알리고 이들과 접점을 찾는 데에 보다 큰 관심이 있었던 것으로, 조사 과정에서 '개별 대화'를 진행하는 등 이채를 띠었다. 구체적으로, 일본인의 재일한인에 대한 이미지와 지식(일본 체재 이유, 시기, 관동대지진과 조선인 학살, 창씨개명, 재일한인의 인구수, 외국인등록증명서 휴대 의무 인지,[2] 생활에서의 차별, 직업 차별, 감정에서의 차별, 차별의 경험 등), 재일한인의 고민에 대한 인지 여부(귀화하지 않은 이유, '조선어' 사용,[3] 본명 사용[4]), 재일한인과의 직접적인 관계 여부('조선인' 친구, 바라는 점) 등을 조사했다.

연번 2(「일본 학교에 아이를 통학시키는 재일조선인 부모의 교육관에 관한 조사(중간보고)」)는 교토 대학 교육학부 비교교육학연구실[대표: 고바야시 테츠야(小林哲也) 교수], 청구문고연구실[대표: 한석희(韓晳曦)]의 공동조사 결과를 홍상진

2) "알지 못함"이 65.7%였다.
3) 55.7%가 "배우지 않아도 괜찮다"고 응답했다.
4) "본명을 써야 한다"(23.9%), "아무래도 괜찮다"(73.8%).

(洪祥進)·나카지마 도모코(中島智子)가 정리하여 발표한 것이다. 일본의 학교에서 "일본인 자제와 똑같이 대우한다"(1965년 문부사무차관 통달)는 원칙하에 재일한인의 민족성과 그 존재의 역사성에 관한 교육을 배제하는 현실을 비판하기 위한 조사였다. 일본의 초중등 교육에서 재일한인 학생을 '일본인과 똑같이' 다루는 바람에 일본의 학교에서 재일한인이 '보이지 않거나 보지 않는 존재'가 되어버렸다는 진단이었다[28][5]. 표본의 속성을 보면, 조사 대상이 되는 학부모는 2세가 이미 84.9%에 달했고, 일본 학교를 다녀 민족 학교 체험이 없는 이들이 52.7%였다. 조사 항목은 ① 아이에 대해(교육 이력, 모국어 이해, 본명/통명 사용), ② 일본 학교에 대해(수업 내용의 이해 및 의견, 통학의 이유), ③ 아이의 장래에 대해(민족적 소양, 민족의식을 가지게 하는 것, 미래에 대해), ④ 가족에 대해(가족 구성원 수, 부모의 연령과 세대, 교육 이력, 모국어 이해, 직업 등) 각각 질문을 구성한 형태였다. 조사 결과, 아이가 민족교육을 받은 이력은 "없다"(82.6%), 아이의 모국어 이해는 "이해 못 함"(83.3%), 이름 사용은 "통명"(93%)인 경우가 많았다. 아이의 장래에 대해서는 "조국 귀환"(1.4%), "일본인과 마찬가지 생활"(34.1%), "귀화해도 어쩔 수 없다"(아마가사키시 17.6%, 도요나카시 27.7%)의 결과로, 부모들이 일본 거주('在日')를 전제로 아이들의 미래를 생각하고 있다는 점이 드러났다[33~46]. 다만, 조사자들은 응답자의 '재일'이라는 것이 귀화나 동화를 의미하는 것은 아니라는 점을 강조하면서도 '귀화할 수밖에 없다'고 답한 점이 인상적이라고 기록해 두었는데[51], 이것은 마이너리티 서베이에서 필연적일 수밖에 없는 질문지의 모호성, 응답의 제한성을 잘 보여주는 사례라고 할 수 있다.[6] 마이너리티는 사회 속에서 자신들이 처한 현실적 조건으로 인해 종종

5) 표에 언급된 각 보고서 안의 내용을 본문에 인용할 경우, 지면 절약과 편의를 위해 "[해당 쪽]"의 형태를 취하기로 한다.

6) 여기에는, 일본 학교에 자녀를 보내는 조선인 부모에 대한 조사이기 때문에 학교 당국과의 마

이중적인 태도를 보이곤 하는데, 따라서 마이너리티 서베이는 응답자들의 주관적인 의식을 객관적으로 측정, 지표화하는 데 많은 어려움을 겪을 수밖에 없다.

연번 3(「일본 학교에 아이를 통학시키는 재일조선인 부모의 교육관에 관한 조사(최종보고)」은 재일한인들이 가장 밀집해 있는 오사카시(히가시나리·이쿠노구)의 사례를 추가함으로써, 거주 상황의 차이가 부모의 교육관에 차이를 가져오는지에 대한 가설 검증을 시도했다.[7] 표본의 구성은 아이가 조선적이거나 한국적인 가정을 선택했기 때문에, '귀화' 가정은 제외되었지만 국제결혼 가정은 포함되었다. 부모 중 2세 비율은 78.3%였고, 민족 학교를 다닌 경험이 있는 이들은 52.1%였다. 일상생활에서 "일본어 사용"이 많았고(평균 92.6%), 교제 관계에서 "일본인이 많다"는 응답은 지역별로 큰 차이를 보였다(도요나카시 72.2%, 아마가사키시 48.3%, 오사카시 39.4%)[97]. 부모들은 공통적으로 "일본 학교들이 '조선인 부모는 일본의 교육이 좋아서 아이를 일본 학교에 입학시키는 것이기 때문에 특별한 배려는 필요 없다'는 견해를 갖고 있고 '조선인임을 고려하지 않는 것이 오히려 차별을 하지 않는 것'이라는 발상을 가지고 있지만"[115], 실제로는 이로써 재일한인의 교육 문제는 터부시되고 자신들의 목소리가 교육 현장에 반영되기 어려운 구조가 형성되었다는 점을 지적했다. 부모들이 민족 교육을 학교의 커리큘럼에 반영해야 하고 일본인 학생들도 그 대상이 되어야 한다고 생각한다는 점도 확인되었다. 이 조사에서 한 가지 흥미로운 점은 이름 사용, 다시 말해 학교에서 본

찰을 피하기 위해 질문 항목을 단순화한 것도 하나의 이유가 되었다(연번 2: [50~51]).

7) "밀집 지역[아마가사키시(효고현)]일수록 조선인 상호 간의 교류가 많고 민족적인 토양이 보존되어 있어서 '귀화'에 반발이 강하지만, 과소 지역에서는 일본인 사회 속에 섞여 거주하기 때문에 민족성을 숨기려 하는 경향이 강한 것이 아닌가 생각한다"(연번 2: [41])는 연번 2 조사 당시에 확보된 가설을 검증하기 위해 동포 밀집도가 가장 높은 오사카의 사례를 대조군으로 설정하여 포함한 것이다.

표 4-2 _ 자녀의 본명·통명 사용과 다른 지표들 간의 관계 (상관도. %)

	통명	본명
1. 가정에서 조국/민족에 대해 종종/때때로 말한다.	48.5	69.5
2. 동포와 교제가 많거나 (일본인과의 교제와) 반반이다.	55.1	81.9
3. 일본 학교에서는 조국을 불충분하게 다룬다.	33.8	42.8
4. 민족적 자각을 가지는 것이 좋다.	51.7	75.4
5. 모국어나 역사를 가르쳤으면 한다.	25.9	59.4
6. 장래 조선인으로 생활하면 좋겠다.	28.1	49.3
7. 아이가 민족의식을 가지고 있어서 일본 학교에 보내고 있다.	15.3	30.4

자료: 洪祥進·中島智子(1980: 126).

명을 쓰느냐 통명을 쓰느냐가 재일한인의 민족 정체성을 가늠하는 대단히 유의미한 변별 기준이 된다는 점이 확인된 것이다. "아이에게 학교에서 본명을 사용하게 한다는 것은 일본 사회에서는 상당한 용기와 각오가 필요한 일일 것"이라는 조사자들의 코멘트가 담겼다[126~127].

연번 4(「재일조선인에 관한 의식 조사에서」)는 나라현의 일본인 고교생의 재일한인에 대한 인식을 조사한 것이다. 주관 단체는 고교동화교육연구회 재일조선인교육연구위원회(高同教在日朝鮮人教育研究委員會)로서, 학교에서의 한인 학생의 본명 사용을 보장하고 차별적 편견에 기초한 취직 차별을 해소할 수 있는 방법을 모색하는 것을 목적으로 삼았다. 질문지는 '조선'에 관한 지식 — 한반도 지리, 재일한인 인구 규모, 일본 이주의 이유 — 과 이미지에 관한 것, 재일한인 문제를 학교에서 학습하고 있는지 여부, 그들이 차별받는 사실을 인지하고 있는지 여부를 중심으로 구성되었다. 결론은 "무지가 편견을 가져온다는 사실이 일본 학생들 안에서도 확인되었다"는 것이다. 보고서는 교사들 역시 자각을 하지 못해왔으므로 재일한인 문제를 자신들의 과제로 여기고 교육 투쟁의 과제로 삼아야 한다는 제언으로 마무리되었다. 이 외에 가나가와한국종합교육원(神奈川韓國綜合教育院)의 최양호(崔敭鎬)가 1978년에 「재일한국인 제2세의 의식구조 조사연구(요약서)」를 펴내기도 했

표 4-3 _ 귀화자 수의 추이 (단위: 명)

연도	귀화 수	연도	귀화 수	연도	귀화 수	연도	귀화 수
1952	232	1978	5,362	1991	5,665	2004	11,031
1953	1,326	1979	4,701	1992	7,244	2005	9,689
1954	2,435	1980	5,987	1993	7,697	2006	8,531
1955	2,434	1981	6,829	1994	8,244	2007	8,546
1956	2,290	1982	6,521	1995	10,327	2008	7,412
1957	2,737	1983	5,532	1996	9,898	2009	7,637
1958	2,246	1984	4,608	1997	9,678	2010	6,668
1959	2,737	1985	5,040	1998	9,561	2011	5,656
1960	3,763	1986	5,110	1999	10,059	2012	5,581
1961	2,710	1987	4,882	2000	9,842		
1962	3,222	1988	4,595	2001	10,295		
1963	3,558	1989	4,759	2002	9,188		
1964	4,632	1990	5,216	2003	11,778	합계	338,787

자료: 在日本大韓民國青年會(2014a: 64).

는데, 일본에 산재하고 있는 한국교육원 37개소에 질문지를 배포하여 생활 의식, 사회 문화, 민족/국가 의식을 측정해 본 것이었다.

이들 조사는 대단히 제한적인 지역, 집단을 대상으로 한 것이어서 이를 일반화하기에는 무리가 있지만, 재일한인 사회가 처한 현실을 가늠해 보는 동시에 '자이니치(在日)'를 전제로 일본 사회 속에서 재일한인 문제를 가시화하고자 하는 의지가 담긴 조사 자료였다고 평가할 수 있다. 1970년대 후반은 해방 이후 일본에서 태어난 이들이 일제히 성인이 된 시기로, "내가 몸에 체현하고 있는 문화와 국적이 일치하지 않는다"는 문제가 그 심각성을 더해갔고, 그 결과 "어떻게 하면 민족으로서 살아갈 수 있는가"라는 물음이 심화되어 '재일론'의 형태로 문단까지 성립해 가던 시대였다. 이상적인 민족 자아의 상(像)과 현실 속 자신의 모습 사이의 극심한 괴리 그리고

표 4-4 _ 국적별 통계

연도	한국적		조선적	
	인원수 (명)	%	인원수 (명)	%
1950.3	39,418	7.4	495,818	92.6
1950	77,433	14.2	467,470	85.8
1951	95,157	17.0	465,543	83.0
1952	121,943	22.8	413,122	77.2
1953	131,427	23.6	424,657	76.4
1954	135,161	24.3	421,078	75.7
1955	143,889	24.9	433,793	75.1
1956	146,331	25.4	428,956	74.6
1957	158,991	26.4	442,778	73.6
1958	170,666	27.9	440,419	72.1
1959	174,151	28.1	444,945	71.9
1960	179,298	30.8	401,959	69.2
1961	187,112	33.0	380,340	67.0
1962	199,174	35.0	370,186	65.0
1963	215,582	37.6	357,702	62.4
1964	228,372	39.5	350,173	60.5
1965	244,421	41.9	339,116	58.1
1966	253,611	43.3	331,667	56.7
1967	267,261	45.2	324,084	54.8
1968	289,551	48.4	308,525	51.6
1969	309,637	51.0	297,678	49.0
1970	331,389	54.0	282,813	46.0

자료: 水野直樹·文京洙(2015: 163).

여기서 파생되는 절박한 문제의식이 재일한인 사회를 휘감고 있었다고 해도 과언이 아니다.

당시 상황을 확인하는 한편, 앞으로의 논의에 참고하기 위해 재일한인

그림 4-1 _ 재류 외국인(등록 외국인) 수의 추이 (매년 말 현재)

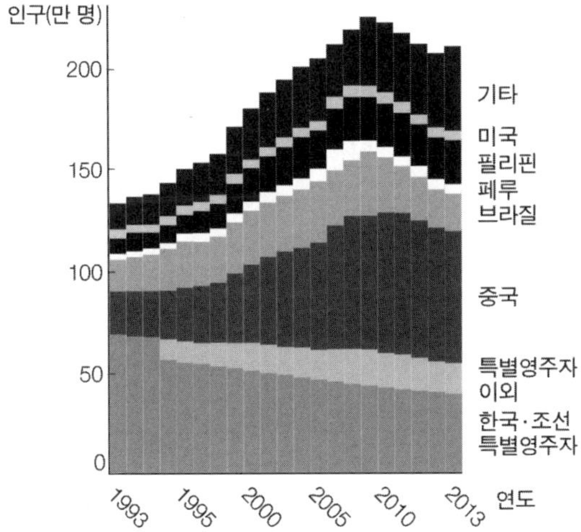

자료: 水野直樹·文京洙(2015: 210).

사회의 인구 구성 변화와 관련된 몇 가지 거시 지표를 제시하면 〈표 4-3〉, 〈표 4-4〉, 〈그림 4-1〉과 같다.

표와 그림이 지시하는 바를 개괄적으로 말하면, ① 1970년대 후반이라는 시점은 1945년 이후 일본에서 태어난 세대가 성년/결혼/부모 세대가 되는 시점이자 국제결혼과 일본 국적 취득자(귀화자)가 점증하면서 재일한인 사회의 인구 구성에 변화가 발생한 시점임을 알 수 있다. 그리고 ② 1990년대 이후로 신규 이민[한국으로부터의 신규 이민, 남미로부터의 일본계 외국인(日系人)의 이민, 동남아시아로부터의 노동 이민]이 급증하고 있고 따라서 이전부터 구성된 전통적인 재일한인 사회의 규모가 비율상 급격히 축소되고 있음을 확인할 수 있다.

3. 일본의 혁신자치체/지방 행정과 재일외국인 실태조사

재일한인 사회를 파악하고 이해하는 일은 일본의 행정기구에게 중요한 과제였다. 국가의 센서스는 인구 집단의 규모를 측정하는 데에는 도움이 되지만, 한인 사회의 속성을 드러내는 데에는 여러 한계가 있었다. 또 행정 과제를 수행하기 위해서는 마이너리티 사회 내부의 요구사항을 파악하여 반영할 필요가 있었다. 이 절에서는 사회적으로 영향력이 컸던 몇 가지 사례를 소개하기로 한다.

1) 혁신자치체와 민투련 운동의 접점

일본 사회에서 혁신자치체의 등장은 이색적인 것이었다. 혁신자치체가 그 내적 토대의 강건함보다는 고도 경제 성장이 담보된 현실 속에서 한시적으로 활성화되었다가 재정 위기에 직면하여 이내 해체되었다는 식의 소극적인 평가도 있지만, 지역의 사회운동과 행정의 결합을 추구한 독특한 모델이었다는 점에 대해서는 충분히 의미를 평가할 수 있는 정치적인 실험이었다. 혁신자치체의 역량은 혁신자치단체장 간에 수평적인 연합이 이루어지면서 더욱 강화되었다. 혁신자치단체의 단체장연합은 1964년에 처음 결성되었고, 10년 뒤인 1974년경에는 단체장 약 140명이 참여할 정도로 활성화되었다. 도쿄, 오사카, 교토, 나고야, 요코하마, 가와사키, 고베 등의 대도시가 모두 혁신자치체가 되어 혁신 정치의 벨트를 이루었다(홍성태, 2002).

이 가운데 재일한인 집주지가 형성된 가와사키시는 재일한인 기독교(이인하 목사의 가와사키 교회) 및 민투련 운동과의 접합을 통해 재일외국인 행정의 모범으로 불렸으며 그 기초 자료를 확보하기 위해 여러 사회 조사를 실

표 4-5 _ 일본의 혁신자치체/지방 행정과 재일외국인 실태조사

연번	보고서 제목	조사 시기	표본 구성 및 비고
5	『가나가와의 한국·조선인(神奈川の韓国·朝鮮人)』(1984)에 '부록'으로 수록된 「외국인에 관한 의식 조사(外國人にたいする意識調査)」	1983.4.13~22	· 1983년 4월 1일로 신규 채용된 현(縣) 직원. · 599/602(99.5%)
6	「가나가와현 현내 재주외국인 실태조사 결과 개요: 외국인 현민과의 공생을 위해(神奈川県内在住外国人実態調査結果概要: 外国人県民と共に生きるために)」(1985) [*최종 결과물은 金原左門·石田玲子·小澤有作·梶村秀樹·田中宏·三橋修, 『일본 안의 한국/조선인과 중국인: 가나가와현 현내 재주외국인 실태조사에서(日本のなかの韓国·朝鮮人, 中国人: 神奈川県内在住外国人実態調査より)』(明石書店, 1986)로 출판]	1984.8.20~9.30	· 가나가와현에 거주하는 한국·조선인, 중국인으로 1984년 9월 1일 현재 만 20세 이상인 남녀. · 가나가와현에 보유되어 있는 자료를 통해 등간격에 의한 무작위 추출. 추출률은 11분의 1. (*2142명에게 의뢰장을 보내고 1,028명이 응답. 회수율 48%. 한국·조선인이 866명, 중국인이 161명.) · 조사 방법: 조사원이 직접 질문지로 조사한 방문면접 청취법.[1]
7	「정부 모니터, 앙케트 보고서 2: 재일외국인의 인권 문제(政府モニター·アンケート報告書2: 在日外國人の人權問題)」(1991)	1991.1~2	· 1990년도 정부 모니터 요원. · 회답자 수: 296/300(98.7%) · 우편조사법.
8	「재일한국·조선인에 대한 생활 의식 조사보고서(在日韓國·朝鮮人に対する生活意識調査報告書)」(1998)	—	· 생활사 청취 조사, 질적 조사.

주: 1) 방문 조사자로 참여한 인물의 회고담으로는 히라바라시 히사에(平林久枝)의 『나를 부른 조선(わたしを呼ぶ朝鮮)』(社會評論社, 1991: 250~255)이 있다.

시했다. 민투련 운동은 히타치 투쟁지원 운동(1970~1974)에서 발원했는데, 그 핵심에서 활동했던 배중도에 따르면 그 문제의식과 활동의 기원은 이인하 목사가 설립한 재일한국인문제연구소(Research Action Institute for the Koreans in Japan: RAIK)에서 싹튼 것이었다(조현미, 2014: 103, 108).

재일한인 사회운동의 관점에서 민투련 운동이 내세운 방침은 지역의 생활 문제에 천착하고 정치 문제에 휘말리지 않는다는 것이었다. 재일한인 사회에서 정치적 입장을 표방하는 순간 민단과 총련과 같이 서로 분리, 대립할 수밖에 없다는 판단이 거기에 내포되어 있었다. 지역의 생활 문제는

그림 4-2 _ 1974년에 발행된 『민족 차별, 히타치 취직 차별 규탄』 책자

자료: 在日韓人歷史資料館 編(2008: 120). 재일한인역사자료관 제공.

그림 4-3 _ 「히타치 취직 차별 재판 30주년 기념 보고집」

자료: 在日韓人歷史資料館 編(2008: 120). 재일한인역사자료관 제공.

한반도의 정치 문제와는 결을 달리하기 때문에 그곳에서의 실천을 통해 재일한인 사회운동의 새로운 길과 민족 정체성도 마련될 수 있다고 보았다. 운동의 유형도 전통적인 재일한인 사회운동의 유형을 따르기보다는, 종래 일본 사회에 팽배해 있던 부락 차별 문제와 그 철폐 운동의 유형에 깊이 공감했다. 일본 사회에서 '공생(共に生きる)'의 아이디어를 전면화한 것도 민투련의 기여다.8)

가나가와현, 가와사키시에서 이루어진 사회 조사는 이러한 발상 위에서 실시되었다. 연번 5[『가나가와의 한국·조선인』(1984)에 '부록'으로 수록된 「외국인

8) 배중도와의 인터뷰(2018년 2월 9일, 13:00~14:30, 가와사키 후레아이관). 김명수 교수도 "민단과 총련은 둘 다 내셔널리즘, 즉 조국의 내셔널리즘이 기본이다. 내셔널리즘이 아니라 마이너리티로서 일본인과 '공생'해 갈 필요가 있다는 아이디어는 민투련 사람들에게서 나왔다"고 언급했다[김명수 교수와의 인터뷰(2016년 8월 11일, 11:00~13:00, 연세대학교 인근 어느 카페)].

[상자글 4-1] 민족차별과 싸우는 연락협의회(民族差別と闘う連絡協議會)

박종석의 히타치 취직 차별을 규탄하는 운동에 관여한 사람들이 결성하여 1974년에 발족한 단체다. 발족 당시 대표는 이인하 목사와 사토 가쓰미(佐藤勝巳)였고, 사무국장은 배중도였다. 활동의 원칙으로 ① 재일한국·조선인의 생활 실태를 파악해 민족차별과 싸우는 실천을 한다. ② 재일한국·조선인의 민족 차별과 싸우는 각지의 실천을 강화하기 위해 교류의 장을 확보한다. ③ 재일한국·조선인과 일본인이 공동 투쟁해 간다는 것을 제시했다. 1970년대에는 공영주택·아동수당의 요구, 1980년대에는 지문날인 철폐, 전후 보상 요구, 이후로는 정주 외국인의 지방참정권, 공무원 국적조항 철폐 등의 요구와 운동에 선도적인 역할을 담당했다. 이후 민단이나 총련과는 다른 제3의 민족운동단체의 설립으로 나아가 현재에 이르렀다(飛田雄一, 2010: 415).

[상자글 4-2] 히타치 투쟁지원 운동(1970~1974)

1970년 히타치제작소(日立製作所)의 입시시험에서 성명란에 통명으로 기입하고 본적지를 현주소로 기입한 재일 2세 박종석이 '거짓을 기재했다'는 이유로 채용이 취소되자 이에 불복하여 히타치를 상대로 소송을 한 사건이다. 재판은 민족 차별에 근거한 부당 해고임을 인정하여 박종석의 승소(1974)로 귀결되었다. 이후 기업이 국적을 이유로 해고나 차별을 하는 행위를 금지하는 법적 근거가 마련되었다. 여기에 '박 군을 지키는 모임'의 형태로 다수의 재일한인, 일본인 운동가들이 결합했고, 이들은 이후 민투련 운동으로 규합했다. 당시 기성 재일한인 민족단체와 문화인들은 박종석이 이름을 속여 취직하려 한 점을 '동화'에 굴복한 것으로 보고 외면, 무대응으로 일관했는데, 이것은 오히려 재일한인의 존재 조건, 정체성의 복잡성을 드러내는 상황으로 이해하는 것이 적절하다(崔勝久, 2010: 369~370).

에 관한 의식 조사」]는 일본의 '국제인권규약' 비준(1979)을 계기로 물질적 차원은 물론 마음의 차원에서도 국제화가 필요하다는 인식에 기반했다. 다시 말해, 지역에 거주하는 외국인 시민의 권리를 존중하고 차별을 없애는 것을 일본이 국제화해 가는 시금석으로 보았다. 이를 민제외교(民際外交)라고 표현하기도 했다. 이 보고서는 외국인 시민의 대표로서 재일한국·조선인을 설정했는데, 1983년 6월 말 기준으로, 가나가와현에 거주하는 외국인은 총 4만 3873명이었고 그 가운데 69%는 한국·조선인이었기 때문이다. 그런데 이 보고서는 본격적인 조사 결과를 담지는 않았고, 가나가와현 재일한인사의 관점 위에서 향후 조사를 수행하기 위한 방침을 담은 것이었다. 조사로는 재일한인에 대한 가나가와현 공무원들의 인식을 탐문한 것이 '부록'으로 실려 있다. 이들의 답변은 많은 점을 생각하게 하는데, 우선 현내의 재일외국인 중 가장 많은 이들을 꼽아보라고 한 질문에서 "미국인"이라는 답변이 가장 많았다. 외국인 친구가 있느냐는 질문에는 약 14%가 "그렇다"고 대답했다. 조사자들은 외국인이라고 하면 주로 외국어를 말한다는 이미지가 강해서 현내에 압도적으로 많이 살고 있는 '일본어로 말하는 재일한국·조선인'의 존재가 응시되지 못하고 있고, 한국·조선인의 경우 주로 통명으로 생활하고 있어서 외국인으로 느껴지지 않을 수 있다는 유의미한 코멘트를 냈다. 행정을 담당하는 일선 공무원들의 눈에조차 "보이지 않는 외국인"으로서 자리한 재일한국·조선인의 존재를 부각했던 것이다[188~190].

연번 6(「가나가와현 현내 재주외국인 실태조사 결과 개요: 외국인 현민과의 공생을 위해」)은 현재까지도 재일한인 사회에 대한 최초의 체계적인 사회과학적 조사로 평가받는 기념비적인 조사다. 비록 가나가와현이라는 지방 단위에 한정되었지만, 외국인을 대상으로 역사상 최초로 이루어진 무작위 표본추출(random sampling)의 사례였다. 표본추출이 이루어진 대장은 외국인등록원표였다. 김명수(金明秀) 교수의 증언에 따르면, 이 조사에 참여한 연구자들이 법무성과 외무성에 계속 타진을 하여 금지는 하지 않고 묵인을 한다는 정도의 양해를 얻어 실현시킨 조사라고 한다. 현내의 민단과 총련도 이 조사에서만큼은 갈등을 내려놓고 서로 협력했던 것으로 알려져 있다. 재일외국인의 생활과 피차별의 실태를 파악하고 민족 정체성의 현황을 살핀 획기적인 조사로, 다만 가나가와현이라는 장소의 제한성 그리고 통계치의 활용이 기술통계(記述統計)에 그친 점 등이 한계로 제시되고 있다.[9] 여하튼 이 조사는 직업, 노동, 사회복지, 보건, 의료, 사회보장, 교육, 생활 의식, 통명

그림 4-4 _ 연번 6 가나가와현 현내 재주외국인 실태조사(1984)의 질문지

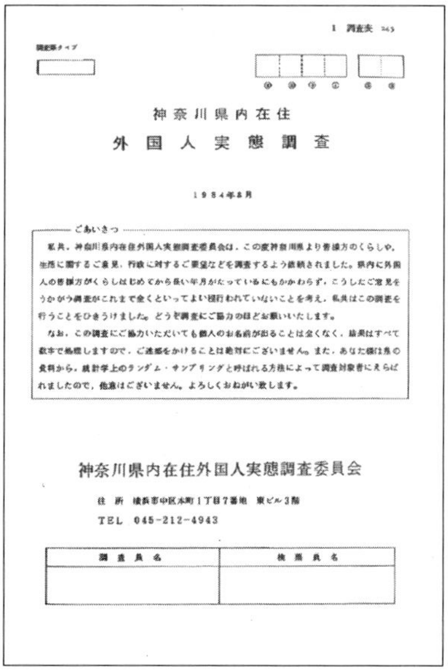

1 調査票 245

調査票タイプ

神奈川県内在住

外 国 人 実 態 調 査

1984年8月

ごあいさつ

私共，神奈川県内在住外国人実態調査委員会は，この度神奈川県より皆様方のくらしや，生活に関するご意見，行政に対するご要望などを調査するよう依頼されました。県内に外国人の皆様方がくらしはじめてから長い年月がたっているにもかかわらず，こうしたご意見をうかがう調査がこれまで全くといってよい程行われていないことを考え，私共はこの調査を行うことをひきうけました。どうぞ調査にご協力のほどお願いいたします。

なお，この調査にご協力いただいても個人のお名前が出ることは全くなく，結果はすべて数字で処理しますので，ご迷惑をかけることは絶対にございません。また，あなた様は県の資料から，統計学上のランダム・サンプリングと呼ばれる方法によって調査対象者にえらばれましたので，他意はございません。よろしくおねがい致します。

神奈川県内在住外国人実態調査委員会

住 所 横浜市中区本町1丁目7番地 東ビル3階

TEL 045-212-4943

調 査 員 名	検 票 員 名

사용과 민족 정체성, 피차별 경험 등 전방위적인 문제를 두루 망라하여 질문 항목을 구성했다. 조사의 결과물은 사회적인 차별, 학교에서의 차별, 취직 차별, 융자 차별에 대한 해소 방법과 생활환경/복지, 외국인등록법과 관련하여 자치체에 제언하는 근거로서 활용되었다. 조사에 직접 참여한 가지무라 히데키(梶村秀樹)의 논고를 통해 조사의 실상에 좀 더 접근해 보도록 하자.

가지무라는 우선 '안으로부터의 민제외교'[10]라는 발상이 대단히 선구적

---

9) 김명수 교수와의 인터뷰(2016년 8월 11일, 11:00~13:00, 연세대학교 인근 어느 카페). 김명수 교수는 다른 글에서도 외국인등록원표 샘플링의 에피소드를 소개하면서, 가나가와현의 섭외부 국제교류과 직원들의 도움으로 이러한 '묵인'이 가능했다고 말했다(福岡安則·金明秀, 1997: 'はじめに').

10) '민제외교'는 일본의 '국제인권규약' 비준(1979) 이후에 제시된 개념이다.

이라는 점을 평가했다. 가나가와현에 거주하는 외국인 대다수가 일본에서 나고 자란 2세와 3세이며, 이들이 말로는 외국인이지만 생활 기반이 완전히 일본 속에 자리 잡은 '정주 외국인(定住外國人)'이라는 점을 적시하고 이 '정주 외국인' 개념을 전면화할 것을 제안했다. 가지무라는 이들을 '보이지 않는 외국인'으로 만드는 근본적인 원인은 일본 사회의 '폐쇄성'과, 민족 차별을 통해 '동화'를 강요해 왔던 점에 있다고 비판한 뒤, 재일외국인들이 일상생활과 직장에서 불편을 덜기 위해 통명을 사용하는 개별적인 사례들을 제시했다. 심지어 조사를 시작할 당시 초로에 접어든 한 남성이 조사단에서 보낸 의뢰장을 직접 손에 들고 사무실에 찾아왔던 에피소드도 있었는데, 이것은 우편이 오가게 되면 주위 사람들의 눈에 띄고 그러면 자신이 외국인이라는 것이 주변에 알려지기 때문에 이를 우려한 행동이었다. 가지무라는 일본 사회에서 '귀화, 즉 일본 국적의 취득'은 미국의 시민권 취득과는 달리, 민족의 문화와 가치를 부정하고 일본적 가치관으로 동화되는 것을 의미한다고 지적했다. 그는 그것이야말로 지극히 폭력적이라고 비판했다(梶村秀樹, 1993: 405~408).

연번 6은 재일외국인 일반의 문제 속에 재일한인의 문제를 설정했다는 점이 여타의 재일한인 조사와는 다른 대단히 이색적인 특징이다. 이 조사를 시원으로, 1980년대 이후 신규 이민 집단이 일본 사회에서 처하게 되는 여러 문제들의 역사적인 전형으로서 재일한인 집단의 경험이 의미화되는 동시에, 에스닉 마이너리티들 간의 연계, 연대의 가능성도 탐문되고 있다. 민투련 운동은 이렇듯 가나가와/가와사키의 자치 행정과 결합했고, 후레아이관을 통해 현재에 이르기까지 재일외국인 문제의 일환으로서 재일한인 문제를 해석하고 대처하는 전통을 이어가고 있다.[11]

11) 『외국적 현민 지원의 입문강좌 안내(外国籍県民支援の入門講座の手引)』(神奈川県涉外部

그림 4-5 _ 가와사키시 외국인 시민 의식실태조사(2015)의 질문지
Q6에서 우선 자유롭게 구사할 수 있는 언어를 묻고, Q7에서는 일본어 능력을 질문하고 있다. 한자에 히라가나로 루비를 달아놓은 점도 외국인을 대상으로 한 조사의 한 특성이다.

Q6 あなたが自由に話せる言葉は次のうちどれですか。(当てはまるものすべてに○)

(1) 日本語 →Q9 にお進みください
(2) 中国語　(3) 韓国・朝鮮語　(4) 英語
(5) ポルトガル語　(6) スペイン語　(7) タガログ語
(8) タイ語　(9) ベトナム語　(10) ヒンディー語
(11) その他 [　　　] 語 [　　　] 語

Q7 あなたは日本語がどれくらいできますか。(それぞれ最もよく当てはまるもの1つに○)

<聞く・話す>
(1) 問題なく聞いたり話したりできる　(2) 日常会話ならできる
(3) 単語だけはわかる　(4) ほとんどできない

<読む・わかる>
(1) 問題なく読める　(2) ひらがな、カタカナと簡単な漢字ならわかる
(3) ひらがな、カタカナならわかる　(4) 漢字ならわかる
(5) ほとんど読めない

<書く>
(1) 問題なく書ける　(2) 簡単な漢字、ひらがな、カタカナが書ける
(3) 漢字のみ書ける　(4) ひらがな、カタカナが書ける
(5) パソコンやスマートフォンなどの機械を使えば書ける　(6) ほとんど書けない

Q8 あなたは日本語が不自由なために、次のようなとき困った経験がありますか。
最近1年間に困った経験があるものを選んでください。(当てはまるものすべてに○)

(1) 近所づきあいで　(2) 電車やバスに乗るとき
(3) 日常生活や買い物で　(4) 役所での手続きで
(5) 郵便局・銀行での手続きで　(6) 仕事をさがすとき
(7) 病気になったとき　(8) 学校の先生や職員と話すとき
(9) その他 [　　　]　(10) 困ったことはない

이와 관련하여 가나가와/가와사키에서 이루어진 여러 조사들의 질문지에서 공통적으로 발견되는 독특한 점이 하나 있는데, 통상의 재일한인 조사들에서 한국어/조선어 능력을 측정하는 것과는 달리 '일본어 능력'을 측정한 것이다. 행정에 접근하기 위해서는 일본어 구사 능력이 무엇보다도 중요하다는 점, 재일한인을 포함하여 재일외국인이 공유할 수 있는 언어도 좋든 싫든 일본어일 수밖에 없다는 점이 감안된 조사 설계로 보인다.

國際交流課, 1993), 이 보고서는 1984년에 실시된 재일한국·조선인, 중국인 조사에서 얻은 정책적 결론을 토대로 그 함의를 다국적 이민자 그룹의 지평으로 확대 적용하고자 시도했다.

그림 4-6 _ 교토시 외국적 시민(外国籍市民)의 의식 및 실태조사(2007.6~7)의 질문지
일본어 질문지 이외에 한글, 중국어, 영어 질문지를 함께 사용했다.

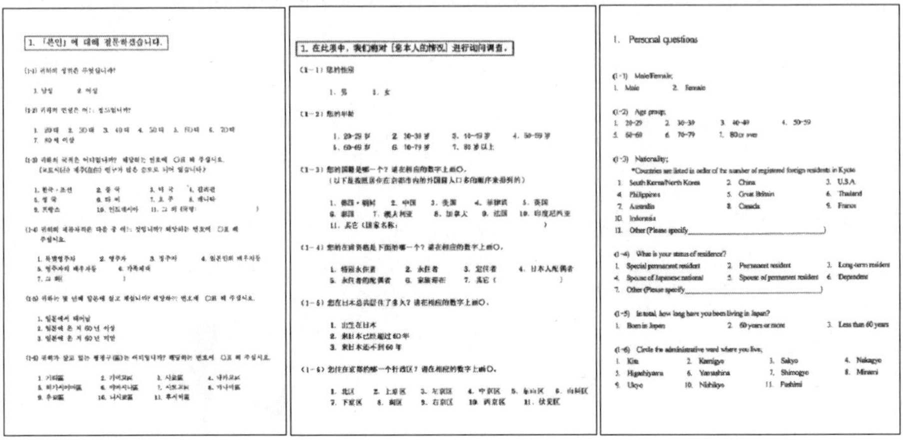

여기에는 언어가 비단 커뮤니케이션이나 민족 정체성의 구현물일 뿐만 아니라, 정보를 제공하고 공유하는 기능이 있다는 사실이 감안되었다. "1980년대 이후 신규 이민의 형태로 일본에 들어온 사람들에게도 이 언어 문제 – 일본어 구사력 – 는 큰 문제이지만, 재일한국·조선인 중에서도 문자를 읽는 것(識字)에 어려움을 겪는 사람들이 많다는 점이 의식되어, 가나가와현의 일본어 지도 볼런티어 사업에 대한 관심도 점차 확대"(神奈川県涉外部國際交流課, 1993: 10)되었던 것이다.

한편, 재일외국인 사회 조사에서 질문지를 여러 언어로 만들어 배포한 사례도 있다. 도쿄도생활문화국에서 1996년 10월 13일부터 11월 22일까지 실시한 앙케트 조사가 그것이다. 그 결과는 「도쿄도 재주외국인 생활 실태 조사보고서(개요판)[東京都在住外國人生活實態調査報告書(概要版)]」(1997)으로 간행되었다. 해당 기간에 외국인 등록 창구에 내방한 이들 가운데 16세 이상의 외국인을 대상으로 일본어, 중국어, 한글, 타갈로그어, 태국어, 페르시아어, 영어, 프랑스어, 포르투갈어, 스페인어 등 10개 언어로 작성된 질문지를 준비하여 응답을 얻었다. 이 질문지의 언어 형태는 외국인 조사에서 종종 목격된다.

2) 행정 조사와 재일한인 파악의 한계: 표본의 문제와 질적 조사로의 전환

연번 7(「정부 모니터, 앙케트 보고서 2: 재일외국인의 인권 문제」)은 오사카시에서 가나가와현의 경험을 토대로 조사한 자료로 볼 수 있는데, 재일외국인의 인권 문제를 이해한다는 목적에서 실시되었다. 질문지는 일본인에게 재일한인의 생활 실태와 관련 지식을 묻는 설문으로 구성되었고, 조사인 동시에 계도적인 성격을 띤 것으로 볼 수 있다. 일례로, 재일한국·조선인에 대한 설문 내용에는, 취직 차별의 사례 제시와 인지 여부(질문 7), 식민지 지배와 전시 강제 연행으로 재일한인 집단이 형성되었다는 점에 대한 인지 여부(질문 12), 재일한국·조선인의 대다수가 일본 태생의 2, 3세라는 사실에 대한 인지 여부(질문 13), 창씨개명에 대한 인지 여부(질문 14), 재일한국·조선인의 통명 사용의 이유에 대한 인지 여부(질문 15), 식민 통치 말기의 재일조선인의 참정권 부여 사실에 대한 인지 여부(질문 16) 등이 담겨 있다. 질문 항목에 특정한 사실들을 적시하여 조사대상자를 '각성'시키고 '계도'하려는 의도가 포함되어 있었음을 알 수 있다.

연번 8(「재일한국·조선인에 대한 생활 의식 조사보고서」)은 생활사 접근법을 표방했다. 생활사 연구를 통해 '민족'이나 피차별자가 생성되는 과정을 관찰한 것이다. 이 연구는 오사카시에서 주관했는데, 아예 처음부터 양적 사회 조사보다는 질적 접근을 지향했다. 거기에는 이유가 있었다. '재일코리안'이 점점 더 다양한 세부 범주를 갖는 개념으로 전환되어 가고 있고 이를 양적 조사만으로는 충실히 이해하기 힘들다는 판단이 있었다.

〈표 4-6〉은 1997년 현재 오사카시에서 파악하고 있는 외국인 등록 인구

표 4-6 _ 오사카시에 거주하는 한국적, 조선적 주민 수

구(區)별 \ 종별	오사카시 구별 외국인 등록 인구 (1997년 3월 31일 현재)		구(區)별 \ 종별	오사카시 구별 외국인 등록 인구 (1997년 3월 31일 현재)	
	총합			총합	
기타구	3,249	2,028	히가시요도가와구	5,122	4,125
미야코지마구	2,583	1,830	히가시나리구	8,617	8,177
후쿠시마구	1,069	723	이쿠노구	37,742	37,058
코노하나구	1,376	1,179	아사히구	2,120	1,799
주오구	3,599	1,861	조토구	4,983	4,347
니시구	2,128	949	쓰루미구	2,135	1,924
미나토구	2,160	1,332	아베노구	1,603	1,126
다이쇼구	1,547	1,084	스미노에구	3,008	2,132
텐노지구	3,173	2,567	스미요시구	3,644	2,718
나니와구	2,907	1,678	히가시스미요시구	2,688	2,242
니시요도가와구	3,271	2,917	히라노구	7,763	6,567
요도가와구	4,848	3,497	니시나리구	8,055	7,165
			합계	119,390	101,025

자료: 市民部區政課(1997), 『구정개요(區政概要)』; 大阪市(1998: 5)에서 재인용.

를 집계한 것이다. 지방 정부의 통계 자료로서 꽤 세밀하고 구체적인 수치를 보여주고 있는데, 한 가지 문제는 '일본 국적을 취득한 귀화자는 이 공식 통계에 포함되어 있지 않다는 점이다. 또 '정주 코리안'(영주 자격 등을 통해 일본 거주권이 보증된 이들)과 한국 본국인(뉴커머) 간의 구별도 이루어지지 않고 있다. 특히 한국적, 조선적을 가진 이들 가운데 약 80% 이상이 일본 국적자(귀화자 포함)와 통혼을 하고 있기 때문에, 재일한인을 생각할 때 "어쩌면 '조선계 일본인'이라는 개념을 쓰는 것이 더 적합하지 않겠는가"라고 제안하고 있다[5]. 재일한인의 존재적 다양화라는 것이 이 조사가 최종적으로 추구하여 밝혀내고자 했던 목표였던 동시에, 조사가 실천되는 현실의 조건

이기도 했다는 점이 무척 인상적이다.[12]

참고로, 이렇듯 다양화된 재일한인 사회의 조건 속에서 생활사 접근법은 학계에도 두루 활용되고 있는데, 예를 들어 타니 토미오(谷富夫) 교수의 작업이 대표적이다. 타니 교수는 '세대 간 생활사법'이라는 방법론을 고안하여 『민족 관계에서의 통합과 분리(民族關係における統合と分離)』(편저, 2002), 『민족 관계의 도시사회학(民族關係の都市社會學)』(2015) 등을 펴낸 바 있다. 그는 자신이 세대 간 생활사법을 개발, 채용하게 된 이유로서 "재일조선인만이 아니라 정주 외국인 연구의 공통된 한계점은 통계 데이터 입수가 매우 곤란하다는 점이다. '외국인등록원표'를 모집단 설정을 위해 이용하는 것은 현실적으로 거의 불가능에 가깝다. 국세조사의 국적별 데이터도 이용할 수 없고, 각종 관청 통계는 국적별로는 되어 있지 않다"(谷富夫, 2015: 71)는 점을 언급했다.

4. 총련계열의 사회 조사

그렇다면 재일한인 정치단체는 앞에서 언급한 재일한인 사회의 여러 위기의식이나 조사의 한계를 어떻게 인식하고 감당하고 있었을까? 또 그들이 조사를 통해 발견하고 재현하고 싶었던 재일한인 사회의 상(像)은 과연 어떤 것이었을까? 우선 조사 사례의 수효는 대단히 소수에 그치고 있지만, 총련계열의 사회 조사의 사례를 확인해 보도록 하자.

12) 이 조사에서 구사된 생활사 접근법은 1994년에 오사카시의 조사에서 한 차례 실시된 바 있다. 정주외국인문제연구회에 위탁해 조사한 것으로, 그 결과물은 「정주외국인에 관한 의식 조사 보고서(定住外國人に関する意識調査報告書)」(定住外國人問題硏究會, 1994)로 간행된 바 있다.

표 4-7 _ 총련계열의 재일한인 조사

연번	보고서 제목	조사 시기	표본 구성 및 비고
9	「재일 2세와 3세의 지금은……: 교토 소재 일본 각 대학에 입학한 동포학생의 조국관, 민족관에 대하여(在日2, 3世の今……: 京都の日本の各大學に入學した同胞學生の祖國·民族觀について)」(1977)	1977.5.1~30	· 1977년, 교토의 일본 각 대학에 입학한 전 동포 학생. · 71/100여 명(회수율 70%) [*국공립, 사립, 여대, 단기대학 등 모든 대학, 조선적·한국적은 물론 일본국적(귀화)을 가진 학생도 모두 포함.] · 개별면접조사법.
10	「일본의 대학에서 배우는 재일동포 조선인 학생 앙케트 조사(日本の大学で学ぶ在日同胞朝鮮人学生アンケート調査)」(1980)	1979.5 하순~6 중순	· 오사카, 교토, 효고의 대학에 다니는 재일조선인 학생. · 507/620(회수율 81.8%) · 개별면접조사법.

연번 9(「재일 2세와 3세의 지금은…… : 교토 소재 일본 각 대학에 입학한 동포학생의 조국관, 민족관에 대하여」)는 총련 산하 학생단체인 유학동(留學同) 교토지부 주관으로 이루어진 조사다. 조사 결과는 ≪건설자≫라는 잡지 제2호에 실렸는데, ≪건설자≫는 유학동 교토의 기관지로서 창간호는 1976년 12월 30일에 발간되었다. 같은 지면에 「좌담회: 신입생 동무들과 함께(座談會: 新入生のトンム達を囲んで)」(재일본조선유학생동맹 교토지방본부 ≪건설자≫ 편집위원회, 1977) 자료도 함께 실렸는데, 전반적인 조사의 취지를 이곳에서도 간취해 볼 수 있다. 앞에서도 언급했지만, 1970년대 후반은 민족의 신체와 일상의 신체 간 충돌에 관한 문제의식이 전면에 나온 시기였던 것으로 보인다. 우리말(ウリマル)을 배우는 의미에 관한 논의에서 한 신입생 학생은 언어의 내용과 형식 간 괴리를 다음과 같이 토로했다.

> 저는 「임진강」을 들었던 적이 있는데, 이 노래 속에서 '누가 조국을 분단시켰나'라는 대목에서 매우 감동을 받았어요. 그런데 곰곰이 생각해 보니 그 감동을 받은 언어는 일본어였고, 그 감동을 전하는 언어도 일본어였습

니다. 매우 모순적이라고 생각했고 참 쓸쓸하다고 생각했지요[87].

또 고교까지는 통명을 썼으며 본명을 사용한다는 것은 대단한 용기가 필요하다는 점도 언급했다. 이들의 논의 속에는 조국 통일의 실용적인 효과도 응시되고 있는데, 중국이 그 좋은 사례로서 제시되었다.

저는 통일이 되면 차별이 사라질 것이라고 생각합니다. 중국을 보면, 전전(戰前)에는 멸시를 받았지만, 지금은 훌륭한 국가가 되자 누구도 이를 말하지 않잖아요[89].

유학동 교토에서 조사를 실시하게 된 이유는 재일 2, 3세가 일본 사회에 점점 동화되어 가고 있고, 특히 민족/조국으로부터 이탈해 가고 있다는 위기의식에 기초해 있었다. 따라서 조사 설계 단계에서부터 민족관과 조국관의 확인이 가장 중요한 질문 항목으로 설정되었다. 질문 사항을 살펴보면 다음과 같다. ① 대학 진학의 이유, ② 독서 경험(특히 '조선' 관련 책의 독서 리스트와 건수), ③ 직업과 자격의 차별 여부, ④ 장래의 진로,[13] ⑤ 대학에서의 공부와 자신의 장래, ⑥ 재일 ㅇ세인가?[14] ⑦ 조선인으로서의 의식,[15] ⑧ 차별, 귀화, 국제결혼, ⑨ 조선어에 대해,[16] ⑩ 조국, 민족에 대하여,[17]

---

13) 재일한인의 경우 자영업 선호가 많고(1위) 회사원은 6위(일본인에게서는 1위)에 해당된다는 점이 언급되었는데, 이것은 취업 차별을 회피, 우회하기 위한 방편인 것으로 분석했다(연번 9: [96]).

14) 대다수가 2세 또는 2.5세였고 3세는 10% 남짓이었다(연번 9: [97]).

15) "소학교 이전에 부모로부터 알게 되었을 때는 별다른 인식이 없었지만, 소학교의 고학년, 중고교에서 친구를 통해 알게 되었을 때는 심경에 큰 충격을 받았다는 회신이 많았다."(연번 9: [98])

16) "대다수가 '초급' 또는 '알지 못함'이고 '배움의 유무'는 거의 절반이다. '있다'라고 회답한 이의 대부분이 대학에 들어와 유학동 교토의 국어 학교에 참가하고서부터라고 한다."(연번 9:

[상자글 4-3] 재일본조선유학생동맹(유학동, 在日本朝鮮留學生同盟: 留學同)

총련 산하 재일조선인 대학생 단체다. 전신은 종전과 함께 결성된 '재일조선학생동맹'이다. 1955년 5월 총련 결성에 즈음한 재일조선인 운동의 노선 전환에 따라 1955년 6월의 제4회 임시대회에서 '재일본조선유학생동맹'으로 개정하여 총련의 산하 단체로 발족했다. 김일성 사상, 조국 통일 문제, 재일조선인의 법적 지위 문제, 인권 옹호 문제 등을 테마로 토론하고, 남북한 통일 운동, 한일회담 반대 운동, 한국의 민주화 운동을 지원했다. 일본의 각 대학에 '조선문화연구회'를 조직하여 활동했고 기관지는 ≪유학생신문≫(조선어 및 일본어 판 반월간지)이다.

⑪ 재일조선인에 대하여, ⑫ 장래 생활의 장(일본/한반도)은? ⑬ 조국 통일에 대하여, ⑭ 남북 분단의 원인, ⑮ 재일조선인 운동에 대해, ⑯ 7·4 남북공동성명, ⑰ 바람직한 조선인 청년의 상[92~106].

이상의 질문 가운데 특기할 점은 한반도 정치에 관해 단도직입적인 질문을 던지고 있다는 점이다. 특히 ⑭가 그러한데, 남북한에 대한 이미지, 남북한 지도자에 대한 이미지, 한국의 민주화 운동과 미군 철수 문제 등 당시 민감한 현안에 대해 직접 질문을 던졌다. 남북 분단의 원인에 대한 학생들의 답변은 〈그림 4-7〉과 같았다.

조사자들의 최종적인 결론은, 비록 재일 2, 3세에 대해 '동화', '풍화' 경향이 회자되고 있지만 이를 조국과 민족으로부터의 일탈로 보기는 어렵다는 것이었다. 특히 조국 통일에 대한 답변은 애초 예상을 훨씬 상회했고, 분단의 원인을 미국, 일본 등 '외세'에 둔 동시에 미군이 '즉시 철수'해야 한다고 본 점도 눈여겨봐야 한다고 평가했다[108~110].[18]

[100])

17) "조국/민족이라고 하면 무엇(어떤 이미지)이 떠오르는가?"는 총련계열 조사에서 빈번히 등장하는 항목이다.

18) 유학동 효고지방본부에서 펴낸 ≪함성(喊聲)≫을 보면, 5호(1978.7.22 발행)에 "제3회 재일동

그림 4-7 _ 남북 분단의 원인

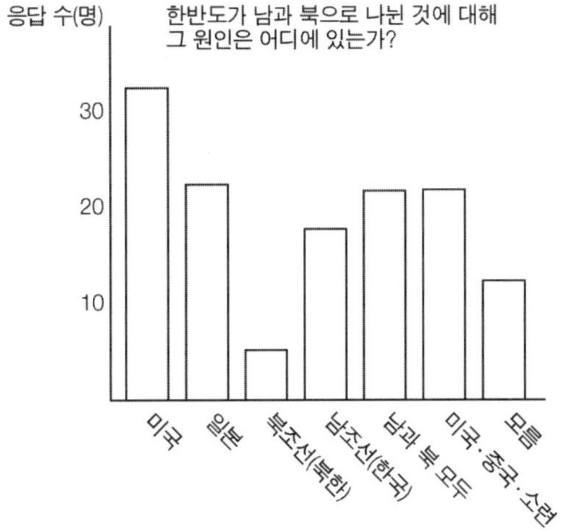

자료: 재일본조선유학생동맹 교토지방본부 ≪건설자≫ 편집위원회(1977: 105).

연번 10(「일본의 대학에서 배우는 재일동포 조선인 학생 앙케트 조사」)은 "총련 결성 25주년 기념사업"의 일환으로 마련된 조사였다. 각종 세대론, 풍화론, 동화론에 대한 검증을 주요 안건으로 내세웠다. 즉, 조사자들은 "2세와 3세를 '조국을 알지 못하면서 재일을 전제로 하여 사는 세대'라고 강조하고 그들의 민족의식의 '풍화 현상'을 절대시하여 모든 '재일조선인 문제'를 논하는 그 사대주의적 자세에 대해 강한 의문"[52]을 품었다. 이것은 앞서 연번 9와 비슷한 문제의식이라고 할 수 있다. 또 조국관/민족관의 질문 항목에 한국의 미군 주둔과 민주화 그리고 자신과 조국 통일 간의 관계에 대한 질문도 어김없이 포함되었다. 이 질문들에는 '동화'와 '풍화' 현상 이면에 미국의

포 건강 실태조사"에 참여할 인원을 모집한다는 광고가 실려 있다. 8월의 하계 방학을 이용해 실시될 예정이었던 이 조사는 "단순히 재일 1세를 중심으로 한 재일조선인의 건강 실태를 조사하는 것만이 아니라, 1세의 생활, 의식을 포함한 총괄적이고 종합적인 조사를 할 예정"이라고 되어 있다(留學同兵庫地方本部, 1978: 27).

한반도 분열 정책, 일본 정부의 재일조선인 동화 정책, 남한 정권의 재일동포에 대한 기민 정책이 존재한다는 인식이 자리하고 있었다. 또 표면적으로 관찰되는 '귀화'와 '국제결혼'의 증가가 필연적으로 2, 3세의 '조국/민족 이탈'로 볼 수 없다는 점을 확인하기 위해 선지형 문답이 아니라 기술형, 필기형 문답을 만들기도 했다[53].

연번 10이 연번 9와 비교해 한 가지 특이한 점은, 유학동 소속 여부가 민족의식의 차이에 어떤 영향을 미치는지를 측정하기 위해 표본을 대조군의 형태로 구성한 점이었다. 설문에 응한 507명의 학생 가운데 유학동 조직에 속한 학생은 203명, 비조직 학생은 304명이었다. 조사자들은 이들 간 응답을 비교하여 제시한 후 최종적으로는 "재일 2, 3세의 민족의식이 자라는 장소는 그들의 가정이 아니라 각 대학에 있는 '조선문제연구회'나 유학동 조직이었다"는 결론을 내렸다[57]. 연번 9와 연번 10의 사례에서 보건대, 한반도의 정치 상황과 조국 통일에 대한 지대한 관심이 총련계열 사회 조사 전반을 지배하는 분위기였음을 확인할 수 있다.

참고로 총련계열의 조사가 이후로 어떤 방식으로 수행되었는지에 관해 필자는 전혀 정보를 구할 수 없었다. 1990년대 접어들어 총련에서 사회과학 전문가를 위촉해 본격적인 사회 조사를 실시하려는 기획이 있었다는 점이 몇몇 구술 자료를 통해 확인은 되지만,[19] 그것은 실제로는 성사되지 못했던 것으로 보인다. 총련계열의 조사가 대단히 적은 이유에 대해서는 좀 더 깊이 있는 논의가 필요해 보인다.

---

19) 1990년대에 민단 청년회의 의뢰를 받아 재일한인 사회에 대한 조사를 주관했던 김명수 교수는 1993년 민단 조사 즈음에, 총련계의 유학동에서도 마찬가지의 대대적인 조사가 계획되고 있었고, 사회 조사 실무자로 본인이 위촉을 받은 바 있다고 말했다. 다만, '사상 문제'로 섭외 단계에서 해촉이 되는 바람에 자신은 민단 쪽 조사로 선회했다고 밝혔다[김명수 교수와의 인터뷰(2016년 8월 11일, 11:00~13:00, 연세대학교 인근 어느 카페)].

5. 민단계열의 사회 조사

앞에서 분석한 총련계열의 사회 조사와 비교할 때, 민단계열의 사회 조사는 1980년대 이후로 대단히 활발히 전개되었다. 예를 들어, 1993년에 민단 청년회 주관으로 실시된 조사는, 비록 한국적 청년들에 대한 조사라는 한계는 있지만, 민단이 보유한 명부 자료에 기초해 무작위 표본추출(random sampling)을 통해 전국 규모로 체계적인 사회과학적 조사를 실시했다는 점에서, 마이너리티 서베이의 역사 속에서 세계적으로도 유례를 찾아볼 수 없을 정도로 획기적인 조사로 평가할 수 있다. 민단계열의 조사는 그 주체의 차원에서 청년상공회(青商)와 민단 청년회 그리고 기타 기관으로 나눌 수 있다.

1) 청년상공회 주관 사회 조사

연번 11(「재일한국상공인의 의식과 실태조사」)은 1978년에 발족한 도쿄 한국청년상공회의 창립 5주년을 기념하여 실시된 조사로, 기관지인 ≪청상(青商)≫(1982.12)에 실려 있다. 2, 3세 위주로 재일한인 사회가 재편되고 있다는 점, 일본 경제의 침체 속에서 재일동포 상공인의 경영 환경이 더욱 엄혹해지고 있는 상황이라는 점이 조사의 배경으로 언급되었다. 조사에 참가한 이의 증언에 따르면, 민족 금융기관에 대한 평가에서, "상은(商銀)은 좀 더 영세 기업 육성에 힘을 다했으면 한다", "일본의 금융기관에 비해 서비스 등이 좀 떨어진다", "거래 조건이 맞지 않는다" 등의 절실한 호소가 나왔다. 상공인 조사이기 때문에 경영 환경과 요망에 대한 조사가 이루어진 것인데, 민족 금융의 역량 부족과 영세 기업 대책의 불비(不備)가 주요 문제로 부각되었다(金勇光, 1982: 23). 이 조사는 태생지(일본 태생이 67.8%, 본국 태생이

표 4-8 _ 민단계열 청년상공회가 주관한 재일한인 사회 조사

연번	보고서 제목	조사 시기	표본 구성 및 비고
11	「재일한국상공인의 의식과 실태조사(在日韓國商工人の意識と實態調査)」(1982)	1982.9.1 ~10.2	· 도쿄 한국청년상공회 주관. · 1,103/1,165(회수율 95%) · 방문 개별면담.
12	「재일한국상공인의 의식과 실태조사(在日韓國商工人の意識と實態調査)」(1989)	1989.3.1 ~5.31	· 도쿄 한국청년상공회 주관. · 3,119/4,000(회수율 80%)
13	「재일한국인의 사회성층과 사회의식 전국 조사보고서(在日韓國人の社會成層と社會意識全國調査報告書)」(1997)	1995.2.18 ~1996.10.31	· 재일한국청년상공인연합회 주관. · 모집단은 20세 이상의 한국적 남성. · 민단이 보유하고 있는 한국국민등록 대장에서 등간격 추출법으로 표본추출. · 899/1,280(회수율 70.2%)

32%)와 직업 형태(경영자/피고용자)를 비교, 측정의 변수로 삼았다. 질문 항목들은 대체로 이 시기에 실시된 다른 조사들과 대동소이하고, 다만 상공인 조사로서 다소 이채를 띠었다. 예를 들어 비경영자(피고용자)의 의식 조사 가운데 "동포 상공인에 대한 이미지"를 묻는 설문이 마련되었는데, 그 장점으로는 "생동감이 있다"(73.5%), "경영 수완이 좋다"(53.5%)는 점이 확인되었고, 단점으로는 "인간성이 훌륭한 인격자가 적다"(64.7%), "공사 구별이 없다"(64.4%)는 것이 지적되었다[67].

연번 12(「재일한국상공인의 의식과 실태조사」)는 연번 11의 연장선상에서 창립 10주년을 기념하여 실시된 조사다. 우선적으로 눈에 띄는 것은 회수된 조사표 수가 약 3배에 달한다는 점이다. 이것은 조직세의 강화, 확장을 반영한다. 당시 전국적으로 23개소에 청상이 존재했고 회원도 1500명에 달하는 등 3년 전과는 판이한 상황이 되어 있었고, 1988년 서울올림픽의 성공적인 개최로 청상들 안에서 열기가 한껏 고무되어 있었다는 점도 감안할 필요가 있다[10]. 조사 결과가 실린 자료의 명칭도 『도쿄 한국청년상공회 청상 운동 10주년 기념지』로 되어 있는데, 이 점은 전국적인 규모의 조직을 통해 조사가 실시되었다는 점을 반증한다. 도쿄에서 출발한 청상 조직은 1981년에 청상연합회의 설립으로 이어졌고, 1984년에는 다시 (민단 산하의) 재일한국인상공회연합회의 산하 단체로 편성이 되었다. 이러한 조직상의 변화가 사회 조사의 실제 과정에 투영되었던 셈이다.

5주년 기념 조사와 비교해 새로운 점을 꼽아본다면, ① 민단 활동에 대한 참가도(단비의 납부, 행사 참여도)[20]와 ② 민단에 대한 기대 사항[21]을 조사한 것을 들 수 있다[26~27]. 서용달(徐龍達, 1989: 72)은 이 조사에 대한 논평에서 ③ '정주 외국인' 개념을 전면화하여 '공생'을 통해 일본 사회를 개혁할 수 있는 추동력으로 삼아야 한다는 구상을 제시하기도 했다. 이 글에서 서용달은 가와사키시의 후레아이관을 '공생'의 구체적인 구현체로 평가하고 재일한인 사회가 그 방향으로 나아가야 한다고 제언했다.[22] 이 조사의 결과물로서 제시된 '청상'의 정의와 방향은 "재일한국인으로 일본 땅에서 태어난 집단으로서, 고유한 정체성을 가진 정주 한국인 사회를 일본 사회 및 국제 조류에 조화해 가면서 힘차게 추진해 가는 청년상공인의 대중 단체"였다[138].

연번 13(「재일한국인의 사회성층과 사회의식 전국 조사보고서」)은 청상연합회에서 설립 15주년(청상연합회 설립은 1981년)을 기념하여 실시한 조사로서 스스로 "청상 주관 제3차 조사"로 자리매김했다. 이전의 두 조사에 비해 보다 전문적이고 체계적인 성격을 띠었는데, 그것은 표본의 구성 단계에서부터 잘 확인된다. 이 조사는 모집단을 "20세 이상의 한국국민등록에 등재된 직

20) 단비 납부는 84.1%, 행사 참여는 50.7%.

21) 복수응답 조사의 답변에서 45.4%가 법적 지위 문제, 41.7%가 생활 문제/권익 문제, 22%가 남북문제, 13%가 조총련과의 대화였다.

22) 배중도는 필자와의 인터뷰(2018.2.9)에서 민투련의 노선이 민단에 큰 영향을 미쳤다고 강조한 바 있다.

업이 있는 남성"[iii]으로 설정했는데, 이것은 다음과 같은 심각한 격론을 거친 산물이었다. '조사의 목적과 경위'에는 다음과 같은 내용이 실려 있다.

○ 모집단의 설정: 15주년기념사업회의 답신에서 "상공인에 제한하지 말고 전 동포를 대상으로 하자"는 안이 제출되었는데, 이에 대해 격론이 오갔다. 그 쟁점은,

(1) "전 동포적 가치"라고 하게 되면 조총련 산하의 동포들도 조사 대상에 넣어야 한다는 문제: 명부를 입수하기 위해서는 총련 조직에 본 사업의 의의, 목적을 설명하고 협력을 얻어야 한다. 조사표의 작성에도 본 회의가 의도하는 바와 다른 것으로 흘러갈 수 있다. 민단과 총련 사이에 이런 정도의 친화성은 아직 없다. 이 험로를 어떻게 극복할 것인가?

(2) 양성평등의 문제: 여성도 조사 대상으로 해야 하지만 청상의 회원 대부분은 남성이다. 미혼 여성 방문 조사는 괜한 오해를 가져올 수 있고, 기혼 여성은 육아와 가사에 바쁜 주부가 다수다.

결과적으로 (1)에 대해서는, 조총련 산하 동포 이외에, 민단과 총련의 어디에도 속하지 않는 조선적 동포가 존재한다. 이 부분에 관해서는 총련도 파악하고 있지 못하다. 그리고 민단 명부와 총련 명부를 대조하여 중복되어 있는 수를 삭제해야 하는데, 시간적으로도 비용적으로도 불가능하다. (2)에 대해서는, 여성의 조사는 미혼, 기혼, 자녀 유무 등에 따라 차이가 크다. 통계학적으로 일본만이 아니라 세계적으로 그렇다. 남성의 특성도 여성과 달라 조사표 설계가 어렵다. 그러므로 이번 조사에서는 단념할 수밖에 없다[ii ~ iii].

게다가 조사 기간을 보면 통상의 조사들과는 달리 1년 8개월이 소요되었는데, 거기에도 사정이 있었다. 민단이 관리해 온 '한국국민등록'의 명부에

그림 4-8 _ 연령에 따른 직업 위신의 변천

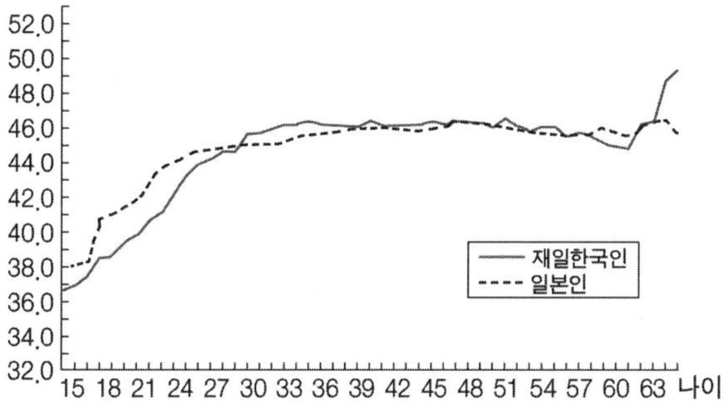

자료: 在日韓國靑年商工人連合會(1997: 19).

기재된 인원을 모집단으로 설정했지만, 실제로 조사를 수행해 보니 사망, 전거(轉居) 등으로 부재한 단원의 상황이 정확하게 등록원표에 반영되지 않은 지역본부가 많았던 것이다. 이들을 제외하고 다시 표본추출 작업을 수행했어야 하는 관계로 시간이 지체되고 또 전체적으로 조사 표본 수도 줄어들었다.

이 조사에서 인상적인 점은 재일한인의 교육 연한, 취직(직업 위신), 세대 간 계층 이동이 일본 사회의 그것과 점차 동기화(synchronized)되어 가고 있음을 새롭게 발견한 것이다. 직업 위신의 경우, 최초의 직장 선택에서 재일한인이 열세에 있지만 동포 사회의 비공식적인 네트워크를 통해 이를 극복해 가고 있으며, 자영업 기반의 사업 구성이 오히려 세대 간 계층 이동의 자원으로 활용되고 있다는 점이 이 조사를 통해 확인되었다. 이를 상징적으로 보여주는 것이 〈그림 4-8〉의 그래프다.

2) 민단 청년회 주관 사회 조사

연번 14(「아버지, 들려주세요. 그날의 일을」)는 "우리의 역사를 되돌아보는

표 4-9 _ 민단 청년회가 주관한 재일한인 사회 조사

연번	보고서 제목	조사 시기	표본 구성 및 비고
14	「아버지, 들려주세요. 그날의 일을(아버지聞かせてあの日のことを)」(1988)	1982.10.25~1983.1.15	· 재일본대한민국청년회 주관. · 1910~1945년 사이에 일본에 도항해 온 자(도항 당시 기준 12세 이상). · 민단에서 보유한 한국국민등록명단 명부에서 표본추출. · 1,106/4,205(회수율 26%)
15	「제3차 재일한국인 청년 의식 조사: 중간보고서(第3次在日韓國人青年意識調査: 中間報告書)」(1994) [*福岡安則·金明秀, 『재일한국인 청년의 생활과 의식(在日韓國人青年の生活と意識)』(東京大學出版會, 1997)으로 출간됨]	1993.6.31~9.21	· 일본 태생의 18~30세 한국적 소지자. (*귀화하여 한국적을 상실한 청년, 조선적을 가진 청년은 제외.) · 민단 청년회에서 보유하고 있는 명부에서 등간격 무작위 추출.[1)] · 자기기입식(自計式) 조사.[2)] · 800/1,723(회수율 46.4%)
16	「제4차 재일한국인 청년 의식 조사(第4次在日韓國人青年意識調査)」(2014)	2013.5.2~5.31	· 451/4,000(회수율 12.7%) · 우편조사법.

주: 1) 민단의 명부는 도시부에 편중되어 있다는 점, 성인식을 즈음하여 정비하는 것으로서 따라서 20세 부근의 인구에 대한 파악이 가장 정확하고 연령이 상승할수록 오차가 많다는 점이 특징이다.
2) 조사원이 피조사자에게 질문하여 그 답변을 조사표에 기재하는 방식의 타계식 조사(他計式調査)는 개인의 미묘한 의식의 측정에는 한계가 있다.

운동"의 일환이라는 취지로 실시된 것으로서, '아버지'라는 말처럼 재일 1세들의 역사를 기록한다는 의미를 담고 있었지만, 이를 조사하고 기록으로 남기려는 의지 자체는 재일 2세들의 것이었다. 일본 교과서의 역사 왜곡이 문제로 제기되는 국면에서 "① 민족사의 계승과 창조, ② 기성세대의 족적을 통한 청년의 주체 의식 환기, ③ 실천과 학습을 통한 간부 대열의 강화"를 위해 이 조사는 기획되었다. 조사 내용은 피조사자들의 기본 속성, 도항 상황, 일제의 조선통치정책에 대한 의견, 도일 당시의 생활, 해방 이후의 생활, 민족운동 참여 상황, 민족 교육, 귀화와 귀국의 의지, 청년회에 대한 의견 등이었다. 이 조사에서 핵심적으로 제기된 점은 재일 1세의 귀국 의지에 관한 것이었다. "현재 귀국에 대해 어떻게 생각하십니까?"라는 질문에 대한 답변은, 귀국할 의사가 없다(44.8%), 귀국하고 싶지만 포기하고 있다(24.8%),

사정이 허락하면 귀국한다(20.9%), 장래 꼭 돌아간다(6.2%), 불명확(3.3%)으로 집계되었다[77]. 이에 대한 해석은 다양할 수 있는데, 장래 꼭 돌아가겠다는 의견을 제외한 나머지는 '현재로서는' 귀국이 불투명하거나 아예 할 수 없다는 의견으로, 실질적인 의미에서 '정주 지향'으로 해석할 수 있다.

조사 자료 가운데 자유 회답을 분석한 김양기는 재일 1세들이 한국에서도 일본에서도 외국인이라는 느낌을 갖는다는 점, 조국과 왕래를 거듭하면서 오히려 조국의 동포들과 커뮤니케이션 갭이 있다는 사실을 인지하기 시작했다는 점, 해방 이후에는 76.5%가 귀국을 희망했지만 조사 당시에는 대다수가 실질적인 의미에서 귀국 단념자가 되었다는 점을 언급했다. 그는 재일한인 사회에 존재하는 '정주(定住)'의 아이디어를 민단에서 처음으로 공식화한 조사라고 이 조사의 의미를 적극적으로 평가했다[87~90]. 이러한 점을 미루어 보건대, 이것은 총련에서 수행해 온 조사들의 성향, 특히 조국 지향과 본국 지향을 강조하는 경향을 실증적으로 비판할 수 있었던 자료였지 않았을까 한다.

다음으로 연번 15(「제3차 재일한국인 청년 의식 조사: 중간보고서」)는 정밀한 사회과학적인 조사로서 학계에 정평이 난 조사다. 이전까지의 재일한인 사회 조사는 주로 인권의 견지에서, 또 이상적인 동포 사회의 상(像)을 염두에 두고 진행된 것이었다면, 이 조사는 에스니시티(ethnicity)를 과학적으로 측정해 보겠다는 문제의식에서 실시된 조사였다. 또 전국적으로 동포 사회의 인원 전체를 – 물론 한국적에 한정된 근원적인 한계를 안고 있지만 – 모집단으로 삼아 무작위 추출을 통해 표본을 구성하여 진행한 최초의 조사였다. 이것이 가능했던 데에는 민단이 자체적으로 파악하고 있던 명부가 실제로 존재하고 있었던 점을 감안할 필요가 있다. 〈그림 4-9〉와 〈그림 4-10〉이 그 예다. 이 자료에는 민단 단원 세대주의 이름, 통명, 본적, 직업, 주소, 전화번호 등의 정보가 수집되어 있다.

그림 4-9 _ 민단 가와사키지부의 세대주별 명부(1983년 7월 현재)

그림 4-10 _ 민단 가와사키지부의 단원 세대주 명부의 예(1983년 7월 현재)

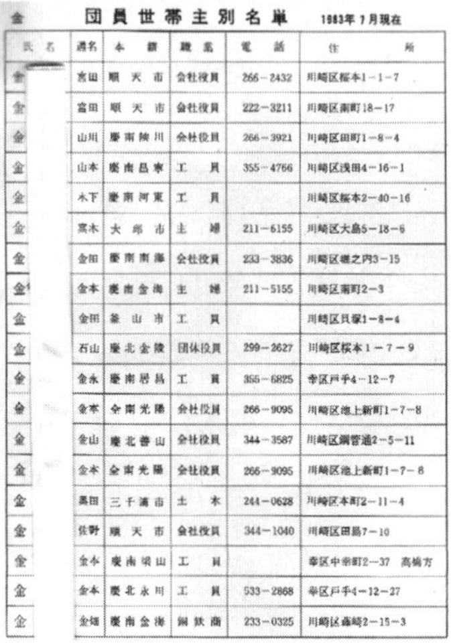

金　団員世帯主別名単　1983年7月現在

氏名	通名	本籍	職業	電話	住所
金	宮田	順天市	会社役員	266-2432	川崎区桜本1-1-7
金	富田	順天市	会社役員	222-3211	川崎区南町18-17
金	山川	慶南陝川	会社役員	266-3921	川崎区田町1-8-4
金	山本	慶南昌寧	工員	355-4766	川崎区浅田4-16-1
金	木下	慶南河東	工員		川崎区桜本2-40-16
金	高木	大邱市	主婦	211-6155	川崎区大島5-18-6
金	金田	慶南南海	会社役員	233-3836	川崎区堀之内3-15
金	金本	慶南金海	主婦	211-5155	川崎区南町2-3
金	金田	釜山市	工員		川崎区貝塚1-8-4
金	石山	慶北金陵	団体役員	299-2627	川崎区桜本1-7-9
金	金永	慶南居昌	工員	355-6825	幸区戸手4-12-7
金	金本	全南光陽	会社役員	266-9095	川崎区池上新町1-7-8
金	金山	慶北善山	会社役員	344-3587	川崎区鋼管通2-5-11
金	金本	全南光陽	会社役員	266-9095	川崎区池上新町1-7-8
金	黒田	三千浦市	土木	244-0628	川崎区本町2-11-4
金	佐野	順天市	会社役員	344-1040	川崎区田島7-10
金	金本	慶南[illegible]	工員		幸区中幸町2-37 高橋方
金	金本	慶北永川	工員	533-2868	幸区戸手4-12-27
金	金畑	慶南金海	鋼鉄商	233-0325	川崎区藤崎2-15-3

〈그림 4-11〉은 실제로 '재일한국인 의식 조사'에 사용된 샘플링 표(지방별, 성별) 사례다. 그런데 재일한인 사회를 모집단으로 한 무작위 표본추출의 가능성, 다시 말해 과학적 사회 조사가 성립하기 위해 필요한 이 조건은 사실은 대단히 이색적이고 예외적인 순간에서나 존재할 수 있다는 점을 상기해 둘 필요가 있다. 민단이라는 조직이 재일한인 사회에서 가졌던 영향력, 지도력, 역량이 어떤 것인지를 가늠할 수 있는 지표가 바로 이 표본추출의 과정을 살펴봄으로써 확인되는 것이다. 민단 역량의 생애사 정도로 이해할 수 있는 대목인데, 이 조사를 직접 주관한 김명수 교수는 다음과 같이 증언한다.

1993년 조사의 경우, 한국적을 가진 사람들을 다 커버했다고 확실하게 말할 수 있다. 당시 민단은 패스포트(passport) 업무를 하고 있었기 때문이다. 당시에는 민단이 주일한국영사관의 여권 업무를 위탁받아 대행했

그림 4-11 _ 민단 조사에 사용된 샘플링(지방별, 성별)

在日韓国人意識調査サンプル地方別男女比 「表 1」

地方名	男	女	小計	有効サンプル 男	有効サンプル 女	地方名	男	女	小計	有効サンプル 男	有効サンプル 女
東京	272	71	343	117	39	大阪	674	223	897	290	136
神奈川	100	55	155	33	19	兵庫	202	90	292	80	49
千葉	26	12	38	8	3	京都	182	72	254	70	38
山梨	6	6	12	3	3	奈良	23	11	34	10	2
栃木	6	4	10	5	4	滋賀	20	16	36	3	1 1
茨城	7	7	14	5	2	和歌山	15	11	26	8	9
埼玉	24	8	32	12	5	広島	3	11	14	3	5
西東京	16	31	47	0	0	岡山	17	20	37	3	7
群馬	4	6	10	1	3	鳥取	5	3	8	1	3
静岡	17	10	27	10	4	島根	2	2	4	1	2
長野	15	5	20	8	4	山口	25	34	59	10	20
新潟	7	3	10	4	3	福岡	52	41	93	30	20
宮城	13	6	19	5	2	長崎	5	1	6	1	1
北海道	11	7	18	7	1	佐賀	4	1	5	2	1
青森	2	3	5	2	2-	大分	4	3	7	0	2
山形	4	0	4	2	0	宮崎	2	1	3	2	1
岩手	1	3	4	1	4	熊本	4	3	7	5	2
秋田	4	0	4	3	0	鹿児島	1	0	1	1	0
福島	5	5	10	1	4	対馬島	0	0	0	0	0
愛知	122	108	230	40	41	沖縄	2	0	2	2	0
岐阜	23	19	42	12	8	香川	3	3	6	1	3
三重	15	14	29	6	8	愛媛	4	4	8	2	3
石川	3	6	9	3	3	高知	1	3	4	0	3
福井	15	6	21	3	2	徳島	1	0	1	1	0
富山	5	2	7	2	2	不明				12	
						合計	1974	950	2924	826	489

자료: 在日本大韓民國民團 在日韓國人意識調査委員會(2001).

다. 물론 한 번 등록을 하면 다시 하는 것은 아니어서, 20세를 즈음해 성인식을 하는 때의 (개인) 정보가 가장 정확하고 그 이후의 연령대에 대해서는 역시 문제가 생길 수 있었다. (그런데 김대중 정부에서 여권 업무를 영사관으로 되돌린 이후로) 민단에서 여권 업무를 하지 않게 되고부터는 정확한 명부를 민단이 보유하기는 어려워진 상황이다. 예를 들어, 1993년의 경우 18~30세까지의 명부가 10만 명이었다면, 20년이 지난 2013년의 조사에서는 약 3만 명 정도에 그쳤다. 그것도 2013년에는 18~35세까지로 연령 구간을 늘렸음에도 불구하고 그렇게 큰 폭으로 축소된 것이다.[23]

23) 김명수 교수와의 인터뷰(2016년 8월 11일, 11:00~13:00, 연세대학교 인근 어느 카페).

현실적으로, 1993년 조사는 재일동포 사회의 세대교체, 3세 청년들에게서 목격되는 '조국과의 정신적인 거리의 확대'와 '민족에 대한 열등감'(민족 일원으로서 자기의 부정)이라는 현실의 위기의식 속에 자리하고 있었다. 더구나 1970년대 이후로 일본 사회도 국제 인권 의식의 조류를 받아들여 크게 변화해 온 가운데 재일한인 청년층의 조직 이탈이 현저해지고 있다는 인식도 자리했다. 재일한인 사회의 민족 비전을 새롭게 제시하기 위해 무엇이 필요한지 확인해 보겠다는 것이 조사의 목적이었다[3]. '민족성', '민족 정체성'을 측정하는 도구는 다음과 같이 설정되었다. ① 제사를 계승하려는 의지, ② 민족 연관 서적의 참조도, ③ 동포 친구와의 교우 희망, ④ 동포와의 결혼 의지, ⑤ 동포 사회에 대한 애착도, ⑥ 민족 관련 지식의 획득도, ⑦ 모국어 능력(독해), ⑧ 모국어 능력(회화), ⑨ 본명의 사용도, ⑩ 국적을 유지하려는 의지[71].

이 조사의 결론은 다소 독특했다. 통상 '동화/반동(reaction)'론에서 민족 정체성 형성의 주요 요소로 간주되는 '피차별 경험의 유무'라는 변수가 실제로는 (그 자체만으로는) 민족 정체성 형성에 큰 도움이 되지 않는다는 것이었다. 또 조사 결과 예전의 '민족성'과는 다른 모습의 민족 정체성이 재일한인 사회에 구현되어야 할 필요성이 제기되었다. 예를 들어, 모국어를 사용하는 인구가 이미 소수가 되고 민족사에 대한 지식 역시 크게 부족하며 모국에 애착이 별로 없는 상황 속에서도 여전히 민족 사회의 구심력이 작동하고 있는 사실에 비춰 볼 때[154~155], '민족성', '민족 정체성'이라는 것은 상속되거나 계승되는 것이 아니라 '획득'되는 무엇으로 보아야 한다는 점이 강조되었다. 다시 김명수 교수의 증언이다.

> 피차별 체험, 사회 계층은 재일코리안의 경우 (민족 정체성 형성과) 직접적인 관계를 맺지 않는다는 사실을 발견했다. 이 두 가지는 일본 사회와

의 관계에서 나오는 수동적인 방식의 아이덴티티 형성이라는 발상인데, 1993년 조사에서는 그것은 없었다. 아이덴티티는 주체적으로 만들어가는 측면이 있다. 에스닉 아이덴티티가 하나인 것도 아니다. 적어도 두 가지인데, 첫째 정치의식이나 민족 문제에 대한 자각, 민족적 자부심 같은 것과, 둘째 동포 사회와 정서적으로 가까워지고 싶다든지 동포 친구가 좋다든지 민족의 역사에 관심을 갖는다든지 하는 것이 있다. 인지적인 측면에서 배워가면서 획득되는 아이덴티티가 있는 것이다. 민족 교육을 많이 받으면 받을수록 강해지는, 민족단체가 주관하는 (민족운동이 아니더라도) 이벤트, 예를 들어 성인식 같은 데에 한 번이라도 좋으니까 참여하러 간다는 정도의 아이덴티티. 획득, 그러니까 어치브먼트(achievement)로서 몸에 익혀지는 측면도 있고……. 아이덴티티에 대한 두 개의 분기를 확인한 것이 1993년 조사에서 얻은 중요한 발견이었다.[24]

연번 16(「제4차 재일한국인 청년 의식 조사」)은 2007년 2월에 채택된 민단 청년회의 "제5 선언문"에서 지향된 '새로운 가치의 창출', 구체적으로 "시대와 사회의 변화에 도전하여 국적의 틀을 넘어 출자(出自)를 존중하는 3·4세에 유연한 재일동포 사회를 만들어갈 것을 맹세"한다는 이념 위에서 실시되었다(연번 16: 'まえがき'). 이 조사는 연번 15의 조사를 문제의식과 방법론 면에서 계승하여 20년간의 변화 추이를 살피고 이를 비교한다는 관점에 섰다.

그러나 이 과제는 그리 녹록한 일이 아니었다. 우선 현실적으로 이 두 조사 사이에는 급격한 사회 변화가 있었다. 예를 들어, 2002년 한일공동 월드컵, 일본 사회에서의 한류 붐, 다문화 공생의 실천이라는 긍정적인 측면과, 북한의 납치 문제, 2005년의 혐한류 의식, 2006년 이후의 재특회('재일 특권

24) 김명수 교수와의 인터뷰(2016년 8월 11일, 11:00~13:00, 연세대학교 인근 어느 카페).

[상자글 4-4] 한국국민등록명단

재일본대한민국민단(민단)이 관리하는 한국적 주민의 기간 데이터베이스의 명칭이다. 가족 단위로 이름, 주소, 생년월일 등이 기재되어 있고, 그 모양은 일본의 지방공공단체가 관리하는 주민표와 비슷하다. 다만, 주민표는 주민등록에 기초하여 작성되지만, 한국국민등록명단은 재외국민 등록이나 여권 발급 등의 영사 업무에 기초하여 작성된다. 여권 발급을 예로 들면, 여권 신청 시에 신청자 가족의 이름, 주소, 생년월일을 신고하게 되어 있기 때문에 그때까지는 이론상 '재일한국인'이 거의 망라되어 있다. 민단 청년회는 이 가운데 18~30세의 복사한 정보를 기초로 사업을 했고 3차 조사의 시점에는 그 수가 대략 10만 명에 달했다(在日本大韓民國靑年會, 2014a: 2).

을 용인하지 않는 시민 모임')를 중심으로 한 헤이트스피치 등 부정적인(negative) 측면이 일본 사회 및 재일한인 사회에 영향을 미치고 있었다.

또 방법론적으로도 두 조사 사이에는 커다란 격차가 존재했다. 연번 16의 경우, 애초의 조사 설계 당시에는 연번 15의 흐름을 따라간다는 목적의식이 표명되었지만, 재일한인 사회의 현실 자체가 이미 크게 변한 탓에 그 계획은 좌절되었다. 여기에는 민단 자체의 조직적 역량의 약화라는 현실이 큰 영향을 미쳤다. 앞에서 잠시 언급했듯이, 그간 민단은 한국 정부의 영사 업무(여권 발급)를 대행하면서 얻은 자료들을 기초로 한국국민등록명단의 명부를 작성·유지해 왔던 것인데, 2000년대 접어들어 한국 정부가 '재일한국인의 여권 발급은 한국영사관이 아니라 원칙적으로 민단이 한다'는 방침을 철회했고 2008년 전자여권의 도입으로 민단이 여권 업무의 위탁, 중개에 개입하는 것마저도 모두 중단되는 사태가 발생했던 것이다. 그 결과, 2013년 시점에서 민단 청년회가 보유한 명부는 2만 명을 하회하고, 명부를 갱신할 기회가 감소되었기 때문에 그 정밀도도 크게 저하되었다. 조사 결과, 회답자의 17.1%는 이미 일본 국적을 취득한 상태로 밝혀지기도 했다[2~3].

조사자들은 조사의 수행 과정에서 "한국적·조선적을 요건으로 하는 한, 이미 재일한국·조선인의 실태를 파악하는 것이 곤란한 시대가 되어 있는 것"[6]을 더 절감하게 되는 아이러니한 사태에 직면하게 되었다. 조사자들은 오히려 새로운 개념 정립을 제안하기도 했는데, "민단은 (2014년) 지금도 일본적인 이들의 단원 자격을 '준구성원'으로만 인정한다. 그러나 일본 국적 보유자도 재일한국·조선인의 주된 구성원이라는 사실에 주의할 필요가 있다"[7]는 것이었다. '민족성', '민족 정체성'에 대한 유연한 접근을 강조하면서 1980년대 이후 귀화가 '정주화의 편리성'이라는 생활 차원의 문제로 전환되었다는 점도 상기시켰다. 그리고 국적으로 한정, 제한되지 않는 전체 재일한인으로서의 긍지를 가지는 것이 중요하다는 것으로 결론을 맺었다[69].

이 외에 민단에서 실시한 조사로는 「2000년도 재일한국인 의식 조사 중간보고서(2000年度在日韓國人意識調査中間報告書)」(在日本大韓民國民團 在日韓國人意識調査委員會, 2001)와 「재일동포의 자녀교육에 관한 앙케트 조사보고서(在日同胞の子育てに関するアンケート調査報告書)」(在日本大韓民國民團·中央民族教育委員會, 2008)가 있다. 전자는 민단이 보유한 명부의 갱신 작업을 예비 과제로 삼았다. "민단의 국민등록명부 정비는 획기적인 사업이 될 것이다. 2002년 3월까지 신뢰할 수 있는 국민등록명부의 정비가 완료될 것이고, 이것은 세계사에 유례가 없는 에스닉 마이너리티의 샘플링 대장(臺帳)이 될 것"이라는 기대를 표명했다. 이 점은 사회 조사 방법론상의 의제인 동시에, 재일한인 사회에 대한 민단의 장악 및 조직화의 의지를 보여주고 있다고 할 것이다. 후자의 경우, 매우 흥미로운 언급이 발견되는데, 이 조사의 의의를 설명하는 한 필자는 "이 조사의 대상은 50~60대를 중심으로 자녀 교육을 마친 2세와 30~40대를 중심으로 자녀 교육 중인 3세로 구분할 수 있다. 다소 변화가 목격된다. 우선 3세는 2세에 비해 '차별'을 느끼는 정

도가 감소하고 있다. 그렇다고 3세의 '민족성'이 2세에 비해 엷어지고 있는 것은 아니다. 오히려 3세 부모들이 민족 학교, 민족 교육의 필요성이나 재일코리안으로서의 에스닉 아이덴티티(민족명, 재일의 역사 교육 등)를 중시하는 사람들의 비율이 높아졌다고 판단된다. 이 3세들의 새로운 흐름에 맞춰 새로운 민족 교육을 구축할 필요가 있다"(朴一, 2008: 28)고 제안하고 있다. 재일한인 사회의 민족 아이덴티티라는 것이 시간/전통의 지속과 계승이라는 차원의 문제가 아니라, 일상적인 삶의 경험과 계기를 통해 나날이 획득, 갱신되는 것임을 명확히 보여준다고 하겠다.

참고로, 「교토시의 인권문제에 관한 의식 조사보고서(京都市人権問題に關する意識調査報告書)」[(財)世界人權問題硏究センター, 2000]와 「재일조선인 여성 실태조사(在日朝鮮人女性實態調査)」(アプロ女性實態調査プロジェット, 2005)의 보고서도 확인된다. 이 가운데 후자는 재일한인 여성의 삶의 실태를 드러낸 것으로서, 재일한인 가족의 가정 내 폭력과 가부장제에 대한 양적·질적 조사의 결과물을 싣고 있다는 점에서 유례를 찾아볼 수 없는 대단히 이색적인 조사였다.

6. 맺으며: "마이너리티 사회 조사는 가능한가?"

1970년대 후반은 일본 국가의 동화 정책으로 말미암아 재일한인이 비가시성의 영역에 고착되었던 시대인 동시에, 인구학적으로 1945년 이후 태어나 자란 재일 2세들이 한인 사회의 주류가 되면서 언어와 문화에서 재일한인이 '비로소' 보이지 않게 된 시대이기도 했다. 다시 말해, 일본에서 나고 자라 일본의 교육 제도 속에서 학업을 이어가고 일본인과 국제결혼을 하는 거대한 인구군이 등장하는 가운데, 일본 사회에서 이질적인 언어와 문화,

혈통 의식으로 독특한 개성을 뿜어내던 재일한인의 존재는 점차 잊혀져 가고 있었던 것이다. 재일한인에 관한 사회 조사는 이 점증하는 비가시화의 현실적 위기에 맞서 적극적인 가시화를 통해 존재로서의 발언(의제의 구성 및 제기, 자아상의 구축)을 하고자 했던 일련의 시도라고 할 수 있다. 그것은 사회 조사를 통해 일본 국가 행정의 여러 사각지대를 드러내어 비판하는 흐름으로도 이어졌다.

한편, 재일한인에 관한 사회 조사는 한인 사회의 주력을 형성하고 있던 민족운동, 사회운동의 핵심 세력이 실시했다. 민단, 총련, 민투련/혁신자치체 등이 그들이다. 이들에게 사회 조사란 모두 재일한인 사회의 구성과 동태 그리고 변화를 파악하고 이 정보를 통해 한인 사회를 장악하기 위한 자원을 구축하고자 한 의식적인 실천이었다. 이는 재일한인 사회 내에서의 재현 경쟁(competition of representation) 또는 헤게모니 경쟁으로 평가될 수 있을 것이다. 사회 조사의 과정은 종종 각 정치세력별로 재일한인의 개념과 범주 그리고 경계를 자신의 방식대로 (재)정의하는 실천을 전제, 동반했다. 나아가 이 실천은 정체성을 자기지시(self-defining)하는 결과를 가져오기도 했다. 사회 조사의 결과물은 다시 그 대상 집단 자신의 정체성, 의제의 구성에 직접적인 영향을 미쳤던 것이다. 재일한인 사회의 정체성의 자기 순환과 강화에 사회 조사는 중요한 역할을 수행했다.

그렇다면 이러한 재일한인 사회 조사(minority survey)는 시간이 누적됨에 따라 방법론적으로 보다 더 정교해지고 과학적인 형태로 진화되어 갔던 것일까? 대단히 아이러니컬한 이야기이지만, 이러한 가시화의 실천들은 사회 조사 본연의 '과학'과 '객관'의 틀을 유지하려 하면 할수록, 오히려 좀 더 깊은 내적 모순과 상충의 수렁으로 빠져들고 그 속에서 좌절하는 결과를 맞이했다. 민단이 국민등록명부의 유지와 갱신에 들인 노력과 정성에도 불구하고 재일한인 사회의 내적 구성이 비가역적으로 변화해 가면서 종내 사회 조사의 목적 그 자체를 달성하기 어렵게 된 최근의 사태는 이를 잘 보여주는 사례라고 할 수 있다.

요컨대, 마이너리티 서베이로서의 재일한인 사회 조사는 통상 스스로 자신의 존재를 가시화하고자 하는 실천이자 침묵을 강요하는 권력에 맞서 발언권을 확보하려는 노력이었던 것이며, 나아가 자신이 연구 대상으로 삼는 인구 집단에 대한 장악력, 헤게모니를 둘러싼 일대 경합, 쟁탈이었던 것이다. 그것은 시종 '과학'과 '객관'을 표방했지만 이를 감당할 만큼의 전형성과 대표성은 확보될 수 없었고, 또 자신이 감당할 수 있는 연구 대상의 규모와 경계를 '조사 개시 이전에' 미리 선택하는 정치적 실천을 감행하는 것일 수밖에 없었다.

오늘날 재일한인 사회는 일반적으로 민족 아이덴티티의 구성 요소로 회자되는 혈연/혼인 관계, 전통/문화, 언어/이름, 국적/귀화의 각 경계선을 따라 파편화되고 분절화된 다중 사회의 모습으로 현현하고 있다. 재일한인 단체들은 전반적으로 역량의 약화 현상을 보이고 있고 사회 조사의 기술적인 환경도 표본추출의 난관은 물론 개인 프라이버시 보호의 필요성 속에서 점차 더욱더 녹록지 않은 사업이 되어가고 있다. 가시화를 위한 제도적인 조건은 더욱 악화되고 있는 것이다.

그러나 현재 재일한인 사회 조사가 맞이한 여러 한계 상황에도 불구하고, 그것이 일본 사회 속에서 재일한인의 존재를 가시화하고 발언권을 확보해낸 점, '공생'과 '연대'의 아이디어를 제기한 점, 활동과 참여를 통해 '획득'되는 것으로서 민족 아이덴티티를 새롭게 규정한 점 등은 여전히 중요한 성과로서 빛을 발할 것이다.

제3부

문화 표상

제5장

전후(戰後)를 사는 '오모니'*

재일한인 모성 표상의 계보학

정호석

1. 일본 사회 속 '오모니'

1) '오모니'라는 질문: 재일한인 여성 표상의 전후적 발자취

이 글은 '오모니'라는 표현을 중심으로 전후 일본 사회에서 재일한인 여성 표상이 갖는 역사성의 일단을 밝힐 것을 목적으로 한다. 이하에서는 재일한인 1세 여성들을 '오모니'로 호명·재현해 온 다양한 텍스트군을 '오모니 담론'이라 칭하고 분석의 대상으로 삼는다.

'오모니(オモニ)'란 우리말 '어머니'의 일본어 가타가나 표기다. 일본어에는 물론 '어머니'를 뜻하는 '오카아상(お母さん)'이라는 단어가 있지만 재일한인이나 한국인에 대해서는 원어의 발음을 살린 '오모니'라는 말이 종종 쓰인다. 그런데 '오모니'(이하 문맥에 따라 인용부 생략)는 그 역사가 오래고 쓰

---

* 이 글은 ≪일본비평≫, 11권 2호(2019, 통권 21호)에 실린 논문에 제5절을 추가하여 대폭 수정, 보완한 것이다.

임도 넓다. 일제 시기부터 쓰이기 시작한 이 말에는 식민지 한반도에서 생활한 일본인들의 기억이 짙은 그림자를 드리우고 있으며 해방 후 일본에서 나고 자란 한인들의 어머니 및 모국, 모국어에 대한 애틋한 감정이나 자신들의 '뿌리'에 대한 고민이 단단히 얽혀 있다. 더욱이 흥미로운 점은 이 '오모니'라는 말의 쓰임이 결코 재일한인 사회에 한정되지 않는다는 사실이다. 물론 그간 '오모니'를 주로 언급한 이들은 한인들이었다. 특히 1970년대 이후 한인 사회의 주역으로 등장한 2세들은 공적인 자리에서 유년의 기억 및 가족의 내력을 반추하면서 부모에 대해 발언, 기록하기 시작했고, 오늘날까지 오모니를 둘러싼 상당한 양의 관련 문헌을 축적했다. 한편 그러한 흐름에 일부 자극을 받으면서도 나름의 입장에서 담론을 일구어 온 일본인들의 활동이 있었다. 더욱이 '오모니'라는 표현은 1990년대 들어 신문, 잡지를 비롯한 일본의 대중 매체에 심심치 않게 등장하면서 오늘날 많은 일본인들에게 그리 낯설지 않은 '외래어'로 자리 잡았다. 특히 한인들이 다수 거주하는 오사카 지역의 경우, '오모니'는 한인들뿐만 아니라 일본인들도 "당연히 알고 있는" 말이라고 한다(≪朝日新聞≫, 2003.9.18).

그렇다면 이 '오모니'는 과연 어떠한 질문을 제기하는가? 먼저 '오모니'라 호명된 재일한인 여성들을 가장 먼저 떠올리지 않을 수 없다. 하지만 더불어 기억할 점은 '오모니'라는 표현 역시 나름의 역사를 가진다는 사실이다. '오모니'가 한인 여성들을 인식하고 드러내는 개념 틀이라고 할 때, 그러한 지배적인 표상(representation)의 지난 발자취 및 그러한 표상과 현실 사이의 뗄 수 없는 관계성에 대한 천착이 없다면 현실의 오모니들에 대한 우리의 이해 역시 빈약해질 수밖에 없다. 그간 '오모니'라는 말을 한 이들은 누구이며, 과연 어떠한 입장에서 '오모니'를 언급했는가? 특히 한인들에게뿐만 아니라 일본인들에게 '오모니'란 무엇이었으며, 그러한 '오모니'를 논하는 텍스트들을 일본의 전후 문화 속에 어떻게 자리매김할 것인가? 이러한 구체적인 질문과 함께 우리는 비로소 재일한인 여성을 비춰온 '오모니'라는 프리즘이 갖는 다채로운 면면과 더불어 그 뒤로 가려진 현실의 문제를 보다 섬세하게 그리고 비판적으로 다룰 수 있을 것이다.

이러한 문제의식에서, 이 글에서는 전후 일본에서 '오모니'란 표현이 등장하고 이해되며 또 변주되어 온 주요 장면들을 되돌아본다. 특히, 한인 사회 외부에서의 쓰임새와 더불어 담론이 갖는 사회적 위상에 유념하여 한인 여성들의 '어머니'로서의 모습이 어떻게 해석되었는지를 살핌으로써 '오모니' 표상이 갖는 중층적인 특질에 다가서고자 한다.

2) '오모니' 읽기의 맥락: 소수자의 모성 표상과 문화적 탈식민화

이 글은 민족적 소수자(ethnic minority)의 모성(motherhood)이라는 보다 일반적인 탐구의 일환이자, 재일한인의 젠더화된 문화적 표상과 식민주의의 관계에 대한 기존 연구들의 문제 제기를 계승하는 것이다.

주지하듯 모성과 민족성(ethnicity)은 독특한 관계를 맺어왔다. '어머니 러시아', '어머니 아일랜드', '어머니 인도'라는 표현이 말해주듯이 어머니는 여러 문화에서 민족을 상징해 왔다. 생물학적으로 아이를 출산할 뿐만 아니라 많은 경우 그 아이가 법적·문화적으로 온전한 사회 일원이 되기까지 양육할 의무와 책임이 여성에게 맡겨졌기에, 어머니는 집단체의 생산자이자 집단성의 전달자, 민족 경계의 문화적 표지로 여겨져왔다. 하지만 어머니는 민족의 통일과 명예를 표상하는 '재현의 짐'을 짊어짐에도 불구하고 종종 '우리'에서 배제되며 주체가 아닌 대상(타자)으로 그려졌다. 한편 이러한 '문화적 구성물'로서의 어머니의 이중적 위치가 첨예하게 드러나는 것은 식민화 및 탈식민화의 과정에서다. 반식민 민족주의에 관한 연구에 따르면, 지배를 정당화하는 담론이 종종 식민지를 여성적으로 구성하고 식민/

[상자글 5-1] 오모니 담론에 대한 계보학적 접근

이 글에서 시도하는 고찰은 재일한인 여성을 다름 아닌 '오모니'로 구성해 온 담론적 실천들을 그 출현 및 전개의 역사라는 관점에서 바라보며 종국에는 그러한 과정에 수반되는 심적·도덕적 문제라는 규범적 지평을 시야에 두어야 한다는 뜻에서, 넓은 의미에서의 '계보학' 내지는 '젠더 계보학(genealogy of gender)'에 해당한다.
이러한 접근은 어떠한 사회문화적인 독립 변인들이 오늘날의 현상을 낳았는지에 대한 통시적·인과적인 '설명'을 추구하지 않는다. 그 대신, 현재 '오모니'가 한인 여성들에 대한 현저하게 지배적인 인식의 틀로 자리 잡았다는 사실에서 출발하되, 다양한 이미지들이 사회적 상상(social imaginary)(테일러, 2010) 속에 모습을 드러낸 과거의 주요 장면들에 대한 선별적인 '해석'을 통해 오모니 속에 내재된 복수의 층위를 재발견하고자 한다. 그 속에서 드러나는 역사란, 결코 한인 여성의 특정한 이미지를 귀착점으로 갖는 매끄러운 과정이 아니라, 그들을 '다르게' 상상할 수 있는 가능성들이 지속적으로 분출하는 불연속적인 궤적이다. 또한 '오모니'라는 말은, '여성(women)'이라는 개념과 마찬가지로, 특정한 정의나 기술을 통해 완전하게 표현되거나 요약될 수 없으며 영구적으로 새로운 의미 부여 가능성(resignifiability)을 향해 열린 하나의 장(Butler, 1992: 16), 그 속에서 복수의 의미가 겹치고 또 엇갈리며 다투는 그 자체로서 역사적 궤적을 갖는 공간으로 모습을 드러낸다.

종속이 남성성의 박탈이나 여성화의 과정으로 제시되었기 때문에, 그에 대한 대항적 세력화의 방식 역시 흔히 '마초' 스타일의 정당화를 통한 '민족의 해방 = 남성성의 회복'을 지향하는 모습을 보였다. 또한 이는 피지배 민족 내부에서 여성의 이차적 위치를 당연시하면서도 다른 한편으로 식민자의 '남성적 = 물질적' 우위에 대항하기 위해 '여성성 = 정신성'의 추구를 강화하는 경향을 낳았다(난디, 1993: 32~38; 유발-데이비스, 2012: 57, 91, 114~115, 126).

일본의 경우 역시, 젠더 관계, 특히 모성의 상징적 재편이 식민 지배에서 핵심적인 지위를 점해왔다. 일본은 '현모양처' 이데올로기를 활용해 국민/노동자/병사를 길러내는 어머니의 역할을 강조하는 '위로부터의 근대화'의 도정에서 조선을 식민화하고 제국적 지배에 순응하는 식민지 여성의 양성을 도모했으며, 전시 체제에 들어서는 출산 장려와 '모체' 강화, 모자회 조직, '군국의 어머니' 예찬 등을 통해 '식민지형 어머니'를 육성하며 모성을 군국주의적 동원의 대상으로 삼았다(안태윤, 2006: 92~162). 이러한 모성의 식민화와 궤를 함께한 것이 제국 질서에 봉사하는 젠더화된 조선인 표상이었던바, 그 대표적인 예가 위협적인 남성성으로서의 '불령선인(不逞鮮人)'(Matthews, 2007)과 '순종적이고 근면한 여공(女工)'(권숙인, 2019)[1] 그리고 재조(在朝)일본인에게 고용된 가사도우미 '오모니'였다.

그런데 '폭력적인 불령선인'이 해방 이후에도 범죄 담론의 형태로 재생산됨으로써 한인들의 사회적 요구 및 정치 활동에 대한 억압을 정당화하는 이데올로기로 작용했음이 널리 알려진 데 반해, 조선인 여성 표상의 전후적 발자취에 대한 논의는 미진한 형편이다. 이에, 이 글에서는 한인 2세 및 일본인들이 남긴 다채로운 '오모니' 관련 텍스트를 통해 전후 일본 사회 속 한인 모성 표상의 계보를 추적하고자 한다.

2. '오모니'의 중층성과 오모니 담론 읽기: 기억, 호칭, 표상 그리고 실천/수행

1) 식민 2세가 기억하는 '오모니'와 식민지적 의식의 재생산

그간 재일한인이 걸어온 역사적 궤적 및 그들의 복잡하고 미묘한 정치적 위상은 '오모니'라는 표현에 겹겹의 '의미의 층'을 더했다고 여겨진다. 본격적인 고찰에 앞서 이러한 중층적인 성격을 확인해 보자.

1) 해당 논문은 『일과 생활세계: 1세들의 공간·노동·젠더』('재일한인 연구총서' 1권)(한울, 2020)에, 「일본에 돈 벌러 간 이야기: 1910~1920년대 일본 방직 산업의 조선 여공」이라는 제목으로 실려 있다.

조선에 있던 일본인들은 집안일을 해주던 조선 여성 도우미들을 오모니라 불렀다. 일을 돕는 소녀는 일본풍으로 '오네야'라고 했다(森崎和江, 1995: 65).

우리 집은 형제가 일곱인 대식구. 일 많이 하는 우리 어머니도 아이들이 한창 클 때에는 이웃의 '어머니'의 왕래로 가사일의 도움을 받았다(차은정, 2016: 99에서 재인용).

집 바로 뒤편에 공동의 우물이 있어서 '어머니'들로 늘 떠들썩했다. 마치 싸움이라도 하는 것처럼 큰 목소리로 회의를 하고, 빨래를 하거나 야채를 씻는다거나 양동이의 물을 멜대에 매고 집까지 옮긴다거나, 정말 일을 많이 했다(차은정, 2016: 99에서 재인용)

오모니 담론의 첫째 층위는 식민지적 기억과 관련된다. '오모니'는 재조 일본인들의 가정에 고용된 조선인 가사사용인(家事使用人)을 지칭하는 말이었다. 당시 일본인 가정에는 일하는 사람을 두는 것이 매우 흔했는데 가사나 육아를 돕는 한인 여성들은 '죠추우상(女中さん, 식모)' 혹은 나이나 결혼 여부에 따라 미혼의 경우 '기지배'나 '오네야[언니]', 기혼의 경우 '오모니'로 불렸다(차은정, 2016: 96).

그들은 내지인 사회와 교류를 가진 조선인 사회의 어머니들이 아니었다. 그 어머니들에게 내지인 사회가 던진 조선말을 나는 기억하고 있다. …… 안대[안 돼], 오모니, 이리 있소요[오모니, 일이 있어요], 오모니 있소[어머니 있어요]?, 가라[가!], 갔소[가세요], 오루마[얼마]?, 반무구라[밥 먹었어? — 단순한 인사다], 무리 주소[물 줘요] 이 정도밖에 기억이 안 난다. 17년 동안

있으면서. 이 정도면 필요가 충족되었던 거다(森崎和江, 1995: 29~30).[2]

그런데 인용문이 시사하듯 '오모니'란 조선의 '보통 어머니들'이 아니라 어디까지나 사용인이었기에 그들이 진짜 이름으로 불리거나 하나의 인격으로 여겨지는 일은 거의 없었고, 일본인들이 몇 안 되는 조선어로 지시를 내리는 정도의 관계가 일반적이었다. 이렇게 '오모니'에는 '고용주 = 지배집단인 일본인들'과 '피고용자 = 피식민자인 조선인들' 사이의 비대칭적인 권력관계 및 제한적이고 굴절된 관계 맺음의 양상이 반영되어 있다.

문제는 이러한 사정이 '기억'이라는 회로를 통해 전후에까지 그림자를 드리운다는 점이다. 차은정은 식민 지배하의 경성에서 소학교를 다닌 일본인들의 서사(narrative)를 분석하면서 '오모니'에 대한 기억이 일본의 국민적인 동일성 속에서 이중적인 위치에 처한 식민 2세들의 정체성 구성에 핵심적인 기능을 가진다는 점을 지적했다. 그들에게 '오모니'는 '조선적인 것'의 기억을 매개하는 핵심 요소인데, 그들은 '오모니'에서 가족의 역할 가치를 탈각하고 그 뜻을 조선인 여성 일반에까지 확장시켰다. 또한 전후에도 조선을 추억하는 매개체로 '오모니'를 불러들여 그들의 공통된 경험을 서로 확인하면서 자아를 재구성해 나감으로써, 모든 조선인을 잠재적인 가사사용인으로 바라보던 식민지적 인식을 오늘날에도 무자각적으로 재생산해 왔다(차은정, 2016: 90~91, 100).

2) 이하 인용은 원문 그대로 인용하는 것을 원칙으로 하되 원문 일본어 병기 등은 소괄호 '( )'로, 인용자의 설명은 대괄호 '[ ]'로 표시했다.

2) 자이니치의 이디엄, '오모니': 호칭에 반영된 한인 이산 집단의 혼종 문화

하지만 '오모니'라는 표현의 내실은 결코 식민지적 인식의 재생산이라는 측면으로 한정될 수 없다. 무엇보다 오늘날까지 수많은 재일한인들이 '오모니'라는 호칭을 고수하고 있다는 점을 간과할 수 없다. 여기서 먼저 한 가지 짚고 넘어갈 점은 '오모니'가 당연하게도 하나의 '표기'라는 사실이다. 즉, '오모니'란 무한정 다양하게 존재하는 실제로 발화된 음성언어(parol)가 아니라 그러한 음성언어를 추상화, 표준화한 문자언어(langue)다. 전후 한인들의 집단 거주지에서는 '아버지', '어머니', '아빠', '엄마', '우리나라', '치마', '저고리', '김치', '아이고' 같은 어휘들이 널리 통용되었다. 그런데 여기서 예컨대 '어머니'나 '김치'의 발음이 "오모니"나 "기무치"에 얼마나 가까운지를 따지기란 쉽지 않다. 더욱이 "오마니"나 "짐치" 같은 방언의 존재와 더불어, 같은 어휘라도 지역에 따라 발음의 편차가 상당하다.

그렇다면 굳이 '오모니'라는 표기에 주목하는 의의는 무엇일까? 주지하다시피 일본에서 나고 자란 많은 한인들은 1세 부모나 민족 학교의 교육을 통해 '완벽한' 모국어를 배우지 못했다. 하지만 그럼에도, 즉 완벽한 '어머니'나 완벽한 '김치'의 발음과 어느 정도 거리가 있을지언정, 이들 어휘를 계속 사용해 왔다. 바로 이 점을 곱씹어 볼 때 '오모니'라는 표현은 파롤과 랑그의 필연적인 간극, 곧 '어머니' 발음의 원리상 다양성 이상의 무언가를 상기시킨다. 한 재일한인 2세는 이렇게 자문한다.

> '아버지, 어머니', 즉 내 자식들에게 부르게 하는 그 호칭은 도대체 무엇이란 말인가. 그것은 우리 부모님이 사용했을 아버지, 어머니와도 다르고 조국 사람들의 아버지, 어머니와도 다르다. 조국의 그것보다는 오히려 오토짱(おとちゃん), 오카짱(おかちゃん) 쪽을 닮았다 …… 두 개의 국어

의 역사와 현재와의 사이에 떠다니는 표류물 같은 말(현선윤, 2015: 170).

'오토짱', '오카짱'이란 오사카 한인 집주 지역에서 널리 쓰이던 말로, 얼핏 '오토오짱(お父ちゃん, 아빠)', '오카아짱(お母ちゃん, 엄마)'과 비슷하지만 발음상 명확히 구분된다. 1세들은 흔히 스스로를 '오토짱', '오카짱'이라 칭했고 아이들도 부모를 그렇게 부르며 자랐다고 한다. 예를 들면, "오카짱이[엄마가] 해줄까?", "오토짱한테[아빠한테] 물어봐" 같은 식이다. 반면에 1세들이 '아버지', '어머니'라고 하면 그건 '조선땅'의 부모, 즉 2세들의 할아버지, 할머니였다. 하지만 2세들은 철들면서 이제 이 말을 자신의 부모들을 향해 쓰기 시작한다.[3]

그런데 이렇게 세대를 거쳐 대물림되는 '아버지', '어머니'는 '오토짱', '오카짱'과 마찬가지로 일본어도 아니고 그렇다고 우리말도 아니다. 좋게 해석하자면 "생활 환경을 반영하되 주체성을 지켜나가길 바라는 '희망의 표현'"일 수도 있겠지만, 아마도 그 실상은 1세들이 일본어 "오카아짱"을 말하려 했으되 일본어 특유의 장음 '아'가 빠진 데다 어색한 억양 탓에 아이들에게는 그저 낯선 '조선어'로 들리는 것일 뿐이다. 마찬가지로 2세들이 말하는 '아버지/아보지'나 '어머니/오모니' 역시 결국 일본어도 아니고 우리말도 아닌 일종의 '사투리'이자 그들만의 '이디엄(idiom)'(현선윤, 2015: 167)인 것이다.

이렇게 볼 때 '오모니'는 무엇보다도 재일한인들이 처한 특수한 처지의 역사적 산물이다. 모국어에서 파생되어 나름의 방식으로 지방화(localize)된

3) 오모니 호칭에는 다양한 용례가 존재하나, 본문에서 제시한 한인 집주지의 사례 이외에, 조선인임을 굳이 드러내지 않거나 적극적으로 숨기기 위해 집 안에서는 "오모니", 밖에서는 "오카아상"이라고 나누어 다르게 부른 경우(小熊英二·高賛侑·高秀美 編, 2016: 630, 673) 혹은 어려서는 "오카아상"이라고 불렀지만 어머니가 마을이나 일하는 곳에서 다른 일본인들에게 "오모니"라고 불리는 것을 보다 보니 어느 순간 자연스레 "오모니"라는 호칭을 사용하게 된 경우(小熊英二·高賛侑·高秀美 編, 2016: 398~399)를 더러 찾아볼 수 있다.

[상자글 5-2] 자이니치의 말

1990년대 들어 재일한인들이 구사하는 혼종적인 언어 및 그들이 처한 이중 언어 환경에 대한 학술적인 접근이 이루어졌다. 이들 언어학, 인류학적 연구는 주로 1, 2세를 대상으로 하고 있는데, 이 글에서 다루는 '오모니'는 2세는 물론 3세 이후에도 계속해서 생명력을 잃지 않고 전승되는 그들만의 핵심적인 '이디엄'이다. 한인 3세 시인 정장(丁章)의 시 「자이니치 사람의 말(在日サラムマル)」에는 '자이니치의 말'이 갖는 특수성을 끌어안으려는 적극적인 자세가 잘 드러나 있다.

자이니치 사람의 말

자이니치의 말, 그건
결코 돌아올 것 같지 않은 일본어와
언제까지고 가 닿지 못할 우리말로
자아 뽑아낸
새로운 말

일본어지만 일본어가 아니고
일본어에서 비어져 나온
일본어로 붙들려 해도
잡히질 않는
사람의 일본어

우리말이지만 우리말이 아닌
사람의 우리말은
우리말을 높이 올려다보며
멀리 쳐다보고 있는 만큼
낮고도 가까운
발치의 뿌리 깊은 곳에서
싹터 자라난
새로운 변이종
설혹 보기 흉하고 서툴지라도
꿋꿋하게 뿌리 박은 우리말
……

(磯貝治良·黒古一夫 編, 2006: 380~381)

'떠다니는' 말들, 바로 그러한 말들의 운명처럼 제국신민/피식민자의 후손으로서 구종주국에 남아 식민지 '이후'(postcolonial)의 삶을 일구어 나가는 '표류물' 같은 처지……. '오모니'는 식민과 이산(離散; diaspora)의 굴절된 경험을 품으며 분단된 두 국가의 국어나 일본어로 깔끔하게 환원될 수 없는 언어와, 그러한 말에 불가결하게 얽혀 그 어느 한 나라의 역사에도 편입되지 못하는 혼성적인(hybrid) 삶이 존재한다는 사실을 상기시킨다.

3) 재일한인 여성의 지배적인 표상으로서의 '오모니': 정형화된 표상과 표상의 역사화

식민 2세의 '기억'과 한인 사회 속의 '호칭'에 일정한 영향을 받으면서 전후 오모니 담론의 주된 흐름을 이루는 것이 표상이라는 측면이다. 곧 '오모니'는 재일한인 여성에 대한 지배적인 표상, 어쩌면 대중적으로 알려진 거의 유일한 표상이다. 1970년대 중반 이래 재일한인들이 발행한 문예 잡지에 실린 1세의 도항이나 초기 정착사, 집거지의 생활상을 다루는 기사, 에세이, 대담 등 다양한 텍스트들은 종종 '오모니'들의 험난한 인생 역정을 부각하곤 했다. 이러한 글들은 1980년대 이후에 나타난 1세 여성에 대한 본격적인 생애사 기록을 예비하는 것으로서, 문자화되지 못하여 비가시적인 영역에 머물던 1세 여성들을 새로이 인식하게 했다는 점에서 중요한 의의가 있다.

하지만 그와 동시에 점차 사람들의 인식 위로 부상한 1세 여성의 모습은 종종 자식을 위해 험한 일을 마다하지 않으며 고난을 이겨낸 강인하고 희생적인 어머니상으로 수렴되는 경향을 보였다. 이에 최근 들어서는 '오모니'라는 표상이 과연 1세 여성들의 모습을 '온당하게' 반영하는가 하는 질문이 제기되었다. 예컨대 양인실(梁仁實, 2003: 35~39)은 치마저고리를 입고 아이를 업은 채 고된 노동에 종사하는 전후 일본 영화 속 한인 여성의 모습을 서양의 오리엔탈리즘적 시선을 내면화한 일본인들의 '동양의 어머니'상으로 비판적으로 검토했으며, 김부자(2007: 141~146)는 1세 여성의 삶을 담은 다큐멘터리 〈하루코〉가 '보편적인 어머니 이야기'로 소비되면서 그녀의 인생사·가족사에 담긴 피식민의 역사와 젠더적 특수성이 사상되어 버림을 지적했다. 한편 권숙인(2017)[4]은 1세 여성들의 노동 양상 및 경험 그 자체에 초점을 맞춤으로써 어머니 표상이 과도하게 강조되어 온 문제를 극복하고자 했다.

그런데 이러한 '타자 표상의 정형화'라는 문제는 사회적 소수자의 모습이 가시화되는 과정에서 나타나는 일반적인 아포리아(aporia)라는 측면을 갖는다. 즉, 재일한인 1세들이 대중적인 인지도를 높여갈수록 '평면적인 1세 상(像)의 극복'(정호석, 2016: 18)이라는 과제가 첨예하게 부상한다고 할 때, '오모니'가 한인 여성을 그려내는 지배적인 인식과 재현의 틀로 자리 잡은 지금이야말로 '오모니'라는 표상 그 자체의 역사적 발자취 및 작동 메커니즘에 대한 규명이 긴요한 시점이라고 여겨진다. 이에 '오모니'라는 '정형화된 표상'을 넘어서기 위한 선결 과제이자 그 내재적인 극복의 방법으로서, 표상이 전개되어 온 그간의 양상과 맥락을 되짚는 '표상의 역사화', 곧 오모니 담론에 대한 계보학적 해명이 요청된다.

4) 실천으로서 '오모니'와 오모니 담론 읽기

그렇다면 오모니 담론을 어떻게 읽을 것인가? 앞서 확인했듯이 '오모니'라는 기표는 조선인에 대한 식민주의적 인식 및 재일한인들이 일구어 온

---

4) 해당 논문은 『일과 생활세계: 1세들의 공간·노동·젠더』('재일한인 연구총서' 1권)(한울, 2020)에, 「'일하고 일하고 또 일했어요': 재일한인 1세 여성의 노동 경험과 그 의미」라는 제목으로 실려 있다.

문화적 혼종성의 반영물이자, 한인 여성의 삶과 경험을 '전달하는 동시에 은폐하는'(cover) 문화적 표상이다. 이렇게 기억, 호칭, 표상에 의해 중층적으로 규정되는 '오모니'에 대한 구체적인 분석으로 나아갈 때 반드시 고려해야 할 점은 '오모니'가 갖는 실천 혹은 수행이라는 면모이다.[5] '식모', '오카상', '동양적인 어머니상'이 각각 식민 2세들의 회고담, 재일한인들의 일상적인 언어생활, 대중문화 속 표상의 유통이라는 다소 이질적인 담론의 장을 배경으로 가진다면, 그러한 여러 텍스트에 대한 분석 역시, 복수의 콘텍스트 속에서 '오모니'의 의미가 나타나고 축적되는 그 자체로서 역사적인 과정을 규명해야 하기 때문이다.

하나의 기표는 구체적인 발화 및 인용을 통해 그 의미가 재생산, 수정되는 가운데 효과를 발함으로써 현실로 얽힌다. '오모니' 역시 다양한 문맥 속에서 사용됨으로써 그 의미를 갱신, 확장해 왔다고 여겨지는데, 특히 여성들의 개인적·집단적 정체성 및 행위 능력(agency) 혹은 역량 증진(empowerment)과의 관계는 중요한 탐구의 지점을 이룬다. 예컨대 홍정은(2009)은 재일본조선인총연합회(총련) 계열 한인 여성들이 적극적으로 '어머니 역할'을 수행함으로써 민족 정체성을 내면화하고 재일조선인 사회를 유지시킨다는 점을 밝혔다.

> 그러니까 우리들, 오까아상(お母さん)이라고 말해본 적 없어요. 역시 엄마, 아버지로 생활하고 있으니까네. 〈배순자〉 (홍정은, 2009: 28~29)

> 어머니라는 말 있지요? …… 오까아상 하면은 시로이캇포기노 에이프런

5) 이 글에서 말하는 발화에 수반되는 제 효과; 특히 수행성(performativity)에 관해서는 Derrida (1988); 부르디외(2014); 버틀러(2008) 참조.

[상자글 5-3] 총련계 한인들의 어머니상

총련계 한인들의 '어머니/오모니'는 민단(재일본대한민국민단) 계열 한인들의 그것과는 구별되는 역사적인 배경을 갖고 있다. 그 사상적 계보는 교육학자이자 레닌의 부인이었던 크룹스카야(Nadezhda K. Krupskaya)가 주창한 러시아의 전통적인 어머니상에 기반한 여성 교육 사상에까지 소급되는데, 북한의 '강반석 녀사 따라배우기 운동'(박영자, 2017: 82~87, 100~112)과 총련의 '혁명적 어머니'는 이를 짙게 반영하면서도 나름의 방식으로 수용한 것이라고 볼 수 있다. 이들은 자기희생적인 모성 및 자녀를 사회주의 이념에 투철한 '전사'로 길러내는 어머니의 적극적인 역할을 강조한다는 점에서 공통적인 경향을 지닌다. 하지만 '위로부터' 주어진 어머니상이 구체적인 상황에서 실제로 어떻게 수행되며 개인의 정체성 형성과 맞물리면서 어떠한 역동성으로 귀결되는지가 더욱 중요한 질문으로 떠오른다. 특히 일본 사회의 변화와 한인 집단의 세대교체와 함께, 총련계 한인 어머니들은 결코 조직의 사상 노선에 대해 소극적·순응적인 대응이라고만은 볼 수 없는 능동적인 모습들을 보이고 있다. 최근, 일본 정부의 보조금 중단과 학생 수 감소, 한인에 대한 각종 혐오 발언 및 범죄가 느는 상황에서 조선학교에 다니는 자녀들을 지키기 위한 어머니들의 활발한 투쟁은 그 대표적인 예라 할 수 있다.

> 시떼루 오까아상(白いエプロンしてるお母さん)[일본식 소매 달린 앞치마를 하고 있는 어머니]을 생각하는 거지요. 그래도 어머니떼 윳따라(言ったら)[어머니라고 하면] 우리 조선의 어머니를 생각하는 거. 그만큼 말은 달라요. 〈홍태주〉(홍정은, 2009: 31) 6)

조선학교를 다니며 능숙한 조선어를 배운 총련계 한인들의 경우, '오카아상'과 확연히 구분되는 '어머니/오모니'라는 호칭을 고수하며 '어머니회'(일본의 PTA에 해당하는 민족 학교 보호자회) 활동을 벌이는 등, '어머니'라는 자기 이해에 기반한 집단적인 실천을 조직해 왔다. 더욱이 앞서 언급한 어머니/

6) 구술 기록의 특수성을 고려하여, 부정확한 표기 및 국어 맞춤법에 어긋나는 표현도 수정 없이 원문 그대로 인용했다.

오모니를 구분하는 어려움에도 불구하고 이들은 상대적으로 "어머니"에 가까운 발음을 계승해 나가고 있다고 알려져 있다.

그렇다면 그들이 이러한 일상 속의 호칭을 통해 지켜내고자 하는 것은 무엇일까? 그들이 말하는 '우리 조선의 어머니'가 '오카아상'으로 담아낼 수 없을 뿐만 아니라 한국 혹은 북한의 '어머니'로도 단순히 치환될 수 없는 나름의 위치를 갖는다면, 그러한 고유성에 대한 해명은 '어머니/오모니'라는 말이 쓰이는 구체적인 정황에 대한 고찰을 수반해야 한다.

요컨대 '오모니'를 부르고(호칭) 떠올리며(기억) 그려내는(표상) 행위에 대한 질문은 항상 우리를 특정한 역사적 장면들로 이끈다. '오모니'라는 기표는 진공 속에 존재하는 것이 아니라, 항상 해당 텍스트를 생산, 매개하는 사회적 행위의 맥락 속에 자리 잡아 그것이 언급되고 읽힐 때마다 특정한 수행적 혹은 파생적 효과를 발하기 때문이다. 그렇다면 '오모니'를 불러내는 활동들이 새로운 영향 관계와 반향을 빚어내는 특정한 공간, 특히 담론에 개입하고 그로부터 자극을 받은 일본인들의 활동을 시야에 넣은 전후 문화 속 오모니 담론의 안팎에 대한 탐구가 필요할 터이다. 이에 각 텍스트에서의 '오모니'의 쓰임을 살피는 해석의 의미론과 그 미디어적 의의를 탐문하는 실천의 공간론을 함께 아우르는 통합적인 연구의 시의성을 제기하는 첫 걸음으로써, 이 글에서는 오모니 담론의 전후적 전개 양상을 되짚어 보고자 한다.

구성을 간략히 제시하면, 먼저 한인 2세들의 문제가 극적으로 표출된 '김희로 사건'과 관련하여 김희로의 어머니가 1세 여성으로서는 처음으로 전국적인 맥락에서 대중의 인식 위로 부상하여 '조선인'과 '민중'으로 각각 해석되는 모습을 살펴보고(3절), 한인 1세 여성의 문화적 이질성을 일본 사회 속에 어떻게 자리매김할 것인지에 대한 담론적 모색의 사례로서, 혼다 야스하루, 오다 마코토의 작품 속에 나타난 타자로서의 '오모니'의 모습을 검토한다(4절). 이어서 '오모니'에 대한 개인적인 기억 혹은 '오모니'가 촉발하는 미감에 천착한 모리사키 카즈에와 오카베 이츠코의 텍스트를 살펴보고(5절), '오모니'가 지역 사회의 문해 운동을 배경으로 '사회적 소수자'라는 위상을 획득하고, 소설적 형상화를 통해 주류 대중문화로 진입하는 최근의 양상(6절)을 다룬다. 마지막으로 이러한 통시적인 고찰을 통해 드러난 '오모니'의 중층성을 탈식민화 과정에서 소수자의 모성이 가지는 의의라는 관점에서 음미하면서 향후의 과제에 대해 생각해 본다(7절).

3. 김희로 사건과 '오모니': '조선인 오모니'와 '민중 오모니'의 부상

1) 라이플 마의 어머니

전후의 일본에서 '오모니'라는 표현이 모습을 드러낸 것은 한인 사회의 세대교체, 즉 일본에서 태어난 2세들이 '엄마/옴마' 대신 점차 '어머니/오모니'라는 호칭을 사용하게 되고, 한인 집단 거주지 외부에서 일본어로 그들의 부모에 대해 언급하기 시작하면서부터였다. 한편 이러한 '2세들의 부상'은 한인 사회뿐만 아니라 일본인들에게도 중요한 '도전'이었으니, '코마츠가와(小松川) 사건'(1958)이나 '김희로(金嬉老) 사건'(1968)과 같은 범죄 사건들은 다양한 반향과 응답을 불러일으키는 가운데 '자이니치'를 공적으로 논의하고 적절히 대처해야 할 '사회 문제'로 인식하게 되는 커다란 계기로 작용했다(조경희, 2012; 鄭鎬碩, 2014).

특히 '김희로 사건'[일명 스마타쿄(寸又峡) 사건]은 '오모니'가 활자화된 형태로 주류 대중 매체에 소개된 최초의 사례로 보인다. 1968년 2월, 재일한인 2세인 김희로는 폭력 단원 2명을 사살한 뒤 일본의 '남알프스'라 불리는 온천 마을 스마타쿄의 한 여관에서 투숙객 12명을 '인질'로 잡고 경찰과 대치

그림 5-1 _ 주간지에 실린 김희로와 그가 벽에 쓴 유서

자료: ≪週刊朝日≫(1968.3.1: 2).

하다가 체포되었다. 경찰 기동대 수백 명을 상대로 다이너마이트와 라이플총으로 무장한 채 농성을 벌이는 모습이 전국에 보도되는 가운데 김희로는 텔레비전 방송국에 전화를 걸어 뉴스 프로그램(와이드쇼)에 실시간으로 육성 출연하거나 기자들을 여관으로 불러들여 '기자 회견'을 열고 자신을 모욕한 일본인 형사의 공개 사죄를 요구하는 등 조선인에 대한 차별을 통렬히 고발함으로써 사회에 커다란 파장을 불러일으켰다. 그런데 사건 발생 초기에 이자가 과연 누구이며 어떠한 배경을 가진 인물인지, 범행의 정확한 동기가 무엇인지가 초미의 관심사로 떠오르는 상황에서 주목을 받은 것이 바로 김희로의 어머니 박득순이었다.

김희로는 여관 벽에 "어머니, 불행[불효(不孝)의 한자를 틀리게 쓴 오기]을 용서해 주세요(お母さん, 不幸を許して下さい)"라는 유서(〈그림 5-1〉)를 써서 화제를 모았는데, 이에 착안한 경찰은 그의 어머니 박득순을 현장으로 불러 '자수 설득 작전'을 시도하는 등 김희로의 '남다른 처지'와 그를 키워낸 어머니가 대중적인 관심의 대상으로 떠올랐다.

한편 사건 직후 당시 대다수 주류 언론은 '한적한 온천 마을을 공포에 떨게 한 라이플 마(魔)', 텔레비전이라는 '새로운 대중 매체 기술'을 활용해 시

그림 5-2 _ ≪일본독서신문≫의 '오모니' 관련 특집 기사

日本読書新聞

オモニ、日本に生きる

明治・大正—昭和史のなかの朝鮮人

食うために日本へ渡ってきた朝鮮人

北へも南へも帰る気のないオモニ

佐藤 信

この透明な演劇人

자료: ≪日本読書新聞≫(1968.4.15: 1).

청자들을 사로잡고 '민족 차별'을 구실로 자신이 저지른 범행을 정당화하려는 '교활한 지능범'이라는 보도 프레임으로 김희로를 비난했는데(本田靖春, 1978), 이와는 대조적으로 이 사건을 계기로 일본 사회의 문제를 비판적으로 성찰하는 논의 또한 나타났으니, 바로 이러한 맥락에서 '오모니'라는 표현이 언론에 등장했다. 예컨대, 김희로가 체포된 후 ≪일본독서신문(日本読書新聞)≫은 1면 상단을 크게 할애하여 "어머니, 일본을 산다. 메이지-다이쇼-쇼화사 속의 조선인(オモニ, 日本に生きる 明治-大正-昭和史のなかの朝鮮人)"이라는 특집 기획물을(〈그림 5-2〉), 잡지 ≪사상의 과학(思想の科学)≫은 "강요된 방랑 — 김희로의 어머니(오모니)의 반생[強いられた放浪 — 金嬉老の母(おもに)の半生涯]"이라는 기사를 실었다.

1960년 안보 투쟁 이후, 한일회담 반대 운동, 베트남 반전 운동을 배경으로 많은 지식인들이 사회 문제에 대해 적극적으로 발언하고 시민운동에 관

그림 5-3 _ 김희로공판공판위원회가 발행한 소식지에 실린 김희로(권희로)의 편지글
김희로는 줄곧 자신의 어머니에 대해 적극적으로 언급했는데, 공판위 지식인들은 그에게 어머니가 갖는 각별한 의미를 고려해 '어머님'을 일본어로 번역하거나 가타가나로 나타내지 않고 손 글씨의 한글로 인쇄했다.

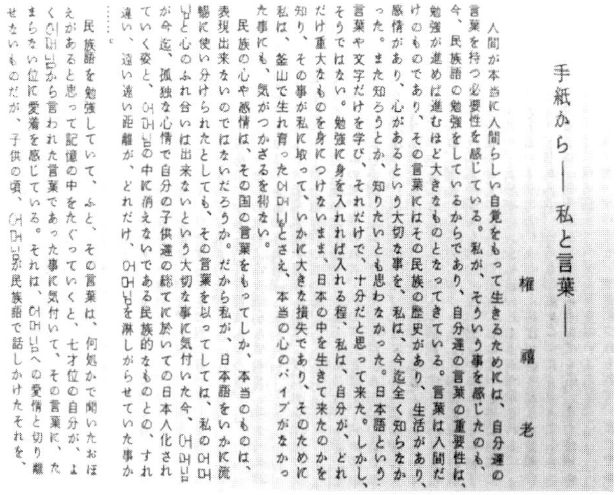
手紙から — 私と言葉 —

権 禧 老

人間が本当に人間らしい自覚をもって生きるためには、自分達の言葉を持つ必要性を感じている。私が、そういう事を感じたのも、今、民族語の勉強をしているからであり、自分達の言葉の重要性は、勉強が進めば進むほど大きなものとなってきている。言葉は人間だけのものであり、その言葉にはその民族の歴史があり、生活があり、感情があり、心があるという大切な事を、私は、今迄全く知らなかった。また知ろうとか、知りたいとも思わなかった。日本語という言葉や文字だけを学び、それだけで、十分だと思って来た。しかし、そうではない。勉強に身を入れれば入れる程、私は、自分が、どれだけ重大なものを身につけないまま、日本の中を生きて来たのかを知り、その事が私に取って、いかに大きな損失であり、そのために私は、釜山で生れ育った어머님とさえ、本当の心のパイプがなかった事にも、気がつかざるを得ない。

民族の心や感情は、その国の言葉をもってしか、本当のものは、表現出来ないのではないだろうか。だから私が、日本語をいかに流暢に使い分けられたとしても、その言葉を以ってしては、私の어머님と心のふれ合いは出来ないという大切な事に気付いた今、어머님が今迄、孤独な心情で自分の子供達の総てに於いての日本人化されていく姿と、어머님の中に消えないである民族的なものとの、すれ違い、遠い遠い距離が、どれだけ、어머님を淋しがらせていた事か……。

民族語を勉強していて、ふと、その言葉は、何処かで聞いたおぼえがあると思って記憶の中をたぐっていくと、七才位の自分が、よく어머님から言われた言葉であった事に気付いて、その言葉に、たまらない位に愛着を感じている。それは、어머님への愛情と切り離せないものだが、子供の頃、어머님が民族語で話しかけたそれを、

자료: ≪金嬉老公判対策委員会ニュース≫(1975.2.10: 18).

여했던 상황에서 '문화인(文化人)'이라고 불리던 일군의 학자, 언론인, 문인들은 긴급 성명을 내고 김희로의 호소에 '응답'함으로써 이 사건은 새로운 사회적 위상을 갖게 되는데, 특히 '김희로공판공판위원회'(이하 '공판위')는 8년여에 걸쳐 공판에 관여하면서 '민족 차별'과 '민족 책임'을 연구하고 공론화했다. 이렇게 사회 운동으로 진행되는 김희로의 변호와 공판 과정에서 박득순의 생애사는, 수동적으로 재판을 받는 것이 아니라 재판을 통해 오히려 일본인의 책임을 고발하는 입장에 선 '조선인'들이 그동안 겪어온 차별과 억압을 증언하는 자료로 주목받았고, 그녀 역시 몸소 법정에 출정하여 아들의 성장 배경에 대해 상세히 진술했다.

지금까지 살펴본 기사 및 공판위 기관지는 공통적으로 17살에 결혼해 일본에 건너왔다가 남편을 잃은 후 지독한 가난 속에서 김희로를 리어카에

태워 고물을 줍거나 생선을 팔아 자식들을 키워낸 '오모니'의 지난한 삶의 여정을 소개하면서 재일한인들의 불우한 처지를 강조하고 있다. 여기서 눈여겨볼 점은 '오모니 프레임'의 효과인데 요컨대 '오모니'는 사건의 의미를 논하기 위한 하나의 우회로로 보인다. 사실 이 사건에 관련한 모든 논의는 김희로가 사건 이전에 이미 두 명을 살해했다는 점에서 '원천적인 한계'를 지니고 있었다. 곧 범행의 책임을 회피하려는 김희로의 변명에 속을 뿐이라는 야유와 비난이 집요하게 따라붙는 상황에서, '오모니'는 대안적인 접근의 틀, 말하자면 목전의 범죄와는 별개로 그 너머의 '민족 문제'를 되돌아보게 하는 하나의 '창문'으로 기능했다. 이때 '오모니'라는 창(窓)은 독특한 윤리적 호소력을 가졌다. 즉 아무런 잘못도 없이 고생을 강요당하면서도 아들에게 지극한 사랑을 쏟는 어머니의 모습은 일본인들에게 모종의 죄책감을 불러일으키는 것이었다. 그러한 점에서 김희로 사건 관련 오모니 텍스트들은 '어머니'가 자극하는 보편적인 가책과 '조선'에 대한 일본의 가해자 의식을 가교하여 일본(인)의 '책임'을 논하기 위한 공간을 확보하려는 시도, 더 나아가 '오모니'라는 기호의 상징적인 잠재력이 전국적인 규모로 모색된 전후 최초의 사례라 할 수 있다.

2) 오모니, 노동하는 민중

한편 공판위에 가담하면서도 개인적인 저술 활동을 벌인 야마모토 리에[山本リエ. 본명 야마모토 노부코(山本伸子)]의 저작 『꺼지지 않는 불꽃: 김희로 문제와 나(消えないねずみ花火: 金嬉老問題と私)』(新人文学会, 1974), 『김희로와 오모니 그리고 지금(金嬉老とオモニ, そして今)』(創樹社, 1982)(〈그림 5-4〉)은 김희로 사건을 '민족 문제'로 이해하는 관점을 부정하지 않으면서도 '민중'이라는 관점을 취했다는 점에서 이채롭다. 야마모토의 글에는 무엇보다

그림 5-4 _ 『김희로와 오모니 그리고 지금』(야마모토 리에, 1982)의 표지(왼쪽)와 족발을 손질하고 고사리를 채취하는 오모니의 모습(오른쪽)

자료: 山本リエ(1982: 147, 171).

도 오모니의 생활 세계가 부각되어 있는데, 저자는 무려 9년 동안 김희로 어머니의 식당을 드나들며 그녀의 노동과 주변 인물, 식당에 자주 드나드는 손님들에 이르기까지를 생생하게 그려냈다. 다음은 어머니가 족발을 준비하는 모습을 수 페이지에 걸쳐 묘사한 내용이다.

> 이날 아침, 어머니는 재빨리 가게로 들어가 대야에 수돗물을 담아 가스 불에 올렸다. 돼지 족은 약 30개씩 큰 봉지에 담겼는데 그 위로 뜨거운 물을 붓는다. 얼마간 뚜껑을 덮어두면 돼지털이나 가죽이 부드러워지므로 작업이 수월하다고 한다. 길이가 15센티미터나 되는 족발을 왼손으로 잡고 안전면도날을 오른손에 쥐고 재빨리 삭삭 벗겨내기 시작한다. 개수

대에 서서 익숙한 손놀림으로 털을 깎아내는 오모니. 카운터 위로 금세 20개, 30개가 쌓인다. …… 200개의 돼지 족을 오전 10시를 넘기도록 털을 밀어 바구니에 담았다. 하지만 준비는 이제부터가 고비다. 일단 이즈음에 아침 겸 점심 식사를 하고 약간 쉰 다음 오후 4시경까지 작업을 이어간다. 다음에는 하얗게 살을 드러낸 돼지 족을 10개 정도씩 철망에 올려 가스 불로 굽는 것이다. …… 피부 표면이 흑설탕 과자처럼 구워진 족발을 이번에는 오모니가 평평한 돌 위에 놓고 쇠망치로 탕탕 두드려 나간다. 뜨거울 때 발톱을 떼어내지 않으면 안 되는 것이다. 발톱을 떼어낸 족발을 이번에는 30개쯤씩 세정기(세탁기 비슷한 기구)에 넣고 덜덜 돌려서 잘 씻어낸다. 그러면 검던 족발이 아주 하얘진다. 그다음 큰 냄비에 30개 정도씩 두 시간을 푹 삶는다. 이렇게 저녁 때 손님이 붐비기 시작할 즈음에야 200개가 넘는 족발 준비가 다 끝난다. 이 얼마나 힘든 중노동인가. 특히 오모니가 쓰는 망치는 목수가 5촌(16.65센티미터) 못을 박을 때 쓰는 무거운 것이었다. 족발 200개면 하나당 3번이라고만 쳐도 600번이다. 나는 이제 그저 무심코 족발을 받아먹지는 못한다. 오모니가 얼굴을 찡그려 입술을 뾰족하게 하고는 족발 발톱을 "에이!" 하면서 떼어낼 때 짓는 웃음은 유쾌하다. 얼굴이 온통 환히 빛나 아름답다. 하지만 그 뒤로는 항상 옥중의 아들 희로 걱정에 가슴을 태우고 계시겠지. …… 200개의 족발 준비를 지켜보면서 카메라에 담으며 나는 이제껏 몰랐던 또 하나의 격심한 노동의 세계에 압도당했다(山本リエ, 1982: 150~152).

이어서 여기에는, 어릴 적 "우와! 야만적이다! 조센징! 돼지 발!"이라고 놀림을 당했다는 김희로의 진술, 더 나아가 생계를 위해 일본인들이 먹지 않는 족발이나 '호루몬'(곱창. 일본어로 '버리는 것'이라는 뜻)을 먹거나 팔아야 했던 조선인들의 처지에 대한 서술이 겹친다(山本リエ, 1982: 156~158). 하지만 야마모토는 '중노동' 그 자체보다는 역경을 헤쳐 나가는 강인한 생활력과 노동하는 인간의 아름다움에 방점을 찍는다. 고사리 채취에 대한 묘사 역시 '고사리와 오모니와 희로'가 '자이니치의 밑바닥 생활을 꾸려가기 위해 떼려야 뗄 수 없는 관계'로 얽혀 있음을 지적하는 한편 '천연자원의 은혜를 십이분 활용'(山本リエ, 1982: 173)하는 오모니의 지혜를 강조하고 있다.

> "아침 3시 반이나 4시에 일어나서 고사리를 캐러 산에 가곤 했지요. 아무도 모르는 산속이니까 이곳저곳에 캔 고사리를 모아두고 나중에 아들한테 차로 나르게 했지요. 올해는 벌써 네 번이나 차로 날랐어요." …… 당시 어머니의 얼굴에는 예상보다 훨씬 고사리를 많이 캤다는 만족감이 밝게 넘실대고 있었다. …… 이런 고사리를 다른 이들이 모두 야채상에 팔 때 오모니는 그렇게 하지 않는다. 말려서 저장했다가 봉(盆)[한국의 추석에 해당하는 명절]이나 정월같이 일본인들이 요리에 돈을 쓰는 계절을 노려서 파는 것이었다. 캐는 것도 프로지만 파는 것도 프로였다. 이렇게 번 돈은 거의 옥중의 자식 희로의 우유나 고기 통조림 값, 민족어 교재, 공책 값이나 용돈으로 넣어준다. 또한 무엇보다도 어머니와 자식을 잇는 면회의 여비가 되는 귀중한 수입원이다(山本リエ, 1982: 173~175).

이러한 노동에 대한 천착은 공판위 지식인들의 관념적인 언어와 대조를 이루는 동시에 그러한 논의를 보충하는 것이기도 했다. 그런데 이를 보다 큰 틀에서 바라보기 위해서는 당시 이러한 오모니의 이야기가 주로 '서클 운동(サークル運動)'을 통해 유통되었다는 정황을 참고할 필요가 있다.

> 이른바 저변에서 태어나 갖가지 생활을 체험해 낸 셈인데 나처럼 전국의 도시와 농촌에 흩어져 있는 조직에 속하지 않은 노동자로서 차별당하며

살아온 공장노동자, 점원, 토공, 간호사, 농민 등 10대에서 70대까지가 세대를 넘어 동일한 목적 아래에 모여 생활과 문학을 통해 자기 변혁과 사회 변혁을 목표로 새로운 사상을 자신의 것으로 만들어내기 위한 노력을 경주해 왔다. …… 특히 창립 2, 3년째는 회원이 1000명 가까이에 달하고 홋카이도에서 규슈에 걸쳐 각 현마다 지부나 지역 모임이 수십 개 조직되어 매달 각 지부를 통해 기관지를 잇달아 발행하던 시기였다. 당시는 각지의 혁신 문화 단체, 문화인들 전문과와의 교류 역시 밀접했던 시대였다(山本リエ, 1982: 34~35)

야마모토가 술회하듯이 1960년대 중엽 일본 각지에서는 시민들이 문학 창작이나 사상 학습 등을 테마로 각종 '서클'을 만들어 활동을 펼치고 있었다. 1950년대부터 생겨나기 시작한 이들 모임은 기존의 사회 운동 세력과 느슨하게 중첩된 동원의 배경 및 인적 네트워크를 공유하면서도 노동 운동, 학생 운동과 확연히 구별되는 '생활자'의 시선에서 사회 문제를 논하고 종종 시, 소설, 르포르타주, 판화 등 문예 활동을 병행하면서 '자기 변혁'과 '사회 변혁'을 모색했다. 공판위 역시 지식인들이 중심이 되어 출범했으되 이들 서클과 광범위한 협력 관계를 유지하면서 각종 매체와 집회를 통해 소식을 전하고 전국으로부터 '칸파(カンパ)'라고 불리는 활동 자금을 모금했다. 공판위와 더불어 '신인문학회(新人文学会)'라는 서클의 중심 멤버로 활동하던 야마모토는 기관지 ≪신인문학(新人文学)≫을 통해 보다 '민중'과 '노동'에 무게를 두는 글을 지속적으로 발표했던 것이다.

옛날 도쿠가와 이에야스는 백성은 "살려도 안 되고 죽여도 안 된다[잘 먹여봐야 불평불만이되 죽이면 농사지을 이가 없다]"라는 정치 논리로 300년 태평성대의 기초를 쌓았다. 이 농민 수탈의 논리는 메이지 이래 100년

> 의 일본 자본주의 발달사의 대계 속에서 면면히 계승되어 지금에 이른다. 항상 자본가 계급에 수탈당한 농민과 하층 사회의 노동자는 전후 민주주의 사회 속에서도, 어떤 의미에서는 왜곡된 형태로 지배 권력을 온몸으로 거부하고 있다. …… 좁은 후지미야 여관의 성 안에서 한 사람의 자이니치와 일본인 노동자들의 진정한 영혼의 교류, 붉은 피가 타오르는 입김이 과연 있었을까? 목숨을 걸고 증오하는 적과 대결했던 것은 김희로 혼자만이었을까? 서로 간 목숨을 건 말 없는 싸움이 암묵적으로 냉혹한 연대의 관념을 만들어내지는 않았을까? 만일 이것이 사실이라면 일본의 민중운동은 '인질'이라고 불리는 민중의 모든 면을 살펴 밝혀내지 않으면 안 되리라(山本リエ, 1982: 36).

애초에 야마모토의 문제의식은 김희로와 민중의 관계를 대립적으로 묘사한 보도에 대한 불만에서 출발했다. 사실 당시 스마타쿄는 온천 마을이라고는 해도 행락객으로 붐비는 관광지와는 거리가 멀었고, 몇 안 되는 여관에는 당시 한창이던 댐 건설, 전기 설비 등 토목 공사에 종사하는 노동자들이 주로 묵고 있었다. 야마모토는 사건을 접하자마자 스마타쿄에서 그리 멀지 않은 공사 현장에서 일을 하던 작고한 아버지를 떠올렸고, 후지미야의 투숙객들이 그저 수동적인 '인질'이 아니었으리라 생각했다. 이에 그녀는 사건 후 전국으로 흩어진 당시의 투숙객들을 수소문해 인터뷰하여, 그들이 생계를 위해 각지를 떠도는 '민중'이었기에 김희로의 자초지종을 듣고 그의 처지에 공감할 수 있었다면서 그들이 김희로와 인간적인 동지애에 기반하여 '공동생활'을 영위한 '동숙자'였다고 결론짓는다.

그렇다면 '오모니'에 대한 천착이 불가결했던 까닭은 무엇일까? 당시 대책위는 '김희로 = 가해자'에 의해 감금된 '인질 = 피해자'라는 보도 프레임에 대항하여, '일본인 = 억압자'를 고발하는 '조선인 = 피억압자'라는 역의 구도를 제시함으로써 식민주의와 차별을 공론화하고자 했다. 하지만 여기서 야마모토는 대책위의 해석의 틀을 '김희로 = 조선인 = 민중'으로까지 확장하려 했다. 그런데 문제는, 조선인들이 피지배 민중이라는 사실은 비교적 분명한 데 비해, 가출과 부랑, 절도와 사기 같은 범죄력으로 얼룩진 김희로의 삶은 '노동'과 거리가 멀다는 점이었다. 그의 불우한 삶이 억압과 차별의 결과라 할지라도 김희로의 과거를 민중의 삶으로 파악하기에는 무리가 있었다. 이에 야마모토는 오모니를 논의의 중심에 둠으로써 '김희로의 어머니 = 조선인 = 민중'이라는 등식을 제시했던 것으로 보인다. 이때 '오모니'라는 '외국어'는 그 자체로서 아직 '낯선' 조선인의 문제를 제기하는 동시에, 노동의 숭고함과 사랑하는 아들의 범죄라는 비극성이 교차하는 '민중 어머니'의 얼굴에 깃든 '빛과 그늘'을 효과적으로 부각하는 어구였다.

물론 이러한 논의에서 바로 조선인과 일본 민중 사이의 피억압자로서의 '연대 관념'이 도출되기는 어려울뿐더러 더욱이 1970년대를 거치면서 재일한인들의 세대교체에 따른 직업 구조의 변화 및 계급적 분화에 따라 야마모토가 '오모니'라는 끈(bond)으로 봉합(bond)하고자 했던 '조선인'과 '민중' 사이의 틈새/차이가 도드라져 보이기 시작한다. 하지만 그럼에도 불구하고 '조선인' 문제를 '민중'으로 자리매김하려는 이 선구적인 시도는 이후에도 계승된다. 예컨대 농민, 광부, 어민, 창부, 유랑민, 아이누인, 병사 등 기층 서민들의 삶을 총 10권으로 엮어낸 대작 시리즈 '근대 민중의 기록'의 마지막 권은 재일조선인을 테마로 삼고 있는데, 그 첫머리에는 1세 여성의 구술을 풀어 기록한 생애사 자료 「오모니의 노래(オモニのうた)」(古庄ゆき子, 1978)가 실려 있다.

이렇게 '오모니'는 김희로 사건을 계기로 전후 사회에서 그 존재가 처음 '발견'되어 매스 미디어에 등장했고 지식인 및 시민들의 자발적인 혁신 운동과 함께 한인 커뮤니티의 외부에서 일정한 함의를 지닌 기표로 통용되기 시작했다. 아울러 야마모토 리에의 논의는 오모니가 '민족'뿐만 아니라 '민중'이라는 해석의 틀을 얻으면서 전후 문화 속에 자리를 틀기 시작하는 모습을 잘 보여준다.

4. '오모니'라는 타자와 일본 사회: 한인 1세 여성의 이질성을 자리매김하기

1) 혼다 야스하루의 『우리들의 오모니』: 어머니를 상상하기, 우리를 상상하기

'김희로 사건'을 통해 극적으로 표출된 한인들의 문제는, 1970년대 이후 들어 '두 조국'과의 관계 및 일본 사회에서의 위상에 대한 본격적인 논의로 이어졌는데 그 중심에는 2세들의 정체성이라는 난문이 자리하고 있었다. 이 시기 성년을 맞아 속속 사회에 진출한 2세들은 설혹 취직에 성공하더라도 일본 기업 특유의 가족적 문화의 배타성 앞에 스스로의 '불우한 경우'를 곱씹어야 했고, 다른 한편으로는 공동체적인 상호 부조로 특징지어지는 그간의 생활 세계와는 판이한 '바깥' 대중문화의 매력 앞에 노출되면서 개인의 안녕과 소비라는 새로운 가치 감각을 키워나갔다(문경수, 2016: 203, 257~258). 이러한 체험은 이산 2세로서 스스로의 '뿌리'에 대한 자각을 수반하는 것이었다.

이즈음부터 1980년대에 걸쳐 한인들이 발간한 각종 문예지에는 고도 경제 성장에 따른 급격한 사회 변화 및 남북 분단 체제의 고착화, 집거지를 벗어난 핵가족 생활과 지역 사회에 대한 새로운 인식과 더불어 첨예화된 2세들의 자기정체성에 대한 고민이 짙게 반영되어 있다. 이러한 배경에서, 르포, 에세이, 회상록/수기, 역사물, 대담 등 다양한 형태의 잡지 기사에 '오

[상자글 5-4] 2세들의 기억 속 '오모니'

오모니의 얼굴에는 고생을 이겨낸 흔적이 깊이 새겨져 있습니다. 46년간 쉼 없이 일한 오모니. 살을 베어내는 심정으로 살아남기 위해 조국을 떠나지 않을 수 없었던 오모니. 오모니는 14살 때 조선에서 일본으로 건너왔습니다. 오모니는 조선에서도 학교에 못 다녔습니다. …… 일본에 온 오모니는 온갖 일을 했습니다. 삶의 즐거움도 하나 없이 고생에 고생을 거듭했습니다. 삶을 지탱한 것은 오직 우리 오남매를 훌륭하게 키우려는 일념뿐이었다고 합니다. 그렇게 아보지가 돌아가신 후 아무것도 모르는 우리 남매를 이렇게 키워주신 겁니다. 아보지 없는 생활은 말로 다 못 합니다. 아보지가 없는 대신 오모니는 남자처럼 밖에서 계속 일해야 했습니다. 하지만 아무리 남자처럼 일해도 일본에서는 여자 임금밖에 못 받았습니다. 그 적은 돈으로 오모니를 포함한 여섯 식구가 살았습니다. 오모니는 "다 같이 죽자……"라며 몇 번이나 약한 소리도 했습니다. 그래도 오모니는 그런 고난 길을 살아냈습니다. 오모니는 정말 강합니다. 훌륭합니다. 오모니는 조선어도 못 읽습니다. 일본어도 제대로 못합니다. 수학이나 화학 문제도 못 풀지요. 하지만 오모니는 당신의 체험을 통해 조선인의 입장을 잘 보고 제대로 압니다. 그런 오모니는 정말 대단합니다. 오모니는 저한테 고향 제주도 이야기를 자주 들려주었습니다. 언제나 산 푸르고 물 맑고 하늘 맑게 갠 그곳이 너무 그립다고 했었지요. "한 번만이라도 갈 수만 있다면 당장 날아갈 텐데"라고요. 하지만 그런 오모니의 꿈은 조선이 남북으로 나뉘어 있기 때문에 아직 이룰 수 없습니다(小沢有作 編, 1978: 27에서 재인용).

오모니는 엄한 사람이었습니다. 입버릇처럼 "공부해라, 공부해"라고 하셨어요. 자식들이 대학을 나와 일본 사회에서 제대로 살 수 있길 바랐던 거겠지요. 학교에도 못 다니고 읽기 쓰기도 못 하시면서 갖은 고생을 하신 것 같아요. …… 제주도에서 해녀였다던 오모니는 씩씩하기도 했습니다. 옛날에는 시즈쿠이시(雫石) 강에 물이 불면 상류에서 나무가 많이 떠내려 왔습니다. 땔감으로 나무를 쓰던 시절이니까 이게 감사한 거지요. 그래서 다들 강가에 밀려온 유목을 주웠습니다. 하지만 오모니는 달랐어요. 수영의 명수였으니까요. 물이 불어난 강에 뛰어들어 커다란 나무를 건져내곤 했습니다(小熊英二·高賛侑·高秀美 編, 2016: 229).

아보지가 일도 안 하고 빈둥대면서 집엔 먹을 것도 없는데 저녁이 되면 동포들이랑 술집에 가서 막걸리에 취해가지고 집에 들어오는 게 나는 너무 싫었어……. 그래서 소학교 1학년 때 아보지 돌아가셨을 때는 입 하나 덜었으니 생활이 좀 펴겠다는 생각도 들었지. 반면에 오모니는 계속 일만 했거든. …… 우리는 일본 교육을 받아서 일본인이 되는 거라고. 그러면서 오모니는 가족들하고 점차 동떨어진 존재가 되어갔던 거야. 오모니는 당신이 조선인인 걸 숨기려야 숨길 수가 없잖아.

차림이며 손짓이며 일본어도 잘 못하고. …… 학교 교육도 있고 형들의 태도도 그렇고 [우리는] 오모니의 이질성을 어딘가 저급하고 비천하달까 그렇게 여겨버렸지. 그래서 [오모니는] 결국 혼자된 뒤로 이렇게 가슴을 퍽퍽 치면서 통곡하시곤 했지. 그래도 그땐 아무도 그걸 몰랐어(小熊英二·高賛侑·高秀美 編, 2016: 131~132).

6살 때 가족과 함께 일본에 온 엄마는 12살 어린 나이에 할머니를 잃었다. 일이 없는 할아버지는 9살 딸을 메리야스 공장에서 일하게 했다. …… 12살에 할머니를 잃은 엄마는 한 가정의 주부처럼 가사일을 꾸리고 동생을 돌보며 가족이 함바에 살게 되었을 때 피곤해서 올라가지 않는 손을 줄로 묶어 무리하게 일한 탓인지 안면 신경마비를 앓아 불과 14살에 입이 돌아가고 한쪽 눈이 감기지 않을 정도였다. 그런 이야기를 할 때면 꼭 어머니는 "엄마가 살아계셨더라면" 하고 입버릇처럼 말했다. 보통 여자아이들처럼 차려입은 적이 없고 일한 임금은 모조리 할아버지의 술값, 도박 비용으로 없어졌다. 학교에도 보내주지 않고 얼굴이 반반하지 않다는 이유로 15살이나 나이가 많은 아버지한테 시집온 것이 17살 때였다. …… 자라면서 너무나 가혹한 나날을 보낸 탓인지 엄마 생애의 꿈은 저택에 살면서 아들이 출세하는 것이었다. …… 그렇게 살다가 몇 년 전에 엄마는 지병이 악화되어 이 세상을 떠났다. …… 엄마가 "다음 생에 태어나면 평범하게 살고 싶다"고 하여 우리들은 놀랐다. 그리고 "엄마는 너희들 병을 다 갖고 떠난다"고 마지막을 고해 모두 울었다(최정미, 2018: 171~172).

앞의 인용문들이 잘 보여주듯이, 2세들이 기억하는 '오모니'는 종종 강인한 어머니, 인고의 어머니, 글을 모르는 어머니, 생계를 책임지는 가모장, 억압하의 희생자 등의 정형화된 패턴을 보인다. 이는 부분적으로는 1세 여성에 대한 널리 알려진 이미지들을 알게 모르게 참조, 반영한 결과로 여겨진다. 하지만 그럼에도 그러한 서사의 요소들에 대한 개별 구술자의 태도는 성별이나 연령대 혹은 교육 수준에 따라 미묘하게 달리 나타나곤 한다. 이러한 기억 속의 편차 역시 별도의 흥미로운 논점을 이루는데, 이러한 질문은 다시금 '오모니'가 제기하는 탐구 영역이 결코 고정적인 '과거의 1세 여성들'로 닫힐 수 없으며 오히려 그들을 기억·인용·호명·기록하는 매개적 실천의 역동성을 향해 열려 있음을 시사한다.

모니'에 대한 언급이 하나둘 등장하기 시작하고, 1980년대에 이르면 전문 작가나 연구자들이 쓴 본격적인 인터뷰 기록이 나타나게 된다.

그중에서도 특히 5년여에 걸쳐 해녀들의 삶을 담은 김영(金栄)·양징자(梁

그림 5-5 _ 『바다를 건넌 조선인 해녀』(김영·양징자, 1988)의 표지

그림 5-6 _ 『우리들의 오모니』(혼다 야스하루, 1992)의 표지

澄子)의 『바다를 건넌 조선인 해녀(海を渡った朝鮮人海女)』(新宿書房, 1988)(이하 『해녀』. 〈그림 5-5〉)는 눈에 띄는 성과로, 일본 여성 운동의 선구자 야마카와 키쿠에(山川菊栄)를 기리는 학술상 야마카와키쿠에기념 부인문제연구장려금 및 재일한인의 문화 활동을 표창하는 청구상(青丘賞)을 수상했다.

사실 이러한 구술 작업은 1984년에 이미 ≪계간 삼천리(季刊 三千里)≫(통권37호, 175~176쪽)에 소개되는 등 재일한인 사회에 그리 낯선 것은 아니었다. 하지만 공저자인 김영이 이 책을 혼다 야스하루(本田靖春)에게 보내면서 새로운 활동이 촉발된다. 1933년 경성에서 태어나 중학교 1학년 때 귀환한 배경을 가지고 후에 일본을 대표하는 논픽션(르포르타주) 작가로 이름을 떨친 혼다는 '조선(인)'과 관련해 이미 두 권의 단행본을 낸 상황이었는데, 김희로 사건을 파헤쳤던 『사전(私戦)』(1978) 이후 10여 년 만에 『해녀』를 계기로 다시 한인 문제를 파고들어 잡지에 글을 연재하고 단행본 『우리들의 오모니(私たちのオモニ)』(新潮社, 1992)를 펴낸다(〈그림 5-6〉).

먼저 이 책에서 가장 두드러지는 점은 '오모니들'뿐만 아니라 차세대 한인들의 모습을 담았다는 사실이다. 즉, 혼다는 『해녀』를 인용하여 오모니들의 삶을 풀어 '다시 전하는' 동시에, 김영이 썼거나 진행 중인 작업들, 더 나아가 그녀의 가족사 및 '아보지' 김주태(金宙笞)가 주도했던 계간지 ≪마당(まだん)≫(1973~1975년 발행)에 얽힌 고투를 다룬다. 다시 말해 이 책은 오모니에 대한 책인 동시에 오모니들을 둘러싼 실천에 대한 민족지적(ethnographic) 보고서라는 메타적인 성격의 텍스트라고 할 수 있다.

집으로 배달된 『해녀』를 집어 들며 의아해하는 장면으로 시작되는 이 책에서 혼다는 동봉된 편지를 통해 책의 공저자 김영이 김주태의 딸임을 알게 된다. 그는 『해녀』 속 '챠무수(チャムス, 잠수) 오모니'들의 이야기에 크게 매료되는 동시에, 그 책이 작고한 아버지의 유지를 계승하는 것임에 남다른 감회를 느끼며 김영을 만나러 간다. 그리고 그녀와 함께 『해녀』에 등장했던 28명의 오모니 중 한 사람 김영아(金栄児)를 직접 인터뷰하기에 이른다.

혼다는, 남다른 잠수 실력으로 '챔피언', '천재'라 불리던 그녀의 파란만장한 과거 위에 65세를 넘긴 현재를 포갠다.

> "하루에 몇 번 잠수하세요?"
>
> ……
>
> "하루가 아니라 1시간에 30번, 40번……. 인제 늙어서 3미터, 4미터밖에 못 들어가니깐."
>
> …… 직업병인 류머티즘 통증으로 힘들어하는 그녀는 해변에서 올라오면 욕조의 더운물로 천천히 몸을 덥히면서 오후 4시에 늦은 점심을 먹는다. 그리고 오후 8시 넘어서 저녁을 먹고 9시까지는 잠자리에 든다고 한다. "잠수하면 밥이 맛있어"라며 그녀는 처음으로 웃는 얼굴을 보였다.
>
> ……

[상자글 5-5] '잠수 챔피언' 김영아 오모니의 삶

『해녀』의 내용을 바탕으로 혼다가 정리한 김영아의 생애를 요약하면 다음과 같다. 1924년 제주도에서 태어난 그녀는 '새 치마저고리가 갖고 싶어서' 어머니의 반대를 무릅쓰고 15살 때부터 감포, 울산으로 일하러 다니다가, 17살 때 부모가 정해준 얼굴도 모르는 남편의 아내가 되어 기미가요마루(君ヶ代丸)를 타고 오사카로 간다. 하지만 그녀는 남편을 만난 바로 다음 날 지바현 보소(房総)로 일하러 가게 되고, 남편이 징용에 끌려간 후 도쿄의 먼 친척 집에서 지내다가 해방을 맞는다. 그렇게 남편과 연락이 끊긴 후 다른 남자를 만나 새로운 생활을 꾸려갈 무렵 남편이 갑자기 다시 나타나 소동을 부리자 위자료 5000엔으로 무마하고 그 돈을 갚기 위해 줄곧 중노동에 시달린다. 아이를 낳는 날에도 진통 주기가 짧아질 때까지 바다에서 일을 하다가 서둘러 집에 돌아와 홀로 해산하곤 했다. 뒤이어 파친코 가게가 실패로 돌아가고 태풍으로 집을 잃은 후 남편이 뇌경색으로 쓰러져 몸을 못 가누게 되자 그녀는 남편을 리어카에 태워 바닷가 오두막에 재워 둔 채 물질을 하면서 생계를 이으며 지금에 이른다(本田靖春, 1992: 41~50).

『해녀』 책이 나오고 난 다음에 주변 반응을 물으니 이런 대답이 돌아왔다.

"뭐하러 그런 책 쓰라고 도와줬냐고 혼나기도 했지만, 도쿄에 있는 딸이, 좋은 책이에요, 눈물이 나요, 라고 그랬으니까 좋은 책이겠지."

'챠무수[해녀]들은 단 한 사람도 글자를 읽을 줄 몰랐다. 그렇기 때문에 양징자, 김영 씨는 그들의 역사를 발굴해 냄으로써 세상에 문제의 근원을 묻고자 했던 것이리라(本田靖春, 1992: 51~52).

이렇게 혼다는 구술 작업 속 인물을 다시 한 번 대면함으로써 오모니 및 오모니의 삶을 기록하는 이들에 더하여 이를 지켜보는 자신의 시선을 하나 더 추가하는데, 이로써 '오모니(구술자)-재일 후속 세대(기록자)' 사이의 이항관계는 '한인 구술자-한인 기록자-일본인 혼다'라는 삼항관계로 확장된다.

즉 독자들은 혼다가 인용, 요약하는 『해녀』라는 창을 통해 오모니의 과거를 접하는 동시에 김영과 함께 오모니 앞에 앉은 혼다의 시점에서 그녀들의 현재를 대면하는데, 이러한 대상과의 이중적인 거리 감각은 오모니와 김영 그리고 혼다가 지금 책을 마주하고 있는 독자와 똑같은 '동시대인'임을 상기시킨다.

둘째로, 이러한 서술상의 특징은 김영의 가족사를 되짚으며 심화된다. 혼다는 전전 도쿄 후카가와(深川)에서 한인 2세로 태어난 어머니 김효선의 집안 내력부터, 그녀가 밀항으로 일본에 온 김주태와 만나 결혼하기까지의 과정, 그리고 김주태의 투병과 잡지 발간을 위한 고투를 풀어내면서 그 사이사이에 도쿄 대공습, 쓰레기 줍기, 밀주 제조, 밀항, 오무라(大村) 수용소, 민족 학교 운동, 암시장에 대한 설명을 끼워 넣고 또 이들 한인 가족과 자신의 그간의 교류에 얽힌 각종 에피소드와 감상을 덧붙인다. 그러한 결과로서, 오모니 김효선의 삶은 딸과 남편 그리고 혼다의 시선이 서로 교차하는 지점에 놓인다.

> '"부모와 연을 끊더라도 공부라든가 소위 천하 국가 생각으로 머리가 꽉 차 있었어. 집이나 생활비 생각은 귀찮고 번거로울 뿐이라는 생각이었지. 여자는 현실을 좇고 남자는 로망을 좇는다, 랄까. 그러니 이러쿵저러쿵하면서도 오모니가 생활을 안 꾸렸으면 지금 이 집도 없었을지 몰라." 아보지(アボジ)는 당시의 자신을 이렇게 평한다. 그리고 학문에 뜻을 둔 대부분 남자들이 이런 부부 관계를 형성하는 것 같다고도 했다.'(김영 '우리 오모니')
> 집안일이나 생활비 문제를 생각하기 귀찮다고 기탄없이 말하는 남자를 남편으로 두고 있었으니 효선은 하릴없이 일할 수밖에 없었다. 또한 그녀의 재능도 유감없이 발휘되었던 것이다(本田靖春, 1992: 122~123).

김효선은 혼다와 같은 1933년생이다. 하지만 무슨 "역사의 장난"(本田靖春, 1992: 67)인지, 조선에서 태어난 혼다와는 반대로 그녀는 일본에서 태어나 험난한 인생을 살았다. 공부에 소질이 있었던 그녀는 총련이 민족 교육을 담당할 인재를 양성하기 위해 설립한 중앙조선사범학교의 첫 입학생으로 전국에서 발탁한 30명의 학생 중 가장 어린 나이로 선발되어 교원의 길을 걷는다. 하지만 '학문에 뜻을 둔 남자'와 만나는 바람에, 후일 딸이 그녀의 삶을 기록한 글에 붙인 부제처럼 평생을 '계속 일하며(働き続けて)' 살아야 했다. 30년 동안 계속한 화장품 방문 판매를 포함하여, 빵·우유·도시락 판매, 식당, 반찬·과자 가게, 남편이 원인 모를 병으로 몸져누운 후로는 공장 굴뚝이나 철도 레일 청소 등 궂은일도 마다하지 않았다. 실질적인 생계 부양자로서 여성의 노동은 재일한인의 가족 서사에서 흔히 발견되는 요소로 그리 새로울 것은 없다. 다만 주의 깊게 볼 점은 '유감없이 발휘된 그녀의 재능'에 대한 평가다. 예컨대 "하릴없이 일할 수밖에 없었"던 어머니를 안타깝게만 여기는 딸 혹은 그저 무덤덤하게 여기는 남편과는 달리, 혼다는 쉼 없는 노동과 더불어 돈을 빌려 집을 사고 식당을 아파트와 맞바꾸며 다시 전매하는 모습에 감탄하며, 일을 찾아내고 재산을 착실히 불려가는 남다른 안목과 감각을 그 자체로 높이 평가한다(本田靖春, 1992: 141). 이렇게 '제3의 시선'이 더해짐으로써 김효선의 노동은, (딸의 입장에서 본) 가족을 위해 강요당한 희생, (남편의 입장에서 본) 당시 한인 가정에서 이례적이지 않은 젠더 역할에 더해, 개인으로서의 강인한 생활력과 이재(理財) 감각이라는 세 가지 '관점' 속에서 더욱 입체적으로 살아난다.

셋째로, 과거와 현재를 자유로이 교차시키는 혼다의 서술 전략은 타자와 공유하는 공동체의 시간 축에 대한 감각을 날카롭게 자극한다. 책의 초반에서 가나가와현 츠루미(鶴見) 강가 김영의 집을 찾은 혼다는 예전 김주태와 함께 방문했던 근방의 조선인 집락이 하천 개수 공사로 이미 자취를 감

쳤음을 알아챈다. 그리고 15년 전으로 시점을 되돌려, 16년간의 요미우리 신문(読売新聞) 기자 생활을 뒤로하고 독립한 직후 자신의 '원점'에 대해 고민하는 가운데 김주태와 함께 조선인 집락을 처음 방문하여 첫 단행본 『내 안의 조선인(私のなかの朝鮮人)』(文藝春秋, 1974)을 마무리하던 시절을 회상한다. 그러고는 김영이 어머니에 대해 쓴 원고를 인용하는 현재의 자신과 그녀의 부모와 조부모가 걸어온 100여 년의 과거를 몇 차례나 오고 가며 김효선의 생을 재구성해 낸 끝에서야 그 집이 어떻게 마련되었으며 어떻게 '오리엔트 침구원(鍼灸院)'이라는 간판을 내걸게 되었는지를 알려준다. 또한 그렇게 '먼 길'을 돌아 김영의 집 앞에 선 현재로 돌아왔나 싶은 순간, 혼다는 다시 김영의 오빠 결혼식 피로연에 앉아 '일가 삼대의 역사'를 되돌아보며 '깊은 감회'를 토로한다. 그러더니 이번에는 김영에 초점을 맞추어, 일본에서 태어난 어머니의 삶을 중시해 스스로를 '자이니치 2.5세'라 부르는 그녀가 어떻게 자라났고 어떠한 내면의 갈등을 거쳐 억압적인 젠더 질서에 대한 비판적인 의식을 키워 『해녀』에 이르렀는지를 서술한다. 그리고 이제 '미라이(未来) 짱'의 '오모니'가 된 그녀의 모습을 바라보며 혼다는 "1, 2세가 통과해 온 고난의 시대"를 뒤로하고 3, 4세들의 '가능성'을 이야기해야 할 새로운 미래의 도래를 예감한다.

이렇게 서로 교차하며 사회의 자화상으로 직조되어 나가는 '오모니'와 '나'를 둘러싼 다양한 에피소드들은, 베네딕트 앤더슨(Benedict Anderson)(2003: 48)이 민족적 공동성을 배태하는 것으로 파악한 '한편(meanwhile)'이라는 근대 소설 특유의 수사법, 즉 연속된 시간 축 위에서 '다른 일이 일어나고 있는 동안'이라는 감각을 강하게 자극한다. 즉 이 책의 마지막 장을 덮은 독자는 '내가 모르는 사이 혹은 지금 이 순간에도' 이 사회의 일원으로 삶을 꾸리며 다른 이들과 교류를 나누고 있을, '오모니'라는 호칭을 대물림하는 이들의 존재를 떠올리며 동일한 시간 축으로 엮인 상상의 지평 속에

스스로를 자리매김하도록 유도된다.

요컨대 혼다는 자칫 회고적인 감상성 속에 묻히기 쉬운 오모니를 현재 진행 중인 실천의 장 속으로 불러낸다. 동시에 거기에 자신의 제3자적 시선을 더하고 오모니들에 대한 '상상'을 일본의 '전후'와 단단히 묶어냄으로써 '과거에 속한 타자 오모니'가 아닌 일본인들과 함께 호흡하고 교류하는 '우리들의 오모니'를 재구성해 냈다고 할 수 있다.

2) 오다 마코토의 『오모니 태평기』: '오모니'라는 타자와 공존하는 법

1960년대 말 점화된 일본의 반전 운동, 평화 운동의 흐름에서 중요한 위치를 점하는 문인이자 활동가인 오다 마코토(小田実)는 한인 여성과 결혼한 이후 장인, 장모에 관한 작품을 남겼다. 그중에서도 1996년에 발표해 이듬해 가와바타 야스나리(川端康成) 문학상을 수상한 단편 소설 『아버지를 밟는다(アボジを踏む)』(講談社, 1998) 및 에세이 27편을 묶은 『오모니 태평기(オモニ太平記)』(朝日新聞社, 1990.[7]) 이하 『태평기』)는 '오모니'를 집중적으로 다루고 있다. 특히 『태평기』에는 오모니와 함께 이야기를 나누고 텔레비전을 보거나 여행을 하는 등 일상적인 가족의 모습이 시종일관 유머가 넘치는 필치로 그려져 있는데, 그 문체는 그간 재일한인들이 발표해 온 사소설(私小說)의 주된 정서와 극명한 대조를 이룬다. 김학영(金鶴泳), 양석일(梁石日), 사기사와 메구무(鷺沢萠), 이양지(李良枝)의 소설 속 침울하거나 진지한 가족 묘사에 견주어 볼 때, 오다의 문체는 더할 나위 없이 밝고 또 가볍다. 또한 신변잡기적인 에피소드를 통해 생생하게 그려진 1세 여성의 모습 역시 기존의 '오모니'상과 사뭇 다르다. 그 특징은 다음의 세 가지로 살펴볼

7) 이 글에서는 2009년 고단샤(講談社) 판을 인용했다.

수 있다.

첫째, 『태평기』 속 오모니는 전후 사회의 문화를 상대화하는 타자이자 새로운 문화의 창조자로서 어떤 '깨달음'을 주는 인물이다. 오다는 오모니를 보면 "때때로 자신의 어머니를 보고 있는 것 같은 느낌"에 사로잡힌다. 오모니가 자신의 모친과 같은 '메이지(明治)의 사람'이기 때문이다(小田実, 2009: 128). '메이지의 사람'은 무엇보다 '등이 곧고' '강직'하며 '굳세다(勁い)'. 예컨대 오모니는 시험공부에 여념이 없는 딸을 "너무 열심히 공부하면 병난다. 병나면 다 부질없으니까 얼른 자"라며 나무란다. 오다가 보기에 이러한 "시험, 성적, 학교 제도, 세상의 관례, 상식 같은 것들을 일거에 날려버리는 듯한 자기 원리에 기반한 발언"은 "온화함의 극한이자 지고한 굳셈의 표현"이다(小田実, 2009: 137).

이러한 '굳셈'을 잘 드러내 주는 것이 일본어와 제주도 사투리가 종잡을 수 없이 섞인 '짬뽕 언어', '오모니어(語)'(小田実, 2009: 13)다. 오모니는 초면의 사윗감에게 바로 "오다 상은 왜 우리 귀여운 딸에게 종도로[정들어]한 거야?"(小田実, 2009: 32)라고 묻거나, 스캔들이 난 총리대신을 '기생놀음', '몸상관(体相関)'에 충분한 값을 치르지 않은 "깍쟁이(カクチェンイ)"라는 한마디로 평가하며(小田実, 2009: 66), 료칸(일본 전통 여관)에서는 "밥이란 건 이렇게 마라소[말아서] 먹는 거야"라며 따로 나온 반찬들을 섞어 새로운 '조선 요리'를 창작해 내기도 한다(小田実, 2009: 104). 오다는 이러한 '오모니어'가 하와이에 정착한 일본인들의 "산데-[Sunday]마다 차-치[church]에 미[me]는 고[go]한다니까"라는 말과 마찬가지이며, 이들 언어가 둘 다 1세로서의 '고생이 배어 있는 민족어'이기에 "그만한 힘이 담겨 있는" 것이라 추측해 본다(小田実, 2009: 196).

그런데 이 '직재간명(直截簡明)'한 '오모니어'에는 언어의 경계, 상식의 경계를 넘어 종종 거침없이 사태의 본질을 바로 포착해 내는 '힘'이 서려 있다

[상자글 5-6] 오모니어가 전하는 전쟁과 전후의 기억

혼다의 장모와 같은 재일한인 1세들은 종종 심한 사투리 우리말과 생활 속에서 익힌 능숙지 않은 일본어가 뒤섞인 '짬뽕 언어'를 구사하곤 한다. 그러한 '오모니어'의 사례를 일부 옮겨본다. 이하 소괄호 '( )'는 원문대로이며, 인용자의 추가 설명은 대괄호 '[ ]'로 묶어 제시했다.

> "우리 근처에 가스탱크 에메(옆에) 칩(집)이 있어서 케이보단(警防団)들이 오란(경방단 사람들이 와서) 얼른 소카이(疎開)하라고 그래서 아보지[아버지]가 시골에 [살 곳을] 찾으러 가서 찾은 게 지금 이 집이야. 다카토리산(高取山) 에메(옆에) 쿤쿠난(큰) 방공호에 가니까 훙구랑훙구랑(흔들흔들)하는 거야. 깜짝 놀라 밖으로 나오니까 다카토리산이 다 흔들거려. 지진인 줄 알았는데 파쿠탄(폭탄)이었던 거야. 케이보단이 큰 헨타이(군 편대)가 올 거라고 그랬지만 파쿠탄(폭탄)을 떨구지는 않는다고 그랬으니까 지진인 줄 알았던 거야. 놀래서 위를 올려다보니까 아이고, 전신주에 사람하고 훈도시[남성 속옷]가 걸려 있었어……."(小田実, 2009: 39)

> "치바네 이스몬(집에 있는데), 고읏하눈 소리에[쾅 하는 소리에], 깜짝 놀라 문을 열어보니 무리(물이) 확 들어오더니, 다다미가 여기저기 뜨는 걸 발로 팍팍 밟아도 밟아도 자꾸 떠오르는 거야. 이불이고 뭐고 다 물에 뜨고 변소 안에 든 것도 둥둥 떠올라 갖고…… 호리카지(허리까지) 무리 오루라와서(물이 올라와서) 우리 다 죽는 줄 알았지 뭐여."(小田実, 2009: 39)

(小田実, 2009: 40).

> "이루본[일본]에 오긴 했는데도 미쓰키, 요쓰키 일할 데가 없잖아. 반화(반화, 장화이려나?) 만드는 공장을, 아는 사람이 하고 있어서 반화를 꼬매는 일을 했지. 12켤레에 한 다스인데 그게 5전이야. 자루하눈 사라문[잘하는 사람은] 오야카타한테서 5엔 받았는데 난 그러질 못하거든…… 그러니까 몬 모고쇠[못 먹었어]" …… 현장 감독부터 회사의 계장, 과장, 사장까지, 장이 붙은 양반은 모두 '오야카타'다(小田実, 2009: 40).

예컨대 오모니는 회사의 관리자든 국가의 수반이든 '권한을 휘두르는 윗사람'을 모두 '오야카타(親方, 우두머리)'라고 불러버림으로써 표피 이면에 작동하는 권력관계를 바로 짚어낸다. 이렇게 오모니는 "세상의 진리를 거침없이 격언의 형태로 말해버리는 저잣거리의 철학자"(小田実, 2009: 59)로서 오다에게 늘 새로운 깨달음을 준다.

둘째로, 그러한 깨달음은 결코 과거나 민족의 문제에 한정되지 않는다. "오모니가 돌아가고 싶은 일본"이란 글에서 서독 여행 중에 과로로 몸이 불편해진 오모니는 일본에 돌아가고 싶다고 말한다. 그 이유를 캐묻자 오모니는 다음과 같이 대답한다.

> "일본에 가면 병원에 갈 수 있잖아."
>
> "여기서도 못 가는 건 아니잖아요."
>
> "일본 병원에선 다들 만날 수 있잖여."
>
> "……"
>
> "온천에도 갈 수 있고 그리고 맛있는 사시미도 먹을 수 있고."(小田実, 2009: 212)

이어지는 문답을 통해 오다는 오모니가 말하는 일본에 돌아가고 싶은 이유로 든 병원, 온천, 사시미가 전부 '노령자들이 모여 이야기도 나누고 편히 쉴 수 있는 장소'와 관련되어 있음을 깨닫는다. 오모니가 사는 고베(神戸)는 시 재정이 윤택한 편이라, 외국인을 포함하여 노인들이 무료 시영 버스를 타고 병원에 가서 무상으로 치료를 받으며 '온천' 역시 동네 노령자들이 모이는 시영 인공 온천탕이었다. 여기서 오다는 '일본 사회가 지향해야 할 모습'을 발견한다.

이렇게 보면 세 가지 이유가 전부 지금의 일본 사회의 어떤 훌륭함에 기반해 있다. 다만 그것은 결코 '대국 일본'을 뽐내는 훌륭함이 아니라 오모니 같은 외국인 노인에 대해서도 차별 없이 무료로 병원에 다니게 해주고 때때로 '온천'에 가서는 먹고 싶을 때면 사시미를 먹을 수 있는 정도의 풍요함을 지닌 시민 사회로서의 훌륭함이 틀림없다. 달리 말하면 오모니가 서베를린에서 일본에 돌아가고 싶다고 했던 것은 다다미의 향기가 그리워서도 아니고 서베를린의 상점가보다 훨씬 떠들썩하게 상품을 늘어놓은 고베의 번화가를 걷고 싶어서도 아니다. 더욱이 오모니가 돌아가고 싶어 하는 일본은 대국임을 자랑스럽게 뽐내고 그 중심에서 천황을 받들며 국제화 운운하면서 한편으로 지문 날인을 강제하는 그런 일본이라는 국가는 아니다. …… 이런 오모니의 말을 듣고부터 나는 일본이 지향해야 할 모습이 눈에 분명히 보이는 듯한 느낌이 든다. 딱 부러지게 표현은 못 하겠지만 지금까지와는 다른 시선으로 일본을 보게 된 것이 사실이다(小田実, 2009: 213~214).

이어 오다는 1년 반 동안의 서독 체류를 돌이켜 보며, 서독 못지않은 '개인적인 풍요로움'을 달성한 일본이 노동 시간, 휴가, 주택, 학비, 노후 보장, 공원 등 '사회적인 풍요로움'이라는 면에서 빈약한 처지이며 오모니가 돌아가고 싶어 하는 곳이란 '사회적인 풍요'가 '개인적인 풍요'를 충분히 떠받치는 사회일 것이라 담담히 논한다.

셋째로, 『태평기』에서 주의 깊게 볼 점은 오모니가 주는 깨달음이 제시되는 방식이다. 예컨대 오다는, 사위 집 책장을 본 오모니가 던진 질문 "왜 또 이렇게 다른 사람이 쓴 책만 잔뜩 늘어놓은 거여"에 설득당하고 만다.

과연, 그건 그렇다. 우리는 왜 책이든 그림이든, 그렇게 다른 사람이 만든 것만 늘어놓고 쳐다보며 좋아하는 걸까. 그림이라도 자기가 그려서 벽에 걸어놓으면 좋을 텐데. 손수 만든 요리를 귀하게 치는 세상인데, 음식도 자기 손으로 만들어 먹고 시도 자기가 쓰고 그림도 자기가 그리고, 이렇게 하는 편이 낫지 않을까 그래야 하는 건 아닐까, 자문자답하고 있으려니, 그러한 사상을 눈앞에서 실천해 보이려는 듯 아보지는 묵묵히 내 발치의 책이나 잡지를 묶어내기 시작했다. …… [오모니는] 아보지의 일은 하나도 도와주지 않고 당신 나름대로 지적 호기심에 넘쳐서 [아보지가] 건네주는 책이나 잡지를 뒤적여 읽는다. 하지만 그렇다곤 해도 글자를 전혀 모르는 터이니 책이나 잡지에 실린 사진이나 그림을 보고 있는 거라 해야겠지만. 그녀의 직감, 문자를 읽지 못하기에 오히려 더욱 날카롭게 연마된 감각은 텔레비전 감상과 관련해서 이미 언급했지만 "이 사람 나쁜 사람인겨"라든가 "이건 전쟁 중의 사진"처럼 대상을 정확하게 꿰뚫어 본다. 사진이나 그림이 안 나오고 글자밖에 없는 경우 혹은 사진이나 그림이 나오기 전까지는 가끔 책이나 잡지를 거꾸로 들고 계시기도 하지만. 언젠가 오모니가 내 책장을 좀 정리하셨던 적이 있었는데 그때는 책을 사이즈별로 전부 나눠 배열하는 근사한 작업을 보여주셨다. 여기 내가 '근사한'이라고 적은 데는 조금도 비꼬는 뜻이 없다. 오모니가 정리한 결과를 보고 실제로 그렇게 느꼈기 때문이다(小田実, 2009: 107~108).

오다는 "다른 사람이 쓴 책만 잔뜩 늘어놓는" 행위를 되돌아보며, 그러한 본질을 꿰뚫어 보는 감각이 글을 읽지 못하기에 "오히려 더욱 날카롭게 연마된" 것이리라 추측해 본다. 하지만 바로 뒤이어 책이나 잡지를 거꾸로 든 오모니의 모습을 덧붙임으로써 그러한 해석에서 규범적인 무게를 덜어내고 그러한 가르침이 교조화할 위험성을 슬쩍 비껴가면서 '옳음'이 아니라 '근사함'이라는 잣대로 '오모니의 책장 정리'에 대한 감상을 더한다. 이렇게

[상자글 5-7] 타자를 신비화하는 '덫'

일찍이 에드워드 사이드(Edward Said)가 『오리엔탈리즘』에서 갈파했듯이, 식민주의적 지배의 수사는 타자에게 열등한 지위를 강제하는 동시에 그들의 낯선 이질성과 이국적인 매력을 신비화하여 숭배/소비의 대상으로 삼는다. 그런데 페미니즘과 탈식민주의의 세례를 받은 지식인들조차 이러한 '타자를 신비화하는 인식론의 덫'에서 그다지 자유롭지 않다는 점이 간혹 지적된다. 인도의 여성 학자 우마 나라얀(Uma Narayan)은 문화적 차이를 존중하는 서구의 연구자들이 종종 '인류학적 관점'을 보인다고 말한다. 이 '인류학적 시점'은 서양인들이 타자의 문화에 관심을 기울여야 한다는 것과 그때 타자에 대한 도덕적인 비판을 자제해야 한다는 두 가지 규범을 내용으로 하는데, 이러한 규범을 내재화한 서구인들은 제3세계 출신자에게, '사자(使者)/밀사(密使; Emissary)', '거울(Mirror)', '진정한 당사자(Authentic Insider)'라는 특정한 역할을 기대하곤 한다. 즉, 제3세계 출신 지식인은 서구인들에게 자기네 풍부한 문화유산에 대한 정보를 전달해 줄 '사자/밀사'라는 임무를 수행하되 그 부정적인 부분을 드러내 비판해서는 안 된다. 또한 그들은 식민주의의 파괴적인 역사를 반성하는 서구인들의 모습을 비추는 '거울'로 여겨지는데 이는 '서구의 수동적인 희생자'라는 제3세계에 대한 스테레오 타입을 강화하는 결과를 낳는다. 아울러 그들은 출신지를 대표/대변(represent)하여 발언할 것을 요구받는다(Narayan, 1997: 'Chap 4').

식민주의를 비판하고 다문화주의를 환영하는 '양식 있는' 서구인들조차 제3세계에게 정형화된 모습을 기대하는 오류에 빠지곤 한다는 이러한 지적은, '타자'와 진정한 '대화적인' 관계를 맺기 위해서는 그들을 피상적으로 이해하거나 신비화, 우상화하지 않으면서 그들의 문화 및 발언에 대해 보다 비판적으로 개입하려는 주체적인 자세가 필요하다는 사실을 새삼 일깨워 준다. 이렇게 보면 이 글에서 소개한 오다 마코토의 자세는, 재일한인에 대한 전면적인 '긍정' 및 그들에게서 어떠한 '가르침'을 받아내려는 수동적인 자세를 넘어, 어떻게 '오모니'와 대화적인 관계를 모색할 것인가라는 질문을 던지고 있는 듯하다.

아울러 이 논점은 다음 장 "도래하는 '자이니치 1세'"에서 다룰 재일한인 1세들의 '구술'이 갖는 위상과 관련해 중요한 의미를 갖는다. 이른바 '언어적 전회(linguistic turn)' 이후 부상한 포스트모더니즘의 조류 속에서 형이상학적인 근거를 잃고 '위기'에 처한 기존의 역사학계에서는, 통제 불가능하고 결정 불가능한 언어에 '오염'되지 않은 역사 쓰기의 방법으로서 '순수한 타자의 경험'에 '과거의 사실'에 대한 보다 믿을 만한 접근의 토대를 근거 짓고자 하는 움직임이 일었는데, 이러한 배경에서 사회적 약자들의 증언이나 구술을 맹목적으로 신비화, 절대화하는 위험성이 부상했다(Kleinberg, 2007: 49~52). 하지만 제6장에서 거듭 강조하듯이, 타자=당사자들의 증언을 '절대적인 진리'로 찬양하거나, 반대로 '오류투성이인 주관'으로 폄하하는 두 가지 극단적인 태도 모두 소박한 실증주의적 역사관의 억압성에 대한 자성의 결여 혹은 '과거를 매개하는 작업'으로서의 역사 쓰기에 대한 몰이해를 드러낸다고 할 수 있다.

오모니의 발언에서 어떤 촌철살인의 깨달음을 읽어내면서도 이를 다시 가치 전도가 자아내는 유머러스함으로 감싸는 모습은, 지식인들이 즐겨 구사하는 사변적인 선악시비의 문체와 판이하면서도 그 이상의 선명한 인상을 남긴다. 『태평기』가 이채를 띠는 것은 바로 이러한 지점이다.

베를린 장벽을 본 오모니의 말 "이 벽 부술 때는 어떻게 하려나"에 대해서도, 오다는 생각지도 못한 말에 "허를 찔렸"고 또한 바로 몇 년 뒤 그러한 '예언'이 실현되었음에도 당시의 발언이 장벽의 낙서 중에 유명한 화가의 그림도 있다는 말에 대한 반응에 지나지 않았다는 정황을 가감 없이 전함으로써 오모니를 '진실을 가지고 있는 자(truth bearer)'로 신비화하는 '덫'(유발-데이비스, 2012: 232)을 피해간다. 요컨대 오모니는 깨달음을 주지만 그러한 오모니가 다시 얼마간 희화화됨으로써 두 사람은 상하 관계의 끈(bond)으로 속박당하지 않는다. 오모니의 발언과 오다의 해석 사이에는 독자들이 자유로이 거닐며 생각해 볼 수 있는 틈/공간이 생겨나는 것이다.

지금까지 살펴본 『태평기』 속의 오모니는 과거 혹은 민족적 전통을 구현하는 인물이 아니라 한일 그 어디에도 귀속시킬 수 없는 독특함을 발하는 '타자'이다. 그녀는 나름의 정신세계를 유지하면서도 고향의 것과 타향의 것을 섞어 '마라소[말아서]' 새로운 것을 만들어내는 '문화 창조자'일 뿐만 아니라, 결코 간단히 이해되어 버리지 않고 언제까지고 이질적인 존재로 남아 '나'에게 타자 이해라는 과제를 제기한다. 오모니가 살아낸 험난한 '역사'의 굴곡을 끊임없이 상기하면서도 수동적인 희생자의 이미지로부터 끊임없이 '미끄러지는' 다채로운 면모를 포착해 내는 오다의 모습은, 피억압자, 피차별자 앞에서 투철한 자기비판을 거듭하는 투명한 지식인이라기보다는 타인에게서 자극받고 그들과 교류하면서 '낯섦'을 음미하는 가운데 지혜를 얻는 '생활인'이자 '학습자'다. 오모니라는 이름의 '일본(인)의 타자', '지식인의 타자'를 쉽게 이해, 공감하기보다는 적당한 거리를 유지한 채 배우며 공존을 모색하는 모습, 한인-일본인 혹은 장모-사위라는 관계의 패턴에 얽매임 없이 사람 대 사람으로 동반자적인 관계를 만들어나가는 모습은 평면적인 '오모니'상의 극복이라는 문제와 관련해 시사적이다.

5. '오모니'와 '나': 조선의 시정/미감이라는 질문

1) '오모니'가 빚어준 시정: 모리사키 카즈에의 '원죄'

전후 사회 속 일본인들의 입장에서 '오모니'란 일차적으로는 '자이니치 여성'에 대한 인식의 틀이지만 그 배경에는 항상 '조선'에 대한 심상이 자리하고 있다. 이 절에서는 '오모니'가 환기하는 정서적인 측면에 천착함으로써 재일한인 및 조선에 대한 대안적인 인식을 시도한 일본인 작가 두 명의 사례를 살펴본다.

먼저 모리사키 카즈에(森崎和江)는 한반도에서 태어난, 이른바 '식민 2세'로서 일본에 귀환한 이들 특유의 '후유증'(本田靖春, 1979: 99)을 온몸으로 앓으며 줄기차게 과거를 반추하는 사상적 고투를 통해 페미니즘이나 탈식민지주의라는 말이 유행하기 훨씬 이전에 이들 논점을 선취하는(上野千鶴子, 2016: 18에서 재인용) 풍요로운 사상의 경지를 이루어냈다. 1927년 대구에서 태어난 모리사키는 교사인 아버지를 따라 경주와 김천에서 학교를 다니다가 어머니를 여의고 1944년에 후쿠오카(福岡)로 들어올 때까지 17년간을 조선에서 보냈다. 그녀는 일본 사회의 폐쇄성에 강한 혐오감을 느끼는 동시에 조선에서 태어난 일본인으로서의 '원죄'를 괴로워하다가, 결혼과 출산, 동생의 자살 이후 규슈 치쿠호(筑豊)의 탄광촌으로 들어간다. 거기서 그녀는 광산의 '산업 합리화'에 저항하는 노동자들과 함께 '서클' 활동에 전념하

면서 저명한 평론가이자 노동운동가인 다니가와 간(谷川雁)과 함께 잡지 ≪서클 촌(サークル村)≫(1958~1960년 발행) 발간에 힘쓰나, 노동쟁의 속에서 여성 문제가 소외되는 현실을 직면하고 잡지 ≪무명통신(無名通信)≫ 및 단행본 출판을 통해 여성 문제에 대해 적극 발언하게 된다.

그림 5-7 _ 2008년 전 5권으로 간행된 선집 '모리사키 컬렉션'의 1권 『산토(産土)』의 표지
모리사키의 사상적 토대를 이루는 조선에 대한 기억을 담은 글들이 다수 실려 있다.

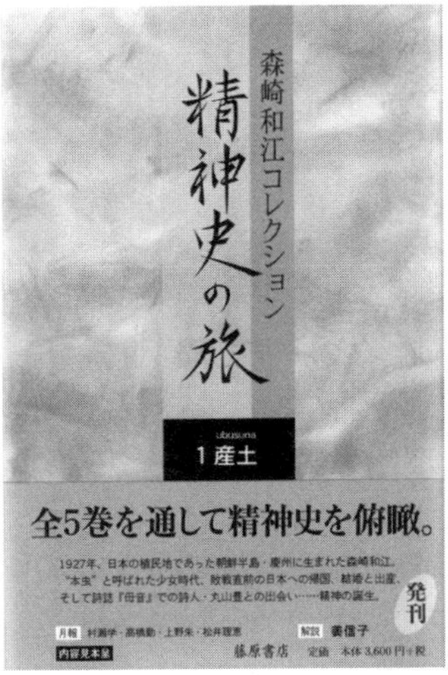

그런데 모리사키는 1968년, 경주중고등학교 초대 교장을 지낸 작고한 아버지 대신 개교 30주년 행사에 초청받아 한국을 방문하면서 어릴 적 자신을 키워주었던 조선인 유모와 재회함으로써 '오모니'를 새로 발견한다. 그 후로 그녀는 『엄마 나라와의 환상혼(ははのくにとの幻想婚)』(現代思潮社, 1970), 『경주는 어머니의 부르는 목소리(慶州は母の呼び声)』(新潮社, 1984), 『두 개의 말, 두 개의 마음: 어느 식민 2세의 전후(二つのことば 二つの心 ある植民二世の戦後)』(筑摩書房, 1995) 등 일련의 저작을 통해 오모니에 대한 기억과 사유를 집중적으로 풀어낸다. '노동'에서 출발하여 '여성'으로 그리고 '탈식민'을 거쳐 '민중', '민속', '생명'으로 펼쳐진 모리사키의 여정이란 곧 식민지 조선에 대한 기억을 끌어안고 또 넘어서기 위한 부단한 내적 고뇌였던바, '오모니'는 자신의 시정(詩情)을 빚어낸 '원체험'에 대한 또 다른 이름으로서 그녀의 사상에서 빼놓을 수 없는 핵심어가 되었다.

모리사키의 글은 평론, 르포르타주, 소설, 에세이, 시 등 폭넓은 스펙트럼을 가지나 어린 시절이나 조선/한국을 다루는 글들은 어김없이 '나'에 대한 날카로운 성찰이라는 성격을 지닌다. 또한 그러한 내면에 대한 응시는 언제나 오모니에 대한 애틋한 그리움을 수반한다.

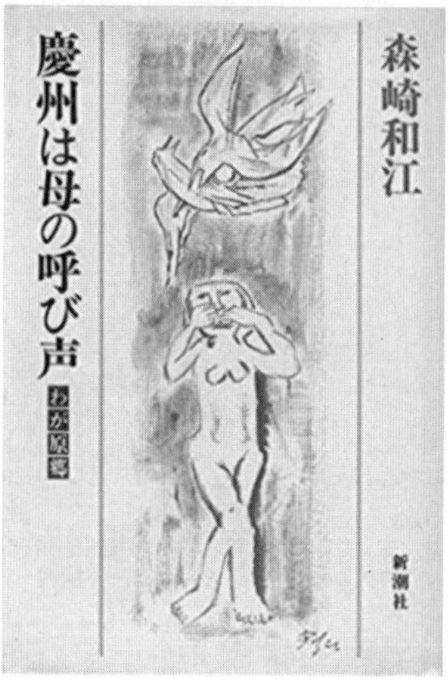

그림 5-8 _『경주는 어머니의 부르는 목소리』(모리사키 카즈에, 1984)의 표지

조선의 아이들은 "오모니!" 하고 외친다. 어린아이는 "온마아!" 한다. 울림이 듣기 좋은 말이다. …… 오모니나 오네야는 내가 자라는 내내 늘 곁에서 접한 푹신하고 커다란 방석과도 같은 존재였다. 그 속에서 우리는 된장국을 마시고 조선식 절임 반찬을 먹고 조선식으로 마련해 준 옷을 입고서 학교를 다녔다. 내 어머니에게 업힌 기억은 없어도 오모니 등에서 느꼈던 따스함 그리고 머리카락이 뺨이나 입술에 닿던 기억은 남아 있다. 또 오모니가 엄마가 지어 준 옷이나 양말의 터진 곳에다 네모난 천을 덧대어 준 일을 기억한다. …… 일상적으로 보는 풍물이 조선의 산하인지라 [나의] 시정(詩情)은 자연히 조선의 풍토에 의해 길러졌다. 이렇게 오모니라는 호칭은 다른 어떤 것과도 바꿀 수 없다(森崎和江, 1995: 65~66).

나는 조선에서 일본인이었다. 내지인이라 불리는 부류였다. 그렇지만 나는 내지를 모르는 내지인에 불과했다. 내지인이 식민지에서 낳은 여자아이였던 것이다. 그런 나를 누가 키웠던가. 나는 무엇이 되었는가. 나는 식민지에서 무엇이었던가. 그리고 패전 후 모국이라고 하는 곳에서 나는 무엇이었나. …… 내게는 만질 수 있는 얼굴이 있다. 그것은 조선(더욱이

> 식민지 조선)이 만든 것이다. 내 얼굴을 만지면 그 주형(鑄型)인 조선의 마음을 겉에서 만지는 것 같은 느낌이 든다. 겉만 만질 수 있을 뿐이다. 조선에 대한 나의 마음은 내 주형이 되어준 것의 실체에 대한 사랑과 닮았다. 알고 싶어서 어쩔 줄 모른다. 빚어진 존재가 자기를 만든 손에 이어진 그 본능을 그리워할 때 나는 절망에 빠져버린다(森崎和江, 1995: 21).

모리사키는 어린 시절을 반복적으로 추억하는데 그 기억은 필연적으로 "나를 누가 키웠던가", "나는 무엇인가"라는 질문으로 이어진다. 그녀는 '일본인'이지만 그녀의 정서를 형성한 것은 조선의 산하와 문물 그리고 오모니였다. 이러한 '오모니-조선'에 대한 감정은 자신을 빚어낸 '주형(거푸집)'에 대한 본능적인 사랑으로 묘사된다. 그녀를 먹여주고 업어주고 재워준 오모니가 대체 불가능한 형태로 자신을 빚어냈음을 알리는 것이 바로 그녀의 얼굴이다. 하지만 그 얼굴처럼 '오모니-조선'도 '겉만 만질 수 있을 뿐'이라는 사실 앞에 그녀는 절망한다.

> 패전 후 이십몇 년 동안, 나는 나의 주형인 조선을 떠올릴 때마다 하릴없이 울었다. …… 눈물에서 탈출하고자 나는 오랫동안 날마다 기록을 했다. 내가 태어난 이후로 연도 월일에 맞춰 조선에서 일어난 사건, 출판물, 속담, 민요, 생활법 등을 적어왔다. 나의 탄생과 성장과 겹쳐 있는 오모니들의 마음을 뒤따라가 매달리듯 꿈과 환상을 좇는 것이다. …… 나는 마치 역사의 오솔길을 되짚어 걸어 올라가듯 어두운 구름 속으로 들어간다. 되풀이해서 그래 왔다. 더욱이 내게는 개체의 역사를 덮어두고 머리로 그려낼 수 있는 아시아사, 세계사 쪽이 선명한 것이다. 또한 조선의 민중이나 농민이나 학생이 걸어온 식민지 투쟁의 문헌상 역사의 편이 선명한 것이다. 이래도 괜찮은 건가. 그렇게 도망칠 궁리를 하는 건가. 십칠 년 동

> 안이나 거기서 먹고 산 주제에. '오모니!'라는 신음이 장에서 터져 나온다. …… 오모니의 생활 내용을 모르고, 그 말도 모르고, 그러면서도 그 냄새를 알고, 피부 감각을 알고, 머리며 손을 입술로 핥으며 등에 업혔다. 군고구마도 사주고 잠도 재워줬다. 옛이야기도 들려줬다. 나의 기본적인 미감을, 나는 나의 오모니나 수많은 이름 없는 민중으로부터 받았다(森崎和江, 1995: 21~22).

모리사키는 집요하게 자신의 '주형이 되어준 것의 실체'를 좇지만 '어두운 구름' 저편의 '오모니들의 마음'에는 닿을 수 없다. 조선의 역사와 문화를 '머리로' '선명'하게 이해한들 "오모니의 생활 내용을 모르고 그 말도" 알지 못하는 것이다. 그녀는 여러 글들을 통해 이러한 '오모니에 대한 무지'를, 쌀과 보리를 구별하지 못한 부끄러움, 조선의 농업 관련 습속 및 민중문화에 대한 몰이해(森崎和江, 2008: 15) 혹은 노인에게 꾸중 듣고 사당에서 눈물짓던 '오모니의 슬픔'을 헤아릴 수 없었다는 회한(森崎和江, 1995: 279~280) 등으로 변주해 나가면서 오모니와 자신 사이의 간극을 곱씹으며 원죄를 고뇌한다.

> 나는 이윽고 지배 민족의 자손으로서 식민지에서 감성을 키웠음에 고뇌한다. 그것은 씻어낼 수 없는 원죄로서 내 안에 침잠해 있었다. 전후 화려하게 등장한 제국주의 비판 조류에도 마음을 의지하지 못했다. 왜냐하면 나는 정치적으로 조선을 침략했던 것이 아니라 더욱 깊이 침략했기 때문이다(森崎和江, 2008: 34~35).

그런데 '오모니의 마음'이 어떤 지식의 획득을 통해 극복할 수 있는 것이 아니라는 점은 모리사키의 원죄 의식에 독특한 위상을 부여한다. 식민 2세

지식인에게, 고향을 그리는 마음을 공공연히 드러내기란 일종의 '터부'였다. 유년에 대한 감상적인 회고는 곧 '제국'에 대한 무자각적인 노스탤지어, '식민자'로서의 자기비판의 결여로 여겨지기 십상이었기에 바로 그러한 맥락에서 혼다 야스하루는 "자신이 가해자라는 걸 알고 나서 고향을 그리워하는 마음을 잘라내 버렸다"(本田靖春, 1979: 199)라고 단언했다.

반면 모리사키는 이러한 불문율을 깨고 오히려 고향에 대한 적극적인 사고를 통해 '씻어낼 수 없는 원죄'가 이성의 피안에서 유래한다는 점을 명확히 했다. 곧 그녀의 '원죄'란 냉철한 역사 인식에 기반한 책임감에 선행하는 수준, 곧 '시정', '미감'이라 일컬어지는 감성적인 영역에 자리를 틀고 있다. 자기 자신이 '정치적인 조선 침략'보다 더욱 깊은 '내면 수준에서의 침략'의 산물이기에, 가해자와 피해자의 이항대립을 전제하는 '제국주의 비판'은 자기 존재의 부정과 다르지 않다. 이러한 입장에서 그녀는 "뒤집어지고 또 뒤집어지며 비틀린" 지배-피지배의 내부관계(森崎和江, 2007: 50), 그리고 민족, 계급, 젠더가 서로 얽혀드는 복합적인 억압하의 인간 실존에 천착할 수 있었던 것으로 여겨진다.

이렇게 볼 때 '오모니'는 식민지의 기억을 비판적인 사상으로 벼려내는 데 핵심적인 역할을 했다. '부르는 목소리'로서의 오모니는 유년기의 고즈넉한 정경에 머물지 모를 자신을 거듭 일깨운다. 오모니는 '푹신하고 따뜻한' 피부 감각의 수준에서 자신의 시정과 불가분으로 얽혀 있음으로 해서 스스로를 단선적인 이분법이 실효하는 지점으로 제시할 수 있게 한다. 또한 오모니의 생활과 마음, 더 나아가 '슬픔'을 모른다는 자책과 자기혐오는 그녀를 궁지로 모는 동시에 사상을 추동해 나가는 힘으로 작용한다. 이처럼 모리사키는 오모니에 대한 기억의 담금질을 통해 시정에 기반한 독특한 '원죄'를 앓음으로써 식민 2세들의 사상적 행로를 한결 더 날카롭고 풍요롭게 하는 동시에, 개인적인 경험이나 감각에 괄호를 치는 거대 이론에 의거함 없이 '나'로부터 출발하는 식민주의 비판의 한 가능성을 제시했다고 할 수 있다.

2) 오카베 이츠코: '오모니로서의 조선'의 미학

120여 권의 에세이를 출판하고 각종 칼럼과 강연회를 통해 정력적으로 활동한, 전후 일본을 대표하는 수필가 오카베 이츠코(岡部伊都子)는 일본의 문예, 미술의 미학적 근원으로서 '조선'을 재인식하는 글들을 단행본 『조선 모상(朝鮮母像)』(藤原書店, 2004)으로 묶어냈다. 여기서 '어머니로서의 조선(母なる朝鮮)'에 대한 탐구의 바탕을 이루는 것은 '미(美)에 대한 개인적인 체험'인데, 그 출발점이라 할 수 있는 「차별과 미의식(差別と美感覚)」(岡部伊都子, 1975: 8~18)이라는 글에서 그녀는 식민지주의와 패전 그리고 전후의 경험을 씨줄 삼아 차별 의식과 미의식의 뗄 수 없는 관계에 대해 고찰한다.

무엇보다 그녀를 괴롭힌 것은 전시와 전후의 미감이라는 문제였다. 즉, 어릴 적 '군국 소녀'로서 전쟁을 미화함으로써 "소중한 사람들을 팔고 죽였다"라는 자책에 더하여, 원폭을 본 후로 그 어떠한 '감동'도 느끼지 못하도록 변해버린 자신의 미감(岡部伊都子, 1975: 10)을 어떻게 할 것인가를 고뇌하며 '20여 년간의 추한 자기 부정'을 거친 오카베는 '전전의 교육을 받고 전쟁에 협력하고 또한 패전으로 가치관이 역전되는, 거듭되는 실패를 겪으며 살아온 자신의 마음을 적는 일'이 곧 '미를 논한 것'이 된다는 깨달음에 기반하여 미감의 재정립을 시도한다. 이에 "처음으로 반역을 아름다움으로 여기지 않을 수 없는 시각과 심정을 얻게 되었"음을 고백하며 '빼앗겨 버린 미'를 그 원래 있어야 할 자리, 즉 '고통받는 이들', '억압받고 멸시당하는 서민들'을 위해 되찾아야 함을 주장하기에 이른다(岡部伊都子, 1975: 10~12). 한편 이러한 논의는 '조선의 미'를 대하는 일본인의 자세에 대한 날카로운 윤리적 비판의 토대를 이룬다.

> 일본인은 조선인들 자신보다 깊은 애착이라는 말이 나올 정도로 이들 작품에 집요한 애정을 보이면서도 그러한 작품에 담긴 조선의 혼, 힘, 미의식을 보려고 하지 않는다. 생산자로서의 조선인을 짓밟고 그러한 아름다운 작품을 뭐든지 빼앗으려 드는 침략자일 뿐이다. 왜 아름다운 작품에 대한 애착이 그것을 만들어낸 사람들에 대한 경의를 낳지 못하는 걸까. 인간을 소중히 여김으로써 더 행복해져야겠다고는 생각하지 못하는 걸까. 미감각이 인간관(인격)과 분열되어 있는 우리 일본인. 이것은 두렵다. 미감각은 인격 그 자체가 되어야만 한다(岡部伊都子, 1975: 15~16).

이렇게 오카베는 '차별 의식으로서의 미감'의 극복이라는 과제, 즉 '고려청자나 이조백자, 이도다완(井戸茶碗)에 침을 흘리는 호사가가 현실의 조선인을 멸시 박해하는 일'에서 보여지는 '미감과 인격의 분열'을 넘어서기 위해 '조선의 혼, 힘, 미의식'의 재발견에 나선다. 이때 커다란 영감을 불어넣은 것이 바로 '오모니'였다. 예컨대 그녀는 공연 〈이순자 망향을 노래한다〉에서 한인 1세 이순자의 체험담과 노래를 들으며 '오모니'라는 말에 대해 생각에 잠긴다.

> 7년 전, 10살의 나이로 세상을 뜬 이순자 씨의 딸은 자기가 조선민족이라는 것에 분명한 자부심이 있었다고 한다. 근처 아이들이 "너 조선인이지"라고 하자, 그 애들은 부정적인 의미로 그렇게 말했을지도 모르지만 아이는 엄마에게 "나 조선인이라고 애들이 말해줘서 기뻐"라며 활짝 웃었다고 한다. 조선인이라는 말에 "기쁘다"라고 하는 10살 소녀의 미소가 순자 '오모니'의 가슴 깊이 새겨졌다고 한다. …… '母'라고 쓰고 '오모(オモ)'라고

읽는 경우가 있음을 안다. 예를 들면 '오모야(母屋)'. 오모야란 집에서 중요한 중심을 이루는 건물이다. …… 『일본서기』에는 대를 잇기 위해 천황이 된 여성(持統女帝)을 가리켜 "오모타루이키오오이마(母儀德有)하다"라고 형용하고 있다. 모계 제도의 시대에는 '치치하하(父母)'가 아니라 '오모치치(母父)'라는 표현도 있었다. 하하, 모, 보, 보우라고 읽히는 母. 왜 '母'라고 쓰고 '오모'라고 읽는지 이상했는데 『이와나미 고어사전(岩波古語辞典)』을 보니 '조선어 母와 같은 근원인지도 모른다'라고 나와 있다. 납득이 간다(岡部伊都子, 2004: 117~118).

여기에 다시 작가 혼다 야스하루가 중학 시절 경성에서 해방을 맞은 사람들이 거리로 뛰쳐나오는 모습을 회상한 「온통 흰색이던 날(白一色の日)」이라는 글에 대한 기억이 겹치고 오카베는 '오모니'가 매개하는 일본과 조선의 미적 동근성, 언어와 색에 대한 미감이 교차하는 순간을 음미한다.

기쁨에 찬 사람들로 거리가 온통 흰색으로 반짝이던 그날의 광경이 눈앞에 떠오른다. 하늘색 옷을 입고 「봉선화」, 「도라지」, 「선구자」 등 아홉 곡을 노래한 순자 씨는 빨간 옷으로 갈아입고 「고향에 가고파」, 「사향가(思鄕歌)」, 「어머니의 마음(母なる胸よ)」을 불렀다. 어떤 남자가 "조선의 말이 이렇게 아름다운 언어였는지 몰랐다"라고 말했다. …… 어머니, 그것은 만물을 생기게 하는 근원 되는 것. 그 어머니가 노래하고 있다. 어머니 된 위엄을 가득 머금고. 인간 된 빛을 떨치면서(岡部伊都子, 2004: 120).

이처럼 오카베는 조선의 노래와 말의 어감 혹은 한복이나 백자의 흰색, 민예품의 단정함 등을 거론하며 일본적인 미감의 근원이 조선에 있음을 거듭 강조한다. 이러한 논의는 부분적으로 야나기 무네요시(柳宗悅)의 조선백자에 대한 재평가(岡部伊都子, 2004: 168~169)에 영향받은 것이면서 다른 한편으로는 정귀문(鄭貴文), 정조문(鄭詔文) 형제와의 교류(岡部伊都子, 2004: 170~173)를 통해 자극받은 것이기도 한데, 특히 한인 1세인 정귀문, 정조문이 총 50호까지 발간한 잡지 ≪일본 속의 조선 문화(日本の中の朝鮮文化)≫(1969~1981년 발행)는 미술 평론의 영역에서 재일한인의 주체적 관점을 모색하는 논의의 장이 되었다. 오카베의 오모니론은 뿌리 깊은 일본/조선 간 미추의 위계를 극복하고 더 나아가 전도하기 위한 이러한 한인들의 노력과 궤를 함께하는 것으로서, 모성성(母性性)이 갖는 보편적인 수준에서의 미학적 함의가 지배-피식민으로 엮인 한일 간의 경우에 어떻게 탐구될 수 있는지를 보여주며, 이때 '오모니'의 상징성은 일본인의 '미감과 인간성의 분열' 및 '비인간화'에 대항하는 힘을 단지 '논리만이 아닌 살아 있는 미감각'으로 '승화'시켜 '연립', 즉 연대성이라는 희망과 함께 미래를 말하기 위한 핵심적인 고리가 되고 있다.

이렇게 살펴본 모리사키 카즈에와 오카베 이츠코의 작업은 재일한인 여성에 대한 대안적인 상상이라는 화두가 가질 수 있는 폭과 깊이를 더욱 확장시켰다고 볼 수 있으니, 이는 오모니에 수반되는 지극히 개인적인, 동시에 보편적인 정감 혹은 미감의 특수성에 기인한다고 여겨진다.

6. 경계를 넘는 '오모니': 시민운동과 함께, 주류 문화 속으로

1) 야간학교의 오모니들: 지역 시민운동 속 1세 여성 문해 학습

1980년대 한인 사회의 중추로 나선 2세들은 취직, 결혼, 자녀 교육을 고민하는 '생활인'으로서 지역 사회의 현실을 마주하면서, 총련이나 민단을 통한 '본국직결형 운동'과는 차원을 달리하는 새로운 권리 투쟁과 인권 운동에 대한 감각을 키워나갔다. 다만 히타치(日立) 취직 차별 재판(1970) 이후 속속 등장한 반차별 투쟁이 실질적인 생활 조건의 점진적 개선이라는 성과로 이어질 수 있었던 배경에는, 한인들의 문제 제기를 돕고 이를 '소수자의 인권' 혹은 '지역 주민의 생활권'이라는 차원에서 조직적인 '사회 운동'으로 벼려낸 수많은 일본인 시민들의 적극적인 연대 활동이 있었다. 1980년대 이래 대표적인 재일한인 여성상 중 하나는 '글 배우는 오모니'인바, 이 역시 1세 여성들에게 일본어 읽기와 쓰기를 가르치는 각지의 시민운동과 함께 비로소 그 모습을 드러냈다.

먼저 오모니가 등장하는 상업 영화 한 편을 살펴보자. 남만주 철도의 엔지니어였던 아버지를 따라 하얼빈, 선양, 다롄에서 어린 시절을 보낸 후 일본에 돌아와 대학을 졸업하고 영화 제작에 뛰어든 이래, 49편에 달하는 '남자는 괴로워(男はつらいよ)' 시리즈(1969~1997년)를 비롯해 서민 정서를 대변하는 일련의 작품으로 일본의 국민적 영화감독이라는 이름을 얻은 야마다 요지(山田洋次) 감독은, 1993년 새로 시작한 시리즈물 '학교(学校)'의 첫 번째 작품에서 시타마치(下町, 서민들이 거주하는 도쿄의 옛 상업 지역)의 야간중학교를 무대로 교사와 학생들의 교류를 그렸다. 주인공인 교사가 맡은 야간학급에는 자폐증으로 학교를 그만둔 등교거부자, 거리를 떠도는 '불량소녀', 중국인 아버지와 일본인 어머니 사이에서 태어나 사회에 적응하지 못하는 청년, 뇌성마비로 언어장애를 지닌 소년, 육체노동자로 학업의 기회를 놓쳐버린 중년 남성 그리고 야키니쿠 식당을 운영하는 재일한인 1세 여성이 모여 함께 공부를 한다.

"김 상, 잘하고 있어? 어? '하나(花)'를 못 쓰네. 바로 지난 시간에 배웠는

그림 5-9 _ 영화 〈학교〉(1993)의 한 장면
'오모니' 김 씨의 글씨 연습을 교사 구로이가 지켜보고 있다.

자료: 山田洋次(2000: 53).

데."

"아이고, 외워도 외워도 금방 까먹어. 선생님, 나 못 하겠어요. 머리가 나빠서. 바보라서 안 돼."

"김 상이 바보라고? 이 두 팔만 가지고 야키니쿠 식당을 성공시키고 그 바쁜 와중에 자식들 세 명이나 훌륭하게 키워낸 김 상을 누가 바보라고 하겠어."

"어릴 적에 소학교만 갈 수 있었어도 손자 둔 나이에 이 고생은 안 할걸. 아이고, 죽겠다."

"오늘은 피곤해서 그런 거야. 좀 쉬세요. 자, 연필 내려놓고. 응? 오모니."(山田洋次, 2000: 53)

'쿠로짱'이라는 애칭으로 불리는 교사 구로이(黒井)는 1세 여성 '김 상'에 대해 "오모니"라는 호칭으로 일관하는데 그녀는 언제나 다른 학생들에게 용기를 북돋아 줄 뿐만 아니라 연장자로서 선생을 나무라기도 하는 등 말

그대로 학급의 '어머니' 같은 역할을 한다.

(오모니, 곰곰이 생각에 잠긴 표정으로 모두에게 말 건다.)

오모니 "그래도 다행이야. 이노 씨, 이 학교에 들어와서. 언젠가 우리 가게에서 소주 마시면서 조용히 말했었어. 자긴 야간중학교에 들어와서 행복하다고."

(돌연, 쿵 하고 책상을 치며 가즈오가 일어선다.)

가즈오 "이노 상이 행복하다고? 그런 찌질한 수학여행 좋아라 했다고 뭐가 행복이야."

(가즈오, 이노의 책상 속에서 한 무더기의 노트를 끄집어낸다.)

가즈오 "이거 보라구, 이거. 오십 넘은 아저씨가 진땀 흘려가며 히라가나 공부 시작해서, 이제 역 이름을 읽었다든가 거스름돈 계산을 했다든가 그러면서 좋아하는 인간이 뭐가 행복하냐고."

오모니 "히라가나 공부라면 나도 했어. 오십 넘어서 시작했다구."

가즈오 "그래도 오모니한테는, 밥은 내가 할 테니까 학교 가라고 말해주는 착한 남편이라도 있잖아. 숙제 도와주는 아들이나 귀여운 손자도 있잖아. 이노 씨는 경마 빼면 뭐가 남아? 쓰레기같이 외롭고 비참한 인생이잖아."

(오모니, 혼내듯이 되받아친다.)

오모니 "가즈오" 죽은 사람을 그렇게 얘기하는 거 아냐. 이 남자는, 자기가 행복하다고 생각하면서 죽었다고. 그러면 그걸로 된 거야."

가즈오 "되긴 뭐가 돼. 아니야, 안 된다구."

(가즈오의 눈에 눈물이 고인다.)(山田洋次, 2000: 90~91)

요컨대 이 영화는 '오모니'를 포함하여 고도성장의 이면에서 차별받고 소외된 사회적 소수자들의 삶을 부각하되 '쓰레기같이 외롭고 비참한 삶'을 강요당한 그들이 공동 학습을 통해 끈끈한 신뢰와 유대감을 형성해 나가는 과정에 초점을 맞춤으로써 물질적인 '행복'만을 최우선 가치로 삼아온 전후 사회를 되돌아보게끔 유도한다. 이처럼 1980년대 글을 배우는 '오모니'의 모습은 피차별 부락민의 인권, 오키나와 미군기지 문제, 외국인 노동자 문제, 대안적 교육 운동 같은 담론들과 나란히 소개되면서 '소수자 문제'라는 위상을 얻었다.

한편 이와 같이 글을 배우는 1세 여성의 모습이 일본 3대 영화사 중 하나인 쇼치쿠(松竹) 창업 100주년 기념 영화에서 큰 비중으로 다루어진 배경에는 1970년대부터 일본 각지에서 꾸준히 지속된 '오모니'들의 문해(文解; literacy) 학습활동, 특히 야간중학교 및 민간 문해학급을 만들고 거기에서 가르치고 배우며 또한 사회적 발언을 거듭해 온 이들의 축적된 활동이 있었다.

1969년, 문부성의 야간중학조기폐지권고(1966)에 대항하는 시민운동의 결실로 오사카시 텐노지 야간중학이 문을 열었고, 1970년대 중반에 이르러 1세 재일한인 여성들이 압도적인 다수를 차지하는 가운데 수요가 급증하여 1977년 오사카시 이쿠노구에 이쿠노식자학교[生野識字学校. 어머니 학교(オモニハッキョ)의 전신], 1978년 교토시 미나미구에 '구조 어머니 학교(九条オモニ学校)' 등 긴키(近畿) 지역을 중심으로 민간 문해 교실(자주 야간중학)이 잇달아 개설된다(山根実紀, 2017: 208). 이어 간토 지역에도 가와사키 이치카와(市川), 마쓰도(松戸), 가와구치(川口) 등지에 '야간중학을 만드는 회'가 만들어지면서 1982년에는 이들 '만드는 회(つくる会)'가 모이는 '제1회 야간중학 증설운동 전국교류회'가 열렸다(小沢有作 編, 1992: 256). 특히 텐노지 야간중학교에서 15여 년간 '오모니'들을 가르치면서 이들과 교류한 체험을 담은 이와이 요시코(岩井好子)의 『오모니의 노래(オモニの歌)』(1984)는 치쿠마쇼보(筑摩書房)에서 문고판으로 출판되어 전국에 널리 읽힘으로써 '글 배우는

그림 5-10 _ 『오모니의 노래』(이와이 요시코, 1984)의 표지

오모니들'의 존재가 대중적으로 친숙해지는 큰 계기가 되었다(〈그림 5-10〉).[8] 이후 1990년대에는 1세 여성의 문해학습에 대한 사회적 관심이 늘면서, 전국의 사서 및 도서관학 관계자들이 모이는 '도서관 연구대회'의 테마로 선정되거나(岩井好子, 1991) 연구자들의 학술 논문이 나타났다.

이렇게 '오모니'들의 문해 활동이 사회적으로 인지되어 온 역사는 곧 한인 1세 여성들과 일본인 교사 및 시민들의 교류와 연대가 모색, 확립, 확산되어 온 과정이라고도 할 수 있는데, 이러한 맥락에서 그 의의를 다음과 같이 파악해 볼 수 있다.

먼저, 이러한 문해 운동은 기존 재일한인 조직의 내부적 억압성에 대항하는 면모를 가진다. 한인 여성들의 '오모니회(オモニ会)'나 '보호자회'가 종종 기존의 성 역할을 재생산하는 경향을 보이는 가운데, 예컨대 야간중학을 지켜내려는 운동은 그러한 가부장적 젠더 규범을 넘어서기 위한 분투라는 측면을 보여왔다(徐阿貴, 2012). 즉, 오모니들의 '문자'를 향한 욕망은 '공

8) 이와이 요시코는 책을 쓴 의도를 다음과 같이 밝히고 있다. "교과서나 역사책에 실리지 않는 조선인 여성의 쇼와사(昭和史)가 여기에 있다. 지금 나는 문자를 갖지 못한 인간의 몸에 새겨진 강렬한 기억을 분명히 적어두고자 한다"(岩井好子, 1989: 14). 이와이가 근무하던 야간학교의 학생 65%가 재일조선인 여성이었는데, 앞서 소개한 영화 〈학교〉와 마찬가지로 거기에는 '오모니 생도'뿐만 아니라, 일본 정부의 정책으로 중국, 브라질로 이민했던 이들의 자손, 전쟁으로 부모를 잃거나 병으로 학교를 다니지 못한 사람들, 피차별 부락민과 오키나와인 등이 함께 모여 공부했다(岩井好子, 1989: 10, 82).

적 활동-문자-남성성' 간 뿌리 깊은 연관과 필연적으로 길항하기에 그들의 문해 학습은 총련 산하의 '현모양처적인 민족 운동'이나 민단 산하의 '재일대한민국부인회'가 노정하는 민족-남성 중심성을 상대화하거나 아내나 어머니라는 역할로부터 보다 자율적인 주체성 및 시민들과의 열린 연대성을 모색해 왔다.

둘째로, 문해 활동의 교사-학생 간 관계가 가르치고 배우는 일방적인 관계가 아니라 "어머니들에게 배운다"와 같은 슬로건으로 요약되는 상호적인 성격을 띤다는 사실은 그러한 연대성이 갖는 수평적 성격을 잘 드러내 준다. 문해 활동은 단지 읽고 쓰는 능력을 습득시키는 것이 아니라 그간의 '리터러시로부터의 배제'를 낳은 역사 및 사회 구조에 대한 비판적인 재인식에 입각한 시민운동이라는 성격을 가지며, 바로 그렇기 때문에 가르치는 이의 인식과 주체성 역시 '교사'라기보다는 '공동 학습자'라는 면모를 띤다(山根実紀, 2017: 249). 오모니 역시 교육받아야 할 대상으로 홀로 존재하는 것이 아니라, 교사를 비롯한 활동을 지원하는 시민들과의 공동체적인 상호성 및 '졸업' 후로도 계속되는 지역 내의 지속적인 커뮤니케이션 속에 자리매김되어 있다.

셋째로, 문해 활동을 통한 1세 여성들의 능력 신장 및 이들의 활동에서 자극을 얻은 이들의 새로운 참여와 함께 관련 담론이 다양한 미디어를 통해 매개되면서 '오모니'의 사회적 존재감은 한결 더 증대되었다. 고베시에서의 야간식자학급 개설운동을 담은 기록 영화 〈우동학교(うどん学校)〉(1977) 및 동명의 단행본(盛書房, 1977) 이래, 최근 들어 가와사키시의 복지법인 후레아이관의 식자학급에서 파생된, 지역 청년들이 한인 1세의 생애사를 듣고 기록하는 공동 활동, 글을 배우는 1세들의 모습을 담은 사진전 개최 및 사진집 출판, 기록 영화의 제작 및 상영, 타 지역 문해학급과의 교류, 지역 및 한국에서의 글, 그림의 전시(〈그림 5-11〉)와 다채로운 국제 교류에 이르

그림 5-11 _ 가와사키시 후레아이관 식자학급 주최 '우리학교 작품전'(가와사키시 교육문화회관, 2012년)

자료: 文化庁日本語教育大会(2017.8.27: 14).

기까지, '글을 배우는 오모니' 담론은 다채로운 실천을 촉발하며 결코 일부 재일여성 1세의 모습으로 한정 지을 수 없는 월경적인(cross-border) 면모를 더해왔다(제6장 참조).

넷째로, 이와 같은 '글 배우는 오모니'라는 표상과 1세 여성 그리고 그들을 둘러싼 시민들의 활동 사이의 불가분의 관계와 그 동적인 전개 양상은 오모니 담론의 사회적 위상과 관련해 중요한 시사점을 제공한다. 요컨대, 그것은 결코 본질이 표상을 낳고 표상이 실천을 낳는 단선적인 과정이 아니었다. 표상의 유통으로 새로운 활동이 촉발되어 나가는 가운데 그러한 표상과 활동이 현실의 1세 여성들과 함께 엮이는 모습, 즉 퍼트리샤 힐 콜린스(2009: 305)가 흑인의 모성 담론과 관련하여 '사상과 사회 실천의 복합적 네트워크'라고 부른 측면을 여기서 확인할 수 있다.

다섯째로, 그러한 네트워크의 형성 및 확산과 관련하여 한인 1세 여성들의 독특한 사회적 위상에 기인하는 감성적인 호소력이 작용했다고 여겨진다. 많은 오모니들은 민족, 젠더, 계급의 차원에서 복합적인 차별을 겪으며 식민과 분단, 독재뿐만 아니라 총련/민단에서 소외된 이른바 '하위 주체(subaltern)'였다. 1960년대부터 이미 나타나기 시작한 1세의 자전적인 기록이 예외 없이 남자들이 남긴 일본어 표현이었다는 사실과 대조적으로(小沢有作 編, 1978: 10~11) 대다수의 1세 여성들은 삶을 기록할 수단을 갖지 못함으로써 2세들이 '오모니'라 호명하거나 혹은 구술 면접의 대상자가 되기 전까지, 남자들보다 훨씬 더 오랫동안 '보이지 않는 사람들'로 남아 있었다. 말하자면 '오모니'란 스스로를 드러내고 공식화할 수단을 박탈당한 1세 여성들에게 '처음으로' 주어진 언어적 카테고리였던 셈이다.

이렇게 '오모니'가 '철저한 약자'의 이름이었다는 점은 아들과 딸, 가진 자와 배운 자, 일본인과 한인, 남자와 여자 등 다양한 주체 위치에 선 이들의 시선을 잡아끌며 성찰의 여지를 만들어냈다고 여겨진다. 예컨대 "남자들이나 하는 험한 일로 손가락 모양이 어그러지고 아이들 키우느라 늙어서야 겨우 공부할 시간을 갖게 된 이들"이 갓 배운 가타가나로 겨우 '오모니 보고 싶어(オモニ ボゴシッポ)'라고 적어내는 모습[9]은 민족과 세대, 성별과 이데올로기를 넘어 강한 호소력을 발하는 것으로서, 이는 각지의 문해 운동이 발휘해 온 동원의 중요한 이념적 배경을 이루는 것으로 보인다.

40여 년간 지속되어 온 1세 여성의 문해 활동이 어떻게 젠더와 민족이라는 '경계'를 넘으며 일본인들의 시민적 활동의 네트워크와 단단히 얽혀왔는가 하는 질문은, 오모니가 어떻게 1990년대 이후 문화의 주변부와 중심부를 가르는 '경계'를 넘어 대중의 인식과 상상 속으로 진입했는가와 함께 오모니 표상의 역사에서 빼놓을 수 없는 지점을 이룬다.

9) 서인순의 시 「오모니 생각」. "오모니가 옷을 해주고 싶어/오모니를 만나고 싶어/우리나라도 가고 싶어 …… 아들은 우리말 몰라/서울에 있는/오모니를 만나고 싶어/동생을 만나고 싶어/우리나라에 가고 싶어/오모니 보고 싶어/오모니 보고 싶어"(岩井好子, 1989: 11, 53~54)

2) '오모니'의 보편화/대중화 그리고 '오모니적인 것': 강상중의 『어머니』

정치학자 강상중(姜尙中)은 재일한인으로서는 처음으로 국립 도쿄대 교수로 임용된 이래 각종 언론 매체 활동으로 대중적으로 널리 알려진 대표적인 한인 지식인이다. 그는 회고를 통해 2세의 정체성을 선언적으로 제시한 자서전 『자이니치(在日)』에 이어 소설 『어머니(母: オモニ)』(集英社, 2010)에서 작고한 어머니에 대한 기억을 풀어냈다.

『어머니』는 글을 읽고 쓸 줄 몰랐던 어머니가 남긴 녹음테이프의 목소리를 "물에 녹아 사라질 것 같은 글자들을 간신히 원래 모습으로 되살려 놓듯이" 살을 붙여 재구성한 것으로서, 자신의 이야기를 문자화할 수 없었던 어머니를 대신해 아들이 문학적 형상화를 통해 그 역사를 복원했다는 성격을 갖는다. 일부 연구가 주목하듯이 이러한 어머니 서사는 일반적인 의미에서 국민의 서사, 공식적인 정사(正史)에서 잊히고 은폐된 '주변부의 역사'를 되살리는 작업으로 이해될 수 있다(김경연, 2012). 다만 강상중의 어머니 관련 텍스트 및 활동은 몇 가지 점에서 생각해 볼 거리를 제기한다.

먼저, 사회문화적 맥락으로 시야를 넓혀 볼 때 이 책이 전후 일본에서의 '오모니'의 대중적인 인지도를 크게 높였다는 사실을 간과할 수 없다. 즉, 2000년대에 들어서도 한인 1세들의 생애사는 아직 주변 문화 영역에 머물러 있었던바, 한인들이 주체가 된 문헌과 일부 인류학, 사회학의 연구가 1세 여성의 삶을 담아내고 있었다고는 해도 문예계의 메인 스트림에서 볼 때 오모니는 아직 철저한 '타자'였다. 그런데 공영 방송 NHK의 미술 정보 프로그램 〈일요 미술관(日曜美術館)〉의 사회자이자 밀리언셀러 『고민하는 힘(悩む力)』(集英社, 2008)을 낸 작가로서 '강류(姜流)'['한류(韓流)'와 발음이 같다]라는 말이 나돌 정도로 유명해진 강상중이 메이저 출판사에서 낸 『어머니』는 각종 매체에 소개되며 화제를 모았고 특집 텔레비전 다큐멘터리가 제작, 방영되는 등 '오모니'라는 기표의 사회적 위상에 커다란 변화가 나타났다(〈그림 5-13〉). 또한 이 책은 강상중이 오구마 에이지(小熊英二)와 함께 52명에 달하는 1세들의 이야기를 신서(新書)로 묶어낸 대규모 기획 출판『자이니치 1세의 기억(在日一世の記憶)』(2008)과 더불어 2000년대 중반 이후 재일한인 1세에 대한 사회적 관심이 부상하는 경향에도 크게 일조했다(제6장 참조).

그림 5-12 _ 강상중의『어머니』(2010)의 표지

둘째로, 이러한 '오모니'의 주류 사회로의 진입은『어머니』가 제시하는 오모니상과도 무관하지 않다. 즉, 강상중의 어머니는 차별과 억압의 일방적인 희생자가 아니다. 나름의 정신세계를 간직하면서도 험난한 시세에 맞서 현실을 타개해 나가는 그 능동적인 모습은, 비단 한인들의 어머니만이 아닌, 전쟁과 가난을 겪어낸 일본인들의 어머니 혹은 '어머니들의 시대'에 대한 경탄 어린 노스탤지어를 자극한다는 의미에서 보편적인 호소력을 갖는 것이었고, 바로 이 점이 이 책의 상업적 성공과 오모니의 폭넓은 수용을 뒷받침했다고 여겨진다.

셋째로, 강상중은『고민하는 힘』이후 다수의 인터뷰, 강연회에서『어머니』의 내용을 자주 언급했는데 그가 말하는 '오모니'의 의미 역시 점차 복합적인 함의를 갖게 되었다. 특히 2011년 동일본 대지진은 그 커다란 전환점을 이룬다. 2012년에 열린 한 강연회에서 강상중은 '3·11'이 전후 일본을 지탱해 온 '과학에 대한 맹신, 불가지(不可知), 불가해(不可解)한 것에 대한 배제, 지난 역사에 대한 망각'이라는 세 가지 문제점을 첨예하게 드러냈다

그림 5-13 _ 강상중과 그의 어머니의 이야기를 다룬 TV 다큐멘터리 〈오모니가 보낸 편지. 강상중과 어머니(オモニからの手紙 姜尚中と母)〉(NHK BS프리미엄, 2012년 4월 22일)의 한 장면
여기에는 『어머니』의 내용을 바탕으로 한 재현극이 포함되어 있다. 한편 한국에서도 이와 유사한 프로그램이 제작, 방영되었다. 광복절 특집 다큐멘터리 〈오모니(母)〉 (MBC스페셜 527회, 2011년 8월 12일).

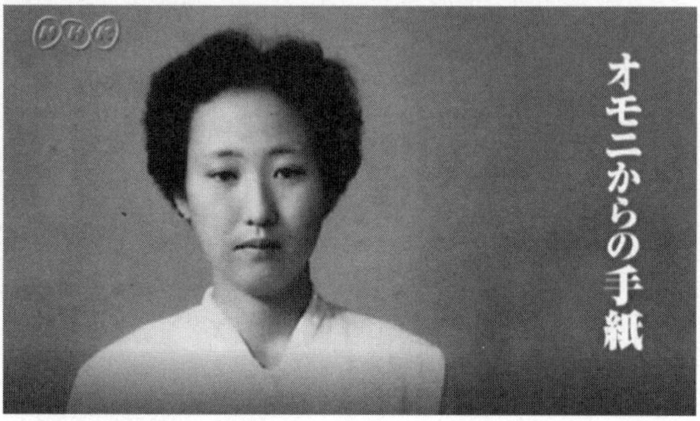

자료: NHK アーカイブス(검색일: 2019.7.1).

고 지적하면서 그의 어머니를 떠올렸다. "잘 모르는 것을 잘라내 버리지 마라", "잘 모르는 사람(것)을 배척하지 마라", "자기와 다른 가치관을 부정하지 마라"라는 삶의 방식으로 일관했던 오모니는 일본의 '전후적인 것'의 '대척점'이었다. 이러한 의미에서, 쓰여진 문자의 권위에 기대지 않고 사시사철 자연의 리듬이 충만한 음력과 더불어 호흡하며 때로 뜻 모를 주문을 읊어대곤 했던 오모니의 '비과학적이며 결코 쉽게 이해할 수 없는 혼돈 그리고 전통과 불가분으로 묶인 삶'은 '3·11 이후'를 사는 이들에게 긴요한 문제제기로 재발견된다. 여기서 강상중은 개인이나 한인 사회를 넘어선 어떤 '어머니적인 것(オモニなるもの)'의 의미를 묻고 있는데, 곧 '오모니'란 '3·11'로 그 한계를 노정한 일본의 '전후'에 대한 근본적인 각성을 촉구하는 계기가 되고 있다.

이와 같은 강상중의 작업은, '자이니치'의 경계 밖에서 '오모니'가 가질 수 있는 의의에 대한 적극적인 탐색의 소산이자 '오모니의 보편화/대중화'의

한 흐름으로 볼 수 있다. 그 자신은 '자이니치'이자 지식인이되, 그의 텍스트는 '오모니'가 한인 사회 및 학계라는 두 담론 영역의 테두리를 넘어 한층 더 대중적으로 자리매김되어 나가는 모습을 분명하게 보여준다고 할 수 있다.

7. 전후 오모니 담론의 역사적 의의와 과제: 풍성함, 새로움 그리고 소비되는 어머니상

지금까지의 고찰을 통해 분명해지는 것은 '오모니'가 재일한인 2세들의 어머니만으로 환원될 수 없는 의미의 폭을 가지고 점차 널리 유통되며 풍성한 담론을 빚어냈다는 사실이다. 김희로 사건을 계기로 대중 앞에 모습을 드러낸 '오모니'는 지식인 및 시민들의 실천 속에서 일본의 역사적 책임과 '민족 문제'를 상기시키는 '조선인' 혹은 억압적 국가 권력과 길항하는 '노동하는 민중'으로 호명되었다. 한편 일본 사회의 '타자'로서의 '오모니'는, 단지 과거에 대한 '증언자'의 역할로 한정되지 않고, 한인 후속 세대 및 일본인들과 교류하는 가운데 '우리'와 함께 동일한 시간 축에 묶인 '동시대인', 혹은 전후의 일국주의적 문화에 창조적인 다양성을 더하며 새로운 일깨움을 주는 존재로 그려졌다. 오모니가 갖는 감성적인 차원 혹은 개인적인 내면과 불가분한 관계를 이루는 미감은 한반도와 일본의 관계를 새로이 사고하기 위한 시도를 자극했으며, 1세 오모니들의 문해 활동은 고도 경제 성장 이면의 소수자들의 문제로 이해되면서 '글을 가르치고 또 배움을 얻는' 시민들의 활동을 통해 지역 사회의 역동적인 현실 속에 뿌리내렸고, 최근 들어서는 대중적으로 유통, 소비되는 면모를 보이기에 이르렀다. 이들 다양한 1세 여성의 모습이 단순히 '인고의 어머니상'으로 평면화, 협애화(狹隘化)될 수 없음은 분명하다. 아울러 혼다 야스하루, 모리사키 카즈에, 야마다 요지의 작업이 보여주듯이, 기억을 통해 재생산되는 식민지적 의식을 상대화하며 '전후 계몽'(岩崎稔·成田龍一·上野千鶴子, 2006)에 비판적인 자극제가 된 식민 2세들의 담론적 실천이 있었다는 사실을 기억해야 할 것이다.

그렇다면 이와 같은 오모니 담론의 전개 양상은 어떠한 역사적 의의를 갖는가. 여기서는 소수자의 모성이 가질 수 있는 잠재력이라는 관점에서 세 가지 논점을 제시함으로써 '오모니'가 전후 일본의 사회적 상상의 지평에 등장하여 주류 문화의 문을 두드리게 된 과정을 보다 큰 틀에서 음미하고 향후의 과제를 도출하고자 한다.

첫째로, 전후 오모니 담론의 '풍성함'은, 제국적 지배하의 조선인의 젠더화된 표상이라는 '부(負)의 유산'의 성격을 되비추는 동시에, 그러한 제약 조건 속에서 새로운 문화적 지형을 열어가기 위한 실천적 고민의 산물이라는 면모를 가진다. 곧 '오모니'의 전후 여정이란 '불령선인'이라는 낙인이 전후에도 "조선인은 원래 위험하고 불손하다"는 편견으로 남아 한인들을 옥죄는 상황에서 한인 여성 표상의 아직 발현되지 않은 해방적 가능성이 발견되어 가는 과정으로 볼 수 있다. 이에 김희로 사건에서, 야쿠자를 죽이고 라이플총을 쏘아대는 김희로 대신 그의 어머니가 주목받는 모습은, '정치적' 해방을 위한 폭력 투쟁이 실효한 상황에서 '문화적' 탈식민화를 향한 젠더 관계의 재편이라는 과제가 부상하는 장면으로 읽힌다. '위험한 범죄자' 혹은 '극렬 공산주의자'라는 낙인으로 인해 이미지가 심각하게 '오염된' '아보지(アボジ)'[아버지]들이 가정을 등한시한 채 민족 조직에만 헌신하거나 가부장적 폭력을 휘두르는 부정적인 이미지를 여전히 벗어나지 못하고 있는 것과는 대조적으로, 전후의 '오모니'는 (대내적으로) 전통 문화와 저항적 민족주의를 담아내면서도 (대외적으로) '위협적이지 않은 타자성'(난디, 1993)으로서 그 새로운 면모들이 적극적으로 발굴되어 왔던 것이라고 볼 수 있다.

둘째로, 그렇다면 이러한 개입의 결과로 획득된 다채로운 모성의 면면은

[상자글 5-8] 어머니에 대한 통제적인 이미지를 넘어서: 힘의 상징으로서의 모성

퍼트리샤 힐 콜린스(Patricia Hill Collins)는 노예제 이래 흑인 여성에 대한 억압을 정당화하며 인종적 위계, 젠더적 속박, 계급적 착취를 은폐하는 '통제적인 이미지'로서, ① 자신의 자녀보다 주인집 아이들에게 더 애정을 쏟는 충직하고 순종적인 유모(mammy), ② 전통적인 여성의 책임을 다하지 못할 뿐 아니라 지나친 공격성으로 남성들을 무력화시키는 가모장(家母長; matriarch), ③ '동물'처럼 아이들을 낳고 정부 복지에 기대는 무책임한 양육자(welfare mother), ④ 성적으로 방종한, 공격적인 요부(Jezebel, hoochie)를 비판하는 동시에 그러한 이데올로기적 억압성에 대해 해체적인 효과를 갖는 흑인 모성의 대안적인 측면들에 대해 논했다. 예컨대 흑인 어머니들은 보살핌이 필요한 마을의 아이들을 포용하여 길러냄으로써 지역 사회에서 존경과 발언권을 누려왔으며, 자신의 개인적인 권리라기보다는 어머니로서의 후견적인 권리에 기반하여 효과적인 사회적 투쟁을 전개하곤 했다(콜린스, 2009: '제3장', 328~332).

이 글과 관련해, 탈식민화와 사회 변혁을 위한 도정에서 갖는 모성이 가질 수 있는 강력한 잠재력은 흥미로운 논점이다. 즉, 모성은 종종 "온 세계를 상대로 싸울 만큼의 정치적 소명"(콜린스, 2009: 332에서 재인용)이라는 측면을 드러낸다. 이러한 모성의 상징적인 '힘'은, 줄리아 웰스(Julia Wells)가 "여성이 자신의 역할을 아이들의 보호자인 어머니로서 규정하는 데 뿌리를 둔 정치적 운동"이라고 정의한 '모성적 정치(maternal politics)'에서 빛을 발하는데, 사람들은 어머니들의 '가슴을 울리는 호소'에 귀 기울이며 존중하는 경향이 있기 때문에 여성들은 모성을 내세움으로써 운동을 조직하고 다른 이들과 연대할 정치적 공간을 열어내곤 했다. 예컨대 에밋 틸(Emmett Till) 사건(1955)에서, 백인들이 잔혹하게 살해한 14살 된 소년의 장례식에서 어머니는 아들의 훼손된 시신을 모두가 볼 수 있게 해야 한다고 주장했고, 그 결과 이 사건은 흑인 민권 운동의 강력한 촉발제가 되었다.

한국과 일본의 문맥에서는, 김대중 사건을 계기로 일본의 지식인 및 시민운동가들이 한국의 민주화 투쟁을 '발견'한 이래 일본에 집중적으로 소개된 전태일의 어머니 이소선과 민가협(민주화실천가족운동협의회)의 어머니 등 '민주화 투사'의 어머니상을 주목할 수 있는데, 특히 1970년대 박정희 정권이 조작한 '재일동포 유학생 간첩 사건'으로 20년에 가까운 옥고를 치른 서승, 서준식의 어머니 오기순(呉己順)은 오랜 투쟁에도 불구하고 두 아들의 석방을 보지 못한 채 세상을 떠남으로써 안타까움을 불러일으키며 '세상 최고의 오모니'라 불리기도 했다(呉己順さん追悼文集刊行委員会, 1981). 한편 1990년대 들어 침묵을 깨고 과거를 증언한 '위안부' 피해자들을 일본의 극우 인사들이 모욕하는 상황에서, 오기순의 셋째 아들 서경식(徐京植)은 "일본군 성노예가 되었던 모든 위안부들을 '어머니'라고 부르기로 했다"라며 「어머니를 모욕하지 말라(母を辱めるな)」라는 글을 발표했다. 이 글은 우에노 치즈코(上野千鶴子)의 비판을 불러일으키는 등 일부 '리버럴' 지식인들 사이에서 논란이 되었는데, 그의 '오모

니-위안부'라는 프레임은 가부장제와 내셔널리즘뿐만 아니라 법적인 책임과 종교적인 윤리(민중신학), 피해자의 가해자 의식과 '회색 지대'(프리모 레비), 군위안부와 아우슈비츠의 비교 가능성 등 복수의 민감한 논점들을 내포하고 있어 별도의 신중한 검토가 필요하다.

그 '새로움'과 관련한 본격적인 검토의 필요성을 제기한다. 즉, 오모니에 대한 다종다양한 전유가 여성에 대한 각종 억압을 은폐 혹은 정당화하는 기존의 '통제적인 이미지들(controlling images)'에 대항하여 어떠한 대안적 이미지들을 일구었으며 그 '해방적' 성격은 어떻게 평가될 수 있는지에 대한 주의 깊은 논의가 따라야 할 것이다.

앞서 살펴본 '오모니'의 모습들은 '일 잘하고 말 잘 듣는 식모'나 '아들을 잘 키워 전쟁터로 내보내는 황국의 어머니'라는 식민주의적·군국주의적 모성상을 '넘어서고' 있는 것처럼 보인다. 하지만 그럼에도, 제국적 프로파간다의 '모태'로서 전략적으로 활용되고 재생산되어 온 전통 사회 속의 한정적·억압적 모성상은 여전히 살아남아 전후 문화 속에 짙은 '그늘'을 드리우고 있는 것으로 보인다. 어찌 보면, 오모니가 인지되어 온 과정이란, 전쟁과 관련해 일본인보다 더 '결백'하며 돌봄이라는 측면에서 더 '지극한' 봉건성을 담지한, 말하자면 '오카아상'보다 더 '어머니다운' 숭고한 존재로서의 오모니에 내포된 모성의 본질화라는 위험성을 끌어안은 채로 진행되었다고도 볼 수 있다. 특히 전쟁과 패전의 참사에 대한 경험을 배경으로 급속히 성장했던 전후의 평화 운동이 평화나 생명 중시, 화해를 '어머니 노릇(mothering)'(Ruddick, 1989)에 근거 지으려는 본질주의적 사고의 유혹에서 자유롭지 못했다는 점을 함께 떠올려 볼 때, 앞서 확인한 바와 같이 '피차별 조선인', '피억압 민중', '교육받지 못한 약자' 등 오모니의 '무고한 피해자성'

에 대한 강조 혹은 지속적인 환기라는 담론상의 경향성은 비판적 검토의 여지를 남긴다.

다만, 여기서 함께 고려해야 할 점은 한인 1세 여성이 놓인 다면적인 위치다. 즉, 그간 활발한 매개 활동이 촉발될 수 있었던 한 가지 이유는 '오모니'가 민족, 젠더, 세대, 계급이 교차하는 지점에 놓임으로써 결코 '조선인', '여성', '1세', '민중' 중 어느 한 가지 위치로 고정될 수 없다는 사실이었다. 이렇게 보면, 오모니 담론의 '새로움 = 해방성'은 그러한 다면적·중층적인 억압상을 '단번에 혹은 완전히 넘어서는' 어떤 초월적인 규제적 이념(regulatory idea)과의 편차나 거리에 의해 일률적으로 측정, 평가될 수는 없을 것이다. 오히려 우리의 탐구는 경합하는 모성 이미지들 사이에 펼쳐지는 '공모'와 '긴장'의 풍경 속에서 어떠한 과거의 '극복'과 어떠한 미래의 '해방'이 추구되고 있는지를 주시하면서, 여러 주제들이 특정 상황에 따라 지속적으로 재구성, 복원되는 가운데 각종 실천과 '대화적인 관계를 이루며 발전'해 나가는 구체적인 양상에 대한 상세한 이해로 나아가야 하리라. 아울러 이때의 '대화'란 고정적인 주체들 사이의 상호적인 커뮤니케이션뿐만 아니라 '오모니'라는 기표가 민족, 성차, 계급 등 기존의 분할선과 차이를 가로지르는 가운데 안정적인 주체 위치를 뒤흔들며 새로운 의미와 실천들을 산출하는 산종(散種的; disseminative)인 궤적을 내포하는 것이며, 그 '발전(development)' 역시, 어둠 속에 가려 있던 1세 여성들의 '본모습'을 밝혀내는 단선적인(linear) 도정이 아니라 '오모니'를 맞닥트린 이들의 마음에 맺힌/현상된(developed) 식민지주의와 가부장제, 전쟁과 폭력으로 얼룩진 근대 문명의 음화(陰畫)를 지도 삼아 앞길을 더듬어 나가는 '울퉁불퉁한 길(crooked line)'이라고 할 것이다.[10]

10) 이상, 역사를 개념화하는 은유 표현에 관해서는 각각 다음 문헌 참조. '해방'과 '발전/현상'(벅-

셋째로, 이러한 견지에서 오모니상의 보편화/대중화 혹은 '소비되는 오모니상'은 향후 더욱 중요한 탐구 과제로 떠오를 것으로 보인다.

> 오모니가 부르던 그 노래가 황혼의 거리에서 들려오면
> 넘쳐흐르는 애절함에 어딘가에 숨어버리고파
> 한창 건방지던 시절 속만 썩이고 아버지 몫까지 대신 맞았지
> ……
> 아버지가 죽고부터 슬퍼할 겨를도 없는 삶
> 남한테 손가락질당하지는 말아야지, 그 말이 마음에 사무쳐
> 고생으로 울퉁불퉁해진 손으로 어떻게든 도시락 마련해 주셨지
> 이제서야 용서를 빌어야 하네
> 두 손을 한데 모아야 하네
> 오모니, 다시 한 번 저를 혼내주세요
> 오모니, 꿈과 고향을 맞바꾸어
> 오모니! 오모니!

이는 일본인 엔카 가수 고가네자와 쇼지(小金沢昇司)가 부른 「오모니, 어머니에게(オモニ, 母へ)」[이시모리 히로유키(石森ひろゆき) 작사, 오다 쥰페이(小田純平) 작곡, 킹레코드]라는 노래의 일부다. 2008년 발표된 이 노래는 국영 방송 NHK에서 소개되면서 전국의 가라오케 애창곡으로 자리 잡았는데, 최근에는 소프트뱅크의 대표이사 손정의(孫正義)가 회사에서 '오모니'를 자주 입에 올리고 눈물을 머금고 이 노래를 열창했다는 주간지 기사가 화제가

모스, 2008), '산종'(Peters, 1999: 'Chap.1'), '단선적 도정'/'울퉁불퉁한 길'(Chatterjee, 1986: vii).

되기도 했다(≪週刊新潮≫, 2016.7.7). 한편, 야후 재팬(Yahoo! Japan)이나 구글(google) 같은 주요 인터넷 포털 사이트에서 '오모니(オモニ)'를 검색해 보더라도 어머니의 '손맛'을 강조하는 수많은 한국 음식점 광고와 요리 레시피를 필두로, 가수 계은숙(桂銀淑)의 노래 「오모니」, 총련계 민족 학교의 '조선학교 오모니회', 소설의 『오모니』에 대한 감상평, 개인 블로그 글 등 방대한 콘텐츠를 찾아볼 수 있다. 이에 '오모니'라는 표현이 주류 사회 속에 이만큼 넓게 퍼져 뿌리를 내리게 되었나 하는 점에서 자못 놀라움과 동시에, 그간 한인들이 걸어온 격랑의 발자취를 떠올릴 때 가벼운 현기증마저 이는 것이 사실이다.

그런데 이처럼 '자이니치'에 대해 잘 모르거나 관심이 없더라도 부담 없이 '오모니'를 소비할 수 있게 하는 대중문화 콘텐츠의 모습은 무엇보다도 오모니상의 보편화/대중화의 의의를 고민하게 만든다. 글 첫머리에서 언급했듯이 소수자의 표상은 흔히 대중화와 동시에 평면화의 길을 걷는다. 더 많은 이들에게 '오모니'를 선보이기 위해서는 오모니를 '이해 가능한 맥락' 속에 위치시켜 '이해 가능한 모습'으로 제시해야 한다. 바로 이 지점에서 표상과 현실의 괴리에 대한 단선적인 비판을 넘어서는 오모니 표상의 '소비'가 갖는 양의성에 관한 질문이 제기될 수 있으니, 널리 유통·소비·수용될 수 있는 오모니상과 그 효과가 갖는 문화정치적 의의에 대한 신중한 논의가 필요할 것이다. 다만 경계할 것은, 오모니를 소비할 수 있게끔 내보이는 활동 자체에 대한 거친 폄하나, 오모니들을 '있는 그대로' 드러낼 방법이란 애당초 존재하지 않는다는 식의 패배주의적 예단이리라. 인용의 실천마다 상이한 맥락에서 출현하여 정체성 정치(identity politics)의 알려진 경로를 상대화하면서 선부른 추측을 뒤집고 때로는 글쓴이의 의도를 앞지르며 '새로움'을 두르고 도래하는 '오모니'에 대한 비평이, 불모의(sterile) 선언을 넘어선 대중문화의 생산적·대안적 가능성에 대한 개입이어야 하는 이유가 여기에 있다.

지금까지 살펴본 '오모니'의 여정은 문화적 탈식민화의 현주소와 미래에 대한 고민으로 우리를 이끈다. 이때 '문화적'이란 어구가 '정치적' 해방 이후 극적으로 대두했고 향후 더욱 가속화할 대중사회화, 소비사회화의 역동성을 시야에서 배제하지 않고 어떠한 '해방'을 상상·지향할 수 있을까 하는 물음을 제기하는 것이라면, 이러한 질문 앞에서 떠오르는 것은 앞에서 다룬 거의 모든 텍스트의 어딘가에 등장하는 '오모니의 사랑'이다. 만일 '오모니'에서 '어떻게 해도 다 갚지 못할 사랑'이라는 함축, 그 환상을 완전히 지워내기 어렵다면, 어쩌면 바로 그만큼 우리는 '준 만큼 갚는' 상호적 원환(圓環) 관계로 닫힘 없이 '일방적으로 흩어 뿌려지고 무한히 내리쬐는' 가운데 생기(生起)하는 의미의 열매 맺음과 그 효과들, 곧 조르주 바타유가 '일반경제'라 부르고 자크 데리다가 '우편적'이라 전유한, 넘치는 잉여와 소비의 양상에 대한 열린 감수성으로 '오모니'가 촉발하는 풍요로운 문화 현상을 대해야 하리라. 이것이 '사랑'과 '소비'가 갖는 운동 원리상의 상동성이 주는 시사점인바, 우리는 여성들이 모성 때문에 겪어야 했던 혹독한 대가에 대한 인식과 모성 이데올로기의 줄기찬 억압성에 대한 비판을 발판 삼아, 표상과 현실의 불일치라는 담론의 '태생적' 굴레(bond) 너머로 펼쳐진 그 유통과 소비의 풍경 속 '오모니'의 풍요로움과 새로움을 내다보아야 할 것이다.

이상 '어머니'가 아니라 굳이 '오모니'라는 표현을 사용하는 번거로움을 고집했으나 이미 '어머니'라 번역된 텍스트의 경우, 원래 쓰였을 당시의 모습 '오모니'로 되돌려 인용하지는 않았음을 밝힌다. 다만 일본에서 한글로 쓰여 '모국으로 부쳐질' 이 글 속 '어머니'와 '오모니' 사이의 차이/틈새야말로, 재일한인을 '반쪽발이', '간첩', '돈포'로 상상해 온(권혁태, 2007) 지난 시절 우리의 자화상을 돌아볼 수 있는 자리이자, 일본에서와는 또 다른 '오모니의 힘'이 생겨날 수 있는 가능성의 공간이라는 점만은 강조하고 싶다.

제6장

도래하는 '자이니치 1세'*

정호석

1. '책' 혹은 타자/이방인의 도래

이 장에서는 재일한인 1세를 집중적으로 조명하는 네 권의 책을 통해 2000년대 중반 이래 일본 사회에서 이들의 삶과 기억이 새로운 문화적 위상으로 자리매김되고 있는 모습을 살펴본다. 특히 책의 내용과 더불어 그 미디어적인 형태나 책이 놓인 사회적인 맥락으로까지 시야를 넓힘으로써 특정한 텍스트가 사회적 매개를 통해 책으로 묶이는 과정 그리고 책이 갖는 텍스트성(textuality)과 물질성(materiality)이라는 이중적인 위상에 유념하면서 한인 1세를 다루는 '책'이 갖는 사회문화적인 의미에 초점을 맞추고자 한다.

소수자(minority) 집단이 책을 통해 소개됨으로써 새로운 형태의 공적인 가시성(public visibility)을 획득하는 양상을 주목할 때, 철학자 자크 데리다(Jacques Derrida)가 말한 '타자의 도래(avenir)'라는 개념은 매우 시사적이다.

---

* 이 글은 ≪일본비평≫, 8권 1호(2016, 통권 14호)에 실린 논문을 수정, 보완한 것이다.

그림 6-1 _ 이 글에서 다루는 네 권의 책
① 오구마 에이지·강상중 엮음, 『자이니치 1세의 기억』(2008), ② 이붕언 지음, 『자이니치 1세』(2005), ③ 가와사키의 할머니·할아버지와 함께 엮는 2000명 네트워크 생활사 구술기록 편집위원회 엮음, 『자이니치 코리안 여성 20인의 궤적』(2009), ④ 기쿠치 가즈코 지음, 『치마저고리의 노래가 들려온다』(2005).

①

②

③

④

즉, 사회적 타자/이방인은 어떠한 범주나 공적 논제이기에 앞서 활자, 사진, 영상 등 특정한 기록·재현의 기술을 통해 '출현'함으로써 사회의 문화적 동일성을 흠집 내고 다양한 반향을 불러일으키며 그들을 다루는 기존의 범주·담론·정책을 근본적으로 되묻는다. 이들의 '도래'는 하나의 '사건', 즉 그 자체로서 진지한 탐구를 요청하는 사회적인 현상이며,[1] 이때 그러한 도래를 가능하게 한 '책'은 단지 특정한 의미를 담은 '투명한 용기'가 아니라

타자/이방인의 낯선 모습, 삶, 기억에 인지 가능한 물질성을 부여하며 그에 대한 해석과 감흥이 다시 현실로 엮이는 과정을 고유한 방식으로 틀 짓는 '미디어이자 메시지'다.

이 글에서는 이러한 관점에서 이들 책의 형태 및 내용, 그 편집 과정과 출판 경위를 살펴봄으로써[2] 일본에서 재일한인 1세의 삶과 기억이 어떻게 '도래'하고 있는지, 그 최근의 동향을 두 가지 맥락에서 짚어본다. 그 하나는 그동안 문화계의 주변부에 머물던 1세의 생애사 기록이 상업적인 출판 시장의 중심에서 기획, 출간되면서 대중적인 관심이 높아진 것이고, 다른 하나는 자이니치 고령자 여성들의 기억과 생활이 지역 사회의 풀뿌리 시민운동에서 중요한 한 축을 형성하게 된 흐름이다.

2. 책으로 도래하는 1세

먼저 이 장에서 다루는 책 네 권의 공통점은 재일한인 1세의 생애사를 담아 2000년대 중반 이후 출판되었다는 점이다. 사실 1세들의 삶과 기억이 활자화된 것은 최근의 일은 아니다. 전후의 연구나 담론은 억압과 저항, 정체성의 다양화 및 그에 대한 반본질주의적 비판을 거쳐 생활 세계 속의 다양한 커뮤니케이션과 여러 문화적 실천으로 전개되어 왔다. 그 가운데, 1세

1) 일체의 기대와 예측 가능성의 지평을 넘어서는 사건(événement)으로서의 타자/이방인의 도래는 데리다의 전 사상적 궤적을 관통하는 주제다(데리다, 2004; 데리다·스티글레르, 2002: 37~43).

2) 『자이니치 1세의 기억』에 관해서는 담당 편집자와 전화 및 이메일 인터뷰(2015년 12월 12일, 14일)를 통해, 『자이니치 코리안 여성 20인의 궤적』 및 『치마저고리의 노래가 들려온다』에 대해서는 가와사키시 후레아이관 방문 조사(2015년 12월 15~16일) 및 실무 담당자와의 대면 인터뷰를 통해 편집 및 출판에 관한 추가 정보를 얻을 수 있었다. 자료를 제공하고 인터뷰에 협력해 준 분들께 감사를 전한다.

들의 삶과 기억은 이미 1950년대에 강제 연행과 간토 대지진 기간의 학살, 전후 사회 운동과 관련한 역사적 연구에서 다루어졌으며, 1970년대에 들어 2세들의 사회 진출과 관련한 각종 반차별 투쟁이 공론화되면서 시민운동을 위한 소책자, 문예지, 일부 단행본에서 '자이니치'의 원상(原像)으로 자리매김되기 시작했다. 특히 1970년대 중반에서 1980년대를 거쳐 자이니치들이 발행한 문예잡지에는 1세의 도항이나 초기 정착사, 집단 거주 지역에서의 생활상과 관련한 칼럼이나 대담 기사가 다수 실렸고, 이 시기를 거치면서 에세이, 르포, 역사물, 수기 등 1세를 다룬 책들이 다양해졌다. 1990년대에 들어서는 김학순 할머니의 증언과 함께 1세의 '증언'을 억압받은 이들의 '대항 기억(counter memory)'으로 논하는 시각이 부각되었다.

한편, 1세의 '조국/민족 지향'과 후속 세대의 '정주화/공생 지향'을 구분하는 사회학적인 정체성 조사나 제주도 출신자를 중심으로 하는 생활사 연구 그리고 제사, 장례 등 종교적 의례에 관한 민족지 등이 출간되면서 역사학 이외의 다양한 사회과학적 논의가 본격화되었다.[3] 또한 2000년대 중반부터는 사회복지에서 소외된 '자이니치 코리안 고령자' 문제가 대두하면서 주거, 복지, 돌봄, 인적 교류에 관한 실태조사 및 그들의 여생이 얼마 남지 않았다는 위기감과 함께 지역별 혹은 복지시설별 생애사 기록의 움직임이 일었다. 특히 최근 10여 년간 1세들의 인터뷰 및 구술은 집단 거주 지역의 형성 및 경제 활동에 대한 지역 사회학적 연구, 학교 경험, 문해(文解) 학습활

3) 대표적인 연구서는 다음과 같다. 후쿠오카 야스노리(福岡安則), 『재일한국·조선인(在日韓国·朝鮮人: 若い世代のアイデンティティ)』(中央公論社, 1993); 고선휘(高鮮徽), 『재일 제주도출신자의 생활과정(在日済州島出身者の生活過程: 関東地方を中心に)』(新幹社, 1996); 이지치 노리코(伊地知紀子), 『생활세계의 창조와 실천(生活世界の創造と実践: 韓国·済州島の生活誌から)』(御茶の水書房, 2000); 이이다 타카후미(飯田剛史), 『자이니치 코리안의 종교와 축제(在日コリアンの宗教と祭り: 民族と宗教の社会学)』(世界思想社, 2002); 양애순(梁愛舜), 『재일조선인 사회의 제사의례(在日朝鮮人社会における祭祀儀礼: チェーサの社会学的分析)』(晃洋書房, 2004).

동에 대한 문화 연구, 그들의 일본어, 한국어 사용에 대한 언어학적 연구 등 새로운 경향의 연구들을 방법론상으로 특징지으며 학술적 관심의 대상으로 떠오르고 있다.[4)]

이와 같은 변화를 반영하면서도 나름의 독자적인 흐름을 보여온 출판계 전반으로 시야를 넓혀 보면, 1세를 직접 다루거나 그 생활 세계에 뿌리박은 정서를 그린 문학 작품 이외에 다음과 같은 몇 갈래의 장르가 형성되어 왔음을 알 수 있다. 즉, ① 강제 연행, 강제 노동, 사회적 차별의 사례를 다루면서도 지역사의 맥락과 노동자 계층의 체험에 초점을 둔 민중사 기록,[5)] ② 조선인 피폭자, 한센병 환자, BC급 전범 등 자이니치 중에도 소수에 속하는 이들의 경험을 담은 책들의 계보[6)]가 각각 1970년대, 1980년대 나타

4) 대표적인 연구서로는 시마무라 타카노리(島村恭則), 『"삶의 방법"의 민족지("生きる方法"の民俗誌: 朝鮮系住民集住地域の民俗学的研究)』(関西学院大学出版会, 2010); 사나다 신지 외(真田信治·任栄哲·生越直樹) 엮음, 『자이니치 코리안의 언어 양상(在日コリアンの言語相)』(和泉選書, 2005); 서아귀(徐阿貴), 『재일조선인 여성의 '하위의 대항적 공공권' 형성(在日朝鮮人女性による'下位の対抗的な公共圏'の形成: 大阪の夜間中学を核とした運動)』(御茶の水書房, 2012)을 들 수 있으며, 학술 잡지로는 2010년부터 발간되기 시작한 ≪코리안 커뮤니티 연구(コリアンコミュニティ研究)≫가 새로운 경향의 논고를 다수 싣고 있다.

5) 재일한인을 '민중'으로 파악한 예로는 오자와 유사쿠(小沢有作)가 엮은 『근대민중의 기록10 재일조선인(近代民衆の記録10 在日朝鮮人)』(新人物往来社, 1978)이 대표적이며, 강제 연행·강제 노동에 대한 기록은 다음 절에서 언급할 『조선인 강제 연행 조사의 기록』, 『백만 인의 신세타령』 외에, 정충해(鄭忠海)의 『조선인 징용공의 기록(朝鮮人徴用工の記録)』(河合出版, 1990)처럼 수기를 번역하여 엮은 형태나, 삿포로 향토를 캐는 모임(札幌郷土を掘る会)이 엮은 『해협의 파도 높고(海峡の波高く: 札幌の朝鮮人強制連行と労働)』(札幌郷土を掘る会, 1989)처럼 각 지역 단위의 조사, 인터뷰 기록이 다수 존재한다. 양태호(梁泰昊)가 엮은 『조선인 강제 연행 논문집성(朝鮮人強制連行論文集成)』(明石書店, 1993)은 이와 같은 각지의 기록을 가려 모은 대표적인 자료집이다.

6) 한인 피폭자의 문제를 다룬 박수남(朴寿南)의 『또 하나의 히로시마(もうひとつのヒロシマ: 朝鮮人韓国人被爆者の証言)』(舎廊房出版部, 1982); 릿쿄 대학 사학과 야마다 연구실(立教大学史学科山田ゼミナール)에서 엮은 조선인 한센병 환자들의 기록 『삶의 증거(生きぬいた証に: ハンセン病療養所多磨全生園朝鮮人·韓国人の記録)』(緑蔭書房, 1989); 조선인 BC급 전범 문제를 제기한 우츠미 아이코(内海愛子)의 『김은 왜 재판받았는가(キムはなぜ裁かれたのか: 朝鮮人BC級戦犯の軌跡)』(朝日新聞出版, 2008) 등이 있다.

난 이래 현재까지 이어지고 있으며, 이상과 같은 소재를 좀 더 '대중성' 있게 다룬 책으로 ③ 1930년대 오사카 기시와다(岸和田) 방적공장 조선인 여성 노동자들의 쟁의, 쓰루하시(鶴橋) 코리아타운의 형성사, 한국전쟁에 자원한 재일한인 의용병 등의 테마를 이미 1980년대 중반부터 신서로 출판한 김찬정(金賛汀)으로 대표되는 '논픽션' 역사물의 계보[7]가 있다. 한편, ④ 1996년 베스트셀러가 된 노무라 스스무(野村進)의 『코리안 세계의 여행(コリアン世界の旅)』(講談社, 1997)이 보여준 '마이너리티 르포' 대중서의 가능성을 내부자의 시선으로 전환하면서 '성공한 자이니치'의 삶을 통해 일본 사회를 비판적으로 재조명한 박일(朴一)의 『'재일'이라는 삶의 방식('在日'という生き方)』(講談社, 1999)이나, 각계에서 두각을 나타낸 자이니치의 사례를 모은 『100명의 자이니치 코리안(100人の在日コリアン)』(三五館, 1997) 같은 '인물/기업전'류,[8] ⑤ 1960년대에 처음 나타났으나 2000년대 이후 부쩍 늘어난 각종 회고록 및 자서전류[9] 역시 각각의 흐름을 이루고 있다. 그 외에 ⑥ '아리랑', '제주도 4·3 봉기', '최승희' 등 1세 관련 표제어를 다수 실은 『조선을 아는

7) 김찬정은 『조선인 여공의 노래: 1930년 기시와다 방적공장의 투쟁(朝鮮人女工のうた: 1930年·岸和田紡績争議)』(岩波書店, 1982); 『이방인은 기미가요를 타고: 조선인 부락 이카이노의 형성사(異邦人は君ヶ代丸に乗って: 朝鮮人街猪飼野の形成史)』(岩波書店, 1985); 『돌아오지 못한 자이니치 의용병: 한국전쟁비사(在日義勇兵帰還せず: 朝鮮戦争秘史)』(岩波書店, 2007) 등 재일한인, 특히 1세를 다룬 다양한 책을 남겼다.

8) 한인들의 인터뷰 및 생활사를 담은 신문 칼럼을 단행본으로 엮은 다음의 책들 역시 비슷한 성격으로 분류할 수 있다. 가나가와신문 사회부, 『일본 속의 외국인(日本の中の外国人: '人さし指の自由'を求めて)』(神奈川新聞社, 1985); 에히메신문 자이니치취재반, 『자이니치(在日: 日韓朝の狭間に生きる)』(愛媛新聞社, 2004); 고찬유(高賛侑), 『타향살이(異郷暮らし: 在日する韓国·朝鮮人の肖像)』(毎日新聞社, 2003).

9) 강위당(姜魏堂), 『어느 귀화조선인의 기록(ある帰化朝鮮人の記録)』(同成社, 1973); 김달수(金達寿), 『나의 아리랑 노래(わがアリランの歌)』(中央公論新社, 1977); 강재언(姜在彦)·김달수(金達寿) 편저, 『수기=재일조선인(手記=在日朝鮮人)』(竜渓書舎, 1981); 정환기(鄭煥麒), 『정환기수상록(鄭煥麒随想録)』(育英出版社, 2000); 백종원(白宗元), 『자이니치 1세가 말한다(在日一世が語る 戦争と植民地の時代を生きて)』(岩波書店, 2010)가 대표적이다.

사전(朝鮮を知る事典)』(平凡社, 1986, 2000, 2009), 5년간의 작업 끝에 주요 인물들의 약력 및 1세의 운동사를 망라한 국제고려학회(国際高麗学会)의 『재일코리안 사전(在日コリアン辞典)』(明石書店, 2010) 등 사전류 역시 1세들의 다양한 면면을 알리는 데 일조해 왔다.

이처럼 '책으로 도래한 1세들'의 궤적을 돌이켜 볼 때 떠오르는 출판상의 화두는 "어떻게 하면 1세를 좀 더 널리 알리면서도 '억압의 희생자'라는 틀로는 다 담아낼 수 없는 삶의 풍부한 결을 전달할 수 있을까" 하는 것이다. 특히 1990년대 이후 재일한인 관련 서적이 늘었음에도 불구하고 애초에 매우 한정적인 부수로 출간된 과거의 책들을 구하기 어려운 상황이 지속되면서 1세들은 여전히 출판계·문화계의 주변부에 머물러 있다. 소위 '기억의 정치학'이나 '한(恨)의 미학'으로는 간단히 환원될 수 없는 1세들의 다양한 모습이 거의 소개되지 못하는 반면, '강제 연행'과 '전시 성노예' 같은 첨예한 정치적인 측면만이 부각되고 있다는 점에서, '한정적인 대중성의 극복'과 '평면적인 1세상(像)의 극복'은 상호 불가분의 이중적인 과제로 떠오른다. 이 글에서 살펴볼 네 권의 책은 이러한 과제에 대한 하나의 응답으로 읽을 수 있다.

3. 두꺼운 신서와 큰 사진집으로 찾아온 1세

먼저 『자이니치 1세의 기억(在日一世の記憶)』과 『자이니치 1세(在日一世)』(이하 각각 『기억』과 『1세』)는 구술의 분량과 내용 면에서 앞에서 언급한 수많은 1세 관련 서적들 가운데서도 단연 눈에 띈다. 그뿐만 아니라 2000년대 중반 일본 문화의 한복판에서 '1세의 기억'이라는 문제를 명확히 제시했다는 점에서 이정표적인 성격을 갖는다.

그림 6-2 _ 책의 외양과 크기

①『자이니치 1세의 기억』, ② 두께 비교를 위해 함께 배치한 200쪽 남짓의 '보통' 신서, ③『자이니치 코리안 여성 20인의 궤적』, ④『치마저고리의 노래가 들려온다』, ⑤『자이니치 1세』.

외양과 형태부터 살펴보면,『기억』은 비교적 작은 판형(17.4×11cm)이지만 상당히 두껍다(〈그림 6-2〉). 표지에는 제목, 엮은이의 이름 '小熊英二·姜尙中(오구마 에이지·강상중)' 및 '集英社新書(슈에이샤 신서)'라는 문구가 박혀 있고, 본문에는 1세 52명의 이름, 약력, 작은 얼굴 사진과 함께, 가족 관계와 유년기, 도일(渡日)과 일본에서의 일과 삶 등 현재에 이르기까지 생애사가 한 사람당 12~30쪽 분량의 1인칭 직접화법으로 제시되어 있다. 한편『1세』는 큰 판형(27.7×22.9cm)으로, '在日一世(자이니치 1세)'라는 큰 제목은 붉은색을 입힌 '한 일(一)' 자가 도드라진다. 책 하단에 두른 띠지[帶]에는 '강상중 씨 추천!'이라는 문구가 보인다. 책을 펼치면 오른쪽 페이지에 인적 사항과 함께 한두 마디의 '증언'이 소제목을 이루고 각 인물의 생애사가 저자의 요약과 직접인용이 섞인 형태로 실려 있다. 그 맞은편 페이지에는 집이나 일터 혹은 그간의 활동을 요약하는 상징물을 배경 삼아 포즈를 취한 전신 혹은 얼굴 사진이 실려 있다. 단 한 컷, 부부가 같이 찍힌 사진을 제외하

그림 6-3 _『자이니치 1세』의 페이지 구성

자료: 李朋彦(2005).

고는, 이렇게 펼침면마다 한 명씩, 모두 91명의 인터뷰와 사진이 한 권으로 엮여 있다(〈그림 6-3〉).

이들 두 책에서 먼저 눈에 띄는 것은 '자이니치 1세(在日一世)'라는 문구다. 주지하다시피 한국에서 '재일동포'로 일컫는 이들은 '재일조선인(在日朝鮮人)', '재일한국인(在日韓国人)', '재일한국·조선인(在日韓国·朝鮮人)', '재일코리안(在日コリアン)', '재일한인(在日韓人)' 등 다양한 이름으로 불려왔다. 그러한 복수의 호칭이 나름의 정치적 함의를 가지고 혼재, 경쟁하는 가운데 '자이니치'는 단순한 약칭이라기보다는 '조국'에 돌아가지 않고 재일(在日)하고자 하는 주체적인 정체성의 표현으로 자리 잡아왔다. 그간 '재일/정주/공생 지향'과는 오히려 차별화된 관점에서 '민족/조국 지향'으로 범주화된(categorized) 측면이 강한 이들이 2000년대 중반 '자이니치 1세'라는 명칭으로, 더욱이 학술서나 에스닉 잡지가 아닌 대중서의 모습으로 등장했다는 사실은 향후 '자이니치'의 문화적 위상과 관련해 흥미로운 지점이다. '자이니치' 뒤에 어떤 어구를 붙이는가가 미묘하고도 첨예한 사안이 되어버린 현

[상자글 6-1] 재일한인에 대한 명칭

재일한인에 대한 다양한 명칭은 그 자체로 그들이 걸어온 역사와 그들이 놓인 정치 사회적 위상의 복합성을 보여주는 동시에, 소수자에 대한 개념화가 수반하는 일반적인 난점들을 잘 보여준다. 크게 보아 그러한 각종 명칭은 그들을 원래의 '민족적 뿌리(root)=고국' 및 '현재의 거주지=일본'과의 관계 속에서 파악하려는 다양한 시도의 결과인데, 이들은 '고국'을 식민 통치 이전의 '조선'으로 볼 것인지, 분단 후의 남북한으로 볼 것인지, 아니면 지향점으로서의 '미래의 통일된 조선'을 상정할지의 문제 및 일본을 일시적인 경유지(route)로 여길지 혹은 영구토록 정주할 삶의 근거지로 바라볼지에 대한 다양한 견해들과 함께 모습을 드러냈다. 아울러 학술적인 논의의 장에서는 종종 어떠한 명칭을 쓰는지가 문제를 다루는 근본적인 입장에 대한 표명으로 읽히면서 그들을 호명하는 이의 입장/위치(position)를 되비추곤 했다. 한편, 『기억』의 편자 강상중이 낸 자서전 『자이니치(在日)』(講談社, 2004)는 이러한 담론의 역사를 배경 삼아 '자이니치'란 표현이 가지는 다의성을 "재일한다"는 사실에 입각한 이산 2세대의 자기 선언으로 전유하고 그러한 관점에서 과거를 재구성한 것으로서 '자이니치'라는 표현의 대중화라는 점에서 중요한 기점이 되었다.

재, 그러한 정치성에 구애받지 않는 형태로 1세의 위상을 새롭게 틀 지으며 그 중요성을 제기하는 '자이니치 1세'라는 호칭은 향후 그 추이가 주목된다.

다음으로, 표지에 실린 '이름' 역시 간과할 수 없는데, 이들 이름은 책 내용과 별개의 수준에서, 심지어 책을 읽지 않은 사람에게까지도 특정한 '메시지'를 전달하면서 책이 수용되는 문화적 맥락을 규정한다. 즉, 1990년대 일본에서 국민국가 비판론과 탈식민주의의 대두와 함께 전후 사회과학 전반에 대한 반성이라는 조류가 형성되는 가운데, 오구마 에이지와 강상중은 활발한 저작, 문단 활동을 통해 '내셔널리즘'에 관한 비판적 담론을 주도하며 '화려하게' 등장했다. 기존의 자이니치 연구자가 아닌 이러한 '떠오르는 스타 학자들'이 편자로 나섰다는 점은 1세의 문제를 이러한 동향 속에 '새로운 테마'로 자리매김하는 효과를 낳았다고 볼 수 있다.

이와 같은 맥락에서 『기억』이 다름 아닌 신서(新書)로 출판되었다는 점

은 중요하다. 사실 1세의 생애사를 모은 것으로는, 대규모의 설문 조사를 통해 재일본대한민국민단 청년회가 엮은 테마별 증언집 「아버지, 들려주세요. 그날의 일을(아버지聞かせてあの日のことを: 我々の歴史を取り戻す運動報告書)」(在日本大韓民国青年会中央本部, 1988) 및 100여 명의 구술을 강제 노동, 강제 연행에 초점을 맞추어 정리한 『백만 인의 신세타령(百万人の身世打鈴: 朝鮮人強制連行·強制労働の'恨')』(東方出版, 1999)이 대표적이다. 하지만 전자는 자이니치 후속 세대를 주요 독자로 상정한 조사보고서였고, 후자 역시 『조선인 강제 연행 조사의 기록(朝鮮人強制連行調査の記録)』(전 6권. 柏書房, 1992~2002)과 비견되는 기념비적인 노작이었음에도 불구하고 654쪽에 달하는 하드커버에 소비세 포함 시 6000엔이 넘는 고가였기에 그 내용과 별개로 상업적으로 널리 유통되기 어려운 형태였다. 이와 대조적으로 『기억』은 신서로 기획, 출판되었다는 점이 획기적이다.

신서란 고전 위주의 문고본과 달리 현대적 교양이나 학술적 성과를 널리 소개할 것을 목적으로 하는 대중교양 서적으로, 보통 200쪽 전후의 포켓판(17.4×11cm) 페이퍼백으로 1000엔 이하의 가격대를 형성한다. 연간 3000~4000여 종이 새로 나오지만, '신서의 삼대명문가'라고 불리는 이와나미(岩波)신서(岩波書店, 1938~), 주코(中公)신서(中央公論社, 1962~), 겐다이(現代)신서(講談社, 1964~)나, 분슌(文春)신서, 슈에이샤(集英社)신서, 헤이본샤(平凡社)신서, 고분샤(光文社)신서 등 1990년대에 시장에 진입한 거대 출판사의 신서 시리즈는, 초판 부수 1만 부 정도의 신간이 일제히 전국의 서점에 깔리면서 일정량이 유통, 소비된다는 점에서, 출판계 및 문화 전반의 동향을 주도, 반영하는 사회적 지표로서 기능한다. 더욱이 1990년대 이래 학술 서적, 특히 인문 분야의 도서 시장이 급격하게 위축되면서, 예전이라면 하드커버로 나올 책들이 대학출판부를 통해 소량만 인쇄되거나 아예 처음부터 신서로 출판되는 '양극화 현상'이 심화되었다. 이에 따라 학계와 대중문화 영역, 연구 서적과 대중 서적의 가교 역할을 하던 신서의 전통적인 위상에도 변화가 나타났다. 학술서의 급격한 '디플레이션'이 야기한 콘텐츠와 출판 형태 사이의 '지각 변동'과 더불어 인터넷이 가져온 여파가 겹치면서, 학계의 담론이 신서류를 통해 사회 전반으로 확대된다는 식의 단선적인 시각이 그 현실성을 상실한 반면, '학술적' 혹은 '큰 자료적 가치'를 가지는 텍스트들이 '보다 쉽게 읽히는' 신서나 전자책의 형태로 속속 등장하게 된 것이다. 『기억』은 이러한 조류를 배경으로, 그간 학계 일부나 출판 시장의 주변부에서 생산, 유통되던 1세의 구술이 상업 출판계의 중심에 진입한 중요한 사례라고 할 수 있다.

오구마 에이지가 책의 후기에서 소개한 편집에 관한 내용[774~781][10]과 필자가 추가로 조사한 바에 따르면, 『기억』은 기획에서 출판까지 약 5년이 소요되었다. 담당 편집자는 전문 연구자 및 『백만 인의 신세타령』의 편집자에게 자문을 구하고 스터디 모임을 하면서 다년간 1세를 취재한 필자들의 축적된 역량을 흡수하는 형태로 '자이니치 코리안의 목소리를 기록하는 모임(在日コリアンの声を記録する会)'을 조직했다. 이렇게 간토와 간사이 지역을 담당하는 두 명의 사무국장(高秀美, 高賛侑)을 중심으로 20여 명의 인터뷰 작가를 통해 채록한 구술은 순차적으로 출판사의 신서 웹페이지에 공개됨으로써 출판에 앞서 사회적 관심을 높이는 효과를 낳았다. 이때 특기할 만한 점은, 예전이라면 오로지 채록자의 의지와 열정에 기댈 수밖에 없었던 부분, 즉 통상적인 편집비로는 감당하기 힘든 구술 원고 비용을 웹 홍보 콘텐츠의 예산으로 충당했다는 사실이다. 이렇게 구술집 출판에서 고유한 비용상의 난점을 풀어냄으로써 이 책은 '첫 구술집 신서'라는 기록을 세

10) 이 글에서 다루는 네 권의 책 내용을 본문에 인용할 경우, 지면 절약과 편의를 위해 "[해당 쪽]"의 형태를 취하기로 한다.

[상자글 6-2] 1세의 기억이 우리에게 도래하기까지: 기억의 매개

책 속에 담긴 1세의 기억이란 어디까지나 '매개된' 것이다. 그렇다면 『자이니치 1세의 기억』을 예로, 다음과 같은 커뮤니케이션 도식을 통해 1세의 '기억'이 어떠한 매개 과정(mediation)을 거쳐 우리에게 '도래'했는지를 조금 더 자세히 짚어보자.

(a)		(b)		(c)		(d)		(e)		(f)		(g)		(h)		(i)
사실/사태	–	**발화자 (1세)**	–	**음성**	–	**채록자 (듣기)**	–	**문자**	–	**편집/출판**	–	**책**	–	**독자 (읽기)**	–	**해석/감흥**

먼저 인터뷰에 응한 이들은 먼저 옛일을 '기억'해 냈을 터이다[**(a)**~**(c)**]. 그런데 문화적 기억 및 정체성에 대한 연구들이 시사하듯 '기억해 내기(remembering)'란 과거를 그대로 재생하거나 복기해 내려는 시도가 아니라, 현시점에서 되돌아보았을 때 말할 만한 가치가 있다고 여겨지는 요소를 취사선택/재배열하는 적극적인 내러티브의 구성이다. 이러한 내러티브는 언제나 역산적(逆算的)이기에 가변적이고 생성적(生成的)이기에 완결될 수 없다는 특성을 지닌다. 특히 인생의 노년기에 들어 젊은 날을 회상하는 경우 혹은 인터뷰에 대한 나름의 선입견이나 경험을 가지고 때때로 '질문자의 기대에 부응'하려고 하는 경우, 이러한 자기 내러티브의 구성이 갖는 창조적인 측면은 '올바른 기억'을 왜곡하는 '노이즈'로 여겨지기도 한다.

이와 관련해, 기억이 애초에 '개인적인 작업'일 수 없다는 점을 강조해 둘 필요가 있다. '언어화'된 모든 기억은 본질적으로 '타인에게 말 거는 기억'으로서, 심지어 말문을 열기 이전의 내적인 독백 속에서도, 외부적인 기표와 매개를 전제하고서야 비로소 출현할 수 있다. 데리다(2006)에 따르면 '자기 현전', 즉 의식 속에서 스스로에 대해 현전(現前)하는 경험이란 애초에 불가능하며 모든 자기표현은 이미 외부적인 문자, 언어, 매개에 종속되어 있다. 즉 스스로와 소통하는 순수한 표현, 자신의 사유 속에 홀로 존재하는 순수한 '에고'란 없으며, 심지어 침묵 속의 내부 독백에서도 다른 이들과 소통하는 것과 같은 방식으로 자기 자신과 소통한다. 말하자면 기억은 사후적인 매개와 차이를 내부로 끌어들여 '순수성'을 상실한다는 전제하에서만 '언어의 옷'을 입고 태어난다. 이는 기억이 갖는 구조적인 '숙명'이다. 그렇다면 1세들의 기억 역시, 그것이 '타인을 향해' 제시된다는 전제하에 그들이 가족/친족/민족/회사/계급 같은 '이야기의 사회적 스톡(stock)'이나 그 시절에 대한 '흔한 서술의 패턴들'을 알게 모르게 참조하면서, 남들이 알아들을 수 있는 수준에서 스스로를 '이해 가능한 자기(accountable self)'로 구성하려 시도하는 가운데 나타난 것이다.

다음으로, 인터뷰어들은 '목소리'를 '글'로 바꾸었다[**(c)**~**(e)**]. 음성을 단순히 문자화해서는 결코 '읽을 수 있는 원고'가 될 수 없기에, 그들은 몇 시간, 며칠에 걸쳐 녹음한 '두서없는' 이야기를 정리하고 틀린 지명과 연대를 바로잡으며 내용별로 단락화하고 소제목을 달아 수천 자 분량으로 재구성했다. 그들은 '투명인간'이 될 것을 요구받지만[779], 이러한 적극적인 개입 없이는 기억의 산출이나 전달 자체가 불가능하다. 누군가가 듣고 써내지 않고서는 '기억'이 출현할 수 없다는 단순한 사실은 '1세'의 경우 각별하다. 편자 강상중이 머리말에서, 당시 연재 중이던 소설『어머니』를 두고 "아버지나 어머니가 글을 알았다면 분명 이렇게 쓰지 않았을까 하고 여겨지는 내용 위로 덧쓰듯이"[7]라고 표현했듯이, 1세들 중 다수는 글을 몰랐고, 아는 경우에도 스스로를 표상할 만큼의 언설적 자원(discursive resources)을 지니고 있지 않는 경우가 많았다. 곧 그들의 말투와 억양, 어휘와 문장은 종종 공론장에서 인지되기 어려운 형태를 띠고 있었다.『자이니치 1세의 기억』에 등장하는 1세들 중에는 '인텔리'가 많다. 때문에 대표성이란 면에서 이 책을 '보통의 1세들'에 대한 축소판으로 보기에는 어려움이 있는 것이 사실이다. 하지만 그럼에도 그들의 진술이 문자화되었다는 사실, 더욱이 인쇄 기술이 갖는 확산(dissemination)이나 보존(preservation)이라는 강력한 힘을 빌려 전국에 소개되고 도서관에 비치되며 상업적인 소비의 대상이 되었다는 일은 독자적인 '사건'으로 여겨져야 한다.

이렇게 문자라는 텍스트성을 획득한 기억이 실질적인 독서 행위로 이어지기 위해서는 편집/출판이라는 계기가 불가결하다[**(f)**~**(g)**]. 편집은 흔히 완성된 텍스트를 책으로 묶는 사후적인 작업이라 여겨지지만, 많은 경우 편집자는 원고의 출현에 '앞서서' 출판 자체를 계획·주도한다. 이 책의 경우, 편집자 오치아이 가츠토(落合勝人)는 기획의 발안에서부터 인터뷰 방식, 원고의 양과 구성, 증언자의 약력 형식, 사진 배치, 페이지 수와 가격 결정에 이르기까지 관여하면서 통상적인 경우보다 훨씬 활동적인 '에디터십'을 발휘했다. 20여 명의 인터뷰어들, '기록하는 모임'의 실무진, 2명의 엮은이 그리고 이들 사이의 협력 체제를 구축하고 전체 프로젝트를 진행한 담당 편집자가 5년여간 꾸준히 '공동작업'을 펼친 결과, 이들 1세들의 '기억'은 비로소 책의 형태를 취할 수 있었다.

이러한 기억에 대한 가공 및 편집에는 언제나 기억에 대한 오염이자 왜곡이라는 '오명'이 뒤따른다. 하지만 매개를 전제하지 않은 현존을 상정할 수 없듯이, 그러한 작업 없이 기억 그 자체가 가독성과 접근성을 가지고 출현할 수 없다. 1세의 기억이 책으로 엮인 일련의 과정에서 거듭 강조할 점은, 이른바 '순수한 기억'이란 환영일 따름이며 무매개적으로=직접(immediate) 접근하거나 전달될 수 있는 기억이란 애초에 불가능하다는 사실이다. 더 나아가, 이상의 각 단계들 사이의 불연속적인 '틈새'가 제기하는 사태와 기억 사이의 불일치, 경험과 표상 사이의 지울 수 없는 간극이란 결코 역사적 '진실'에 접근하기 위해 극복해야 할 장애물이 아니라, 오히려 창조적 문화 활동을 구동시키며 역사 그 자체를 지탱하는 '역사의 가능성의 조건'이다. 이렇게 하여 1세들의 기억을 담은 책이 어떠한 '역사'에 대한 새로운 이해와 상상을 촉발할 것인가의 문제는, 이렇게 만들어진 책이 독자를 만나 어떠한 의미로 '열매 맺는가'[**(g)**~**(i)**]라는 질문과 함께 탐구되어야 한다.

운 동시에, 신서로서 전례가 없는 784쪽 분량으로 출간되었다는 점에서도 화제를 불러일으켰다. 출퇴근 시 혹은 휴일에 집어 드는 적절한 난이도의 읽을거리라는 고정관념을 넘어서는 파격적인 '무게감'을 가지되 그렇다고 아예 엄두를 못 낼 만큼은 아닌 '아슬아슬함'을 유지하면서, 이 책은 신서 서가에서 '가장 두꺼운 폭'을 차지하거나 혹은 절판의 염려가 없을 뿐만 아니라 수많은 중고본이 늘어선 '아마존 재팬' 같은 인터넷 서점에서 독자를 기다리게 되었다. '1세의 기억'을 물질성과 그에 대한 접근성, 사회적 존재감이라는 관점에서 바라볼 때, 이러한 변화는 괄목할 만한 것이다.[11)]

한편, 사진가 이붕언의 『자이니치 1세』는 1세들의 '커다란 사진'을 제공하는 최초이자 유일한 책이다.[12)] 현재 시중에서 구할 수 있는 1세들의 사진으로는 1965~1970년경 오사카 이카이노(猪飼野) 풍경과 인물 군상을 담은, 조지현(曹智鉉)의 『조지현 사진집 이카이노: 추억의 1960년대(チヒョン写真集 猪飼野: 追憶の1960年代)』(新幹社, 2003)와 재일한인역사자료관의 소장자료 도록 『사진으로 보는 자이니치 코리안의 100년(写真で見る在日コリアンの100年)』(明石書店, 2008)이 있다. 하지만 이 책은 인물 자체에 초점을 맞추어 그들의 과거 모습이 아닌 '현재'를 증언과 함께 구성했다는 점에서 특징적이다. 또한 1990년대 중반 이후 재일한인역사자료관, 고려박물관 혹은

11) 『기억』은 초판 9000부가 나온 이래, 2015년 12월 현재 5쇄, 약 2만 부의 판매를 기록했다. 구술집이라는 점 그리고 통상적인 신서의 약 두 배에 달하는 1600엔(소비세 미포함)이라는 높은 가격대를 고려할 때 결코 적지 않은 판매고라 할 수 있다. 『기억』의 출간과 더불어 해당 웹 콘텐츠 대신 『기억』과 유사한 방식으로 기획된 '자이니치 2세의 기억'이 웹상에 게재되었으며, 이 또한 지난 2016년, 『자이니치 2세의 기억(在日二世の記憶)』(小熊英二·高賛侑·高秀美 編)으로 정리되어 출간된 후 웹상에서는 삭제되었다.

12) 『1세』는 이 글에서 다루는 네 권 중 유일하게 한국어 번역서(『재일동포 1세, 기억의 저편』, 윤상인 옮김, 동아시아, 2009)가 존재하나 책이 수용되는 사회적인 맥락이 판이할 뿐만 아니라 그 판형(20×15.2cm)도 훨씬 작아 전혀 다른 느낌으로 읽히기 때문에 이하의 논의는 원서로 한정한다. 단, 『1세』의 원저가 페이지 수를 표기하고 있지 않으므로 인용은 국역서를 기준으로 한다.

지역 NPO(Non Profit Organization)를 중심으로 옛 자이니치의 사진전이 몇 번 열린 적이 있으나, 이봉언의 경우 도쿄와 오사카에서 6회에 걸친 사진전을 열고, 수차례의 강연회 및 시인 김시종(金時鐘), 작가 현월(玄月)과의 토크 이벤트 등 일련의 문화 행사와 함께 1세를 '새롭게' 부각시켰다. 자이니치 1세가 이러한 현대적인 '마케팅/프로모션 이벤트'를 통해 소개되었다는 것은 신선하다. 이는 그간 자이니치 관련 서적의 출판이 특정 출판사로 한정되면서 상업적인 시류에서 한발 빗겨나 있었다는 점과도 좋은 대조를 이룬다. 생활, 디자인, 예술 관련 서적/잡지를 주로 내는 출판사에서 기획, 출판한 『1세』는 '보다 젊고 세련된' 이미지로 차별화를 꾀하며 1세를 소개했다는 면에서 재일한인 관련 대중서의 앞날을 가늠하는 데 중요한 의미를 갖는다.

4. 책이 매개하는 삶과 기억

그렇다면 이들 책이 1세의 삶과 기억을 어떻게 매개, 전달하고 있는지 그 특징을 살펴보자. 쉽게 예상할 수 있듯이, 『기억』에 담긴 1세의 삶은 가족과의 생이별과 유랑의 고통, 혹독한 가난과 모욕적인 차별로 점철되어 있다. 그 기억의 페이지마다 망국과 이산, 해방과 잔류, 한국전쟁과 분단, 남한의 '유신'과 북한으로의 '귀국 사업', 일본의 고도성장과 한국의 민주화 투쟁 등 한일의 현대사가 아로새겨져 있다. 또한 한신 교육 투쟁, 민단과 총련의 대립, 히타치 취직 재판, 제주도 귤 보내기 운동, 우토로 재판, 치마저고리 폭행 사건, 연금보장 재판 등 자이니치 관련 주요 사건 역시 빠짐없이 등장한다. 하지만 직접화법으로 서술된 그들의 기억은 어떤 연대기적 사실관계나 정보의 집합으로 환원 불가능한 강렬한 독서 체험을 가능케 한다.

그중에서도 가장 인상적인 것은 1세의 다양성이다. 이들은 강제 연행 당하거나, '모집'에 자원하거나, 어차피 다가올 '징용'에 앞서, 가난에 못 이겨, '제주 4·3사건' 같은 국내적 환난을 피해 혹은 돈을 벌고자, 공부를 위해, 가족을 따라, 어쩌다 도항허가증을 얻어서 등 갖가지 이유와 계기로 도일했으며, 해녀, 총독부 직원, 유학생, 민족 학교 교사, 사회운동가, 종교인, 작가, 미술가, 음악가, 원폭 피폭자, 한센병 환자, BC급 전범, 재일한국의용권 자원병 등 그 사회경제적 위치나 경력, 현재의 상황 역시 매우 다양하다. 특히 조선인과 결혼한 후 치마저고리를 만들며 다섯 아이를 조선적으로 키운 일본인 여성[718~731]이나 일본 국적을 취득한 귀화자, 어릴 적 부모와 함께 도일한 소위 '1.5세'나 해방 직후 혼란기에 일본에 건너간 십여 명 등의 사례는, '자이니치 1세'가 민족적 동질성이나 국적, 세대를 근거로 명쾌하게 규정될 수 없으며 '체험'과 '입장'에 따라 다양하게 탐구될 수 있는 유동적이고 입체적인 범주임을 잘 보여준다.

둘째, 『기억』은 1세의 활동적인 행위자성(agency)과 현재성을 잘 보여준다. 민단과 총련의 조직 건설, 교육 운동, 고국 공헌 사업, 반차별 투쟁, 2세 보육 사업, 본명 쓰기 운동 등을 주도하는 1세는 한낱 '억압받는 소수자'가 아니며, 더욱이 이러한 활동이 현재진행형이라는 사실은 그들이 실로 독자와 동시대를 사는 생활인임을 거듭 환기한다. 강제 연행으로 죽은 동포의 유골을 모으고[117~119], 일본의 사죄를 구하는 소송을 벌이며[241~245], BC급 전범의 명예 회복을 위해 싸우고[258~264], 연금 소송을 벌이는[402~403] 모습은 이들이 결코 '과거'에 머물러 있지 않음을 웅변한다.

셋째, 『기억』은 토목, 고철업, 해체업, 분뇨 처리, 청소나 접시닦이, 신발이나 벨벳 제조 등 가내수공업, 각종 수선, 사탕이나 비누 등 생필품 장사, 암거래, 밀주(도부로쿠) 제조, 양돈, 파친코/캬바레 운영에 관한 방대한 정보와 함께 고향에서의 식생활[28~30], 해녀의 하루 일과[38~40], 선박의 방수

처리 공정[101] 등을 구체적으로 묘사, 재현하고 있는데, 이는 아직 충분히 알려지지 않은 1세의 노동이라는 학문적 미답의 영역에 관한 자료로서 의미가 크다.

한편 『1세』의 특징은 커다란 사진과 함께 단편적인 증언이 자아내는, 마치 폐부를 찌르는 듯한 효과(punctum)다. 예컨대 "자식은 전부 여섯을 낳았는데, 셋이 죽어서 지금은 세 명만 남았다오. 다 젊어서 죽었어. 여섯 살, 열네 살, 스물여덟 살……"[137], "너무 행복하게 느껴지면 이래도 되는 건지 생각하게 된다우"[69] 같은 말은 상세한 부연이 없기 때문에 오히려 '필설로 다 할 수 없는' 성스러운 고통의 존재를 암시한다. 수십 년간의 노동의 고단함이 그저 "두 시간 이상 잔 적이 없지"[112], "아침 네 시에 일어나면, 밤 아홉 시까지 장화를 벗을 수 없었어"[249]와 같은 한두 마디로 요약되기도 하고, "젊었을 때 고생은 고생이 아니야. 건강하기만 하면 고생하면서도 자기 하고 싶은 것 하니까. 지금은 나 혼자서 목욕도 잘 못해. 이게 고생이지"[273] 같은 말은 이들의 복지 문제를 더없는 강렬함으로 부각시킨다. 이러한 말들은 『기억』의 상세한 구술이나 일반적인 역사 서술에 비해 너무나 압축적이기에 오히려 '아직 말해지지 못한 심급'을 지시하며 더욱 강한 인상을 남긴다.

이와 같은 함축적인 구어의 경제성은 인생의 종반에서 지난 삶을 되돌아보는 처연한, 때로는 무표정한 모습과 함께 더욱 극적인 효과를 자아낸다. 예컨대, 김순봉(金順鳳)은 가장 '일본적인' 상징물인 후지산 앞에서 한복 차림으로 서 있다(〈그림 6-4〉). 일본과 조선의 대비가 빚어내는 의미론적 긴장을 사선으로 비껴가듯 시선은 옆을 향하고 있는데 그 맞은편 페이지에 담긴 툭툭 끊기는 몇 마디가 비감(悲感)을 더한다. "난 여기가 좋아요. 사계절 분명하고 공기도 맑고, 겨울이 좀 춥긴 하지만. 후지산도 좋지요. 맑을지 비가 올지 한눈에 알 수도 있고", "옛날 일들을 생각하면 꿈같지, 뭐, 용케

[상자글 6-3] 기억의 수사학과 시학

"논리나 정당성의 문제였다면 흑인이나 여성의 해방은 몇 주 정도 만에 해결되었을 것"이라는 말이 시사하듯이, 소수자의 역사에서 '책'이란, 단순히 책 속 주장이 갖는 규범적 정당성이나 논리적 정합성의 문제로 환원될 수 없다. 곧 특정한 책들이 어떠한 사회적 위상을 부여받고 소수자들에 대한 문화적 인지, 정치적 인정과 관련하여 어떠한 효과를 가져오는가에는 보다 복합적인 변인들이 작용한다. 아울러 같은 이유로 우리는 텍스트의 안팎에서 작동하는 설득의 수사학(rhetoric)과 더불어 쾌락의 시학(poetic), 즉 우리를 놀라게 하고 상처 입히거나 한숨 쉬게 만드는 순간들의 정념, 혹은 우리를 매료시키는 에로틱한 계기들을 괄호 친 채로는 1세의 기억을 다룰 수 없다. 그 두 가지 지점을 짚어보자.
1세들의 유랑 이야기는 '파국(catastrophe)'으로 가득하다. 전쟁과 피폭, 가혹한 노동 속에서 남편, 자식, 형제는 언제나 갑작스레 죽거나 멀리 떠나며 직업과 주거는 수도 없이 바뀐다. 가난이나 부상, 병환은 오히려 '흔한 일'로서 온갖 돌발적인 재앙이 그들의 삶을 사방으로 '내동댕이친다'. 니혼 대학에 합격한 유학생은 갑자기 납치되며(『1세』: [181]), 한국전쟁으로 급등한 고철 값 덕에 떼돈을 번 고철상은 파친코 가게를 열자마자 망해 무일푼으로 전락한다(같은 책: [254]). 전시에 필리핀에서 비행기가 추락했으나 눈을 떠보니 대만인으로 오인받아 치료를 받아 살아나거나(같은 책, [195]), 유학생 시절 지인에게 빌려준 카메라 대신 담보로 받아둔 외투 때문에 절도죄로 잡혀 인생이 완전히 바뀌기도 한다(같은 책, [314]). 이러한 예측 불가능성이 가져오는 긴장은, 한편으로는 안전하게 탈색되고 균질적으로 매뉴얼화되어 버린 고도성장기 이후 일본 사회의 폐색감과 대조를 이루는 동시에, 다른 한편으로는 1990년대 이후 세계의 파국적인 위기 상황, 즉 금융 위기와 고용 유동화, 민족주의와 외국인 혐오, 내전과 테러리즘 그리고 '3·11' 이래 고조된 언제 어떻게 될지 모른다는 위기의식과 공명하며 오늘날의 독자들을 사로잡는다.
한편, 1세들의 기억은 순간순간 거부하기 힘든 정서적인 쾌락으로 다가온다. 7살 때 가족을 따라 오사카에 도착했을 때 난생 처음 본 네온사인을 "정말 예뻤다"고 기억하는 할머니(같은 책: [144]), 오빠들이 있는 오사카행 배를 멀리서 보며 잡초 뽑는 일을 하고 있던 소녀가 "군대(君が代丸)가 온다, 군대가 온다. 나를 데려가 줘"라고 노래하는 정경(같은 책: [136]) 혹은 "니가타(新潟)에 눈이 엄청나게 내려서 눈 계단을 올랐던 기억이 나요. 또 하나는 삼나무 숲에 귤껍질이 떨어진 것을 주워 먹은 일이 있었는데, 어찌나 맛있었던지 지금까지도 잊을 수가 없어요. 그 귤껍질을……"(같은 책: [391]) 같은 순간들은 종종 사실성의 지평 너머의 시적인 아름다움으로 향하곤 한다. 이러한 서정미와 더불어 우리는 구술이 갖는 '역사'이자 '문학'으로서의 양면성을 다시금 확인한다.

그림 6-4 _ 『자이니치 1세』에 실린 김순봉의 사진

자료: 李朋彦(2005).

여태껏 살아왔구나 싶고, 몇 번이나 구사일생으로 목숨을 건졌나 몰라요", "자식들이 같이 살자고 하지만……. 혼자 있으면 역시 쓸쓸하기는 해도 신경 쓸 일도 없고. 아무 때나 친구들이 차 마시러 올 수도 있고"[393].

요컨대 이들 두 권의 책은 1세의 삶과 기억에 보다 대중적인 위상을 부여하려는 시도라는 점에서 유사한 방향성을 공유하면서도, 그것을 전달하는 문체, 수사적 특성이라는 면에서 상이한 면모를 보인다. 즉, 『기억』이 각 인물의 생애사를 충실하게 재현함으로써 삶의 세세한 결(texture)과 함께 '1세'의 다면성과 깊이를 부각하는 데 초점을 맞추었다면, 『1세』는 커다란 사진과 극도로 함축적인 구어가 갖는 정동적인(affective) 힘을 통해 여하한 지식이나 논리로 쉽사리 수렴되지 않는 '1세'의 존재 그 자체를 바라보고 느끼도록 유도한다.

5. 책이 전하는 '1세 할머니들'과 지역 운동: 삶의 표현과 기억의 이월

다음 두 권의 구술집 『자이니치 코리안 여성 20인의 궤적: 국경을 넘어 나는 이렇게 살아왔다(在日コリアン女性20人の軌跡: 国境を越え, 私はこうして生きてきた)』와 사진집 『치마저고리의 노래가 들려온다: 재일 60여 년, 지금 가와사키에서 늙어가며(チマ·チョゴリの詩がきこえる: 在日60余年, いま, 川崎で老いて)』(이하 각각 『궤적』, 『노래』)는 공통적으로 가와사키시 시민교류센터 후레아이관(ふれあい館)이 운영하는 재일코리안 고령자 문해(文解) 학습모임 '우리학교' 및 고령자 교류모임 '도라지회(トラジの会)' 소속 '할머니들'의 삶을 담고 있다는 점에서, 그간의 지역 운동에서 '자이니치 1세의 기억'이 갖게 된 독특한 위상을 잘 보여준다.

먼저, 연분홍 배경에 할머니들이 그린 벚꽃나무 그림들을 앞뒷면 표지로 두른 『궤적』은 1912~1931년생 할머니 20명의 구술을 한 명당 4~13쪽으로 정리한 1부 이외에도, 이러한 생애사를 기록하는 활동이 갖는 시민운동으로서의 의의를 소개한 서문, 구술이 다루는 시대를 거시적으로 조망하며 '창씨개명', '공습', '외국인 등록', '귀국 운동' 등을 해설한 '할머니들의 시대', 식자 학습활동과 작문, 그림을 소개한 '할머니들이 걸어온 역사와 지금', 이렇게 세 편의 글을 싣고 있다.

한편 『노래』의 표지 사진은 치마저고리를 입고 꽃놀이를 나온 할머니들이 춤을 추는 모습이다. 책장을 넘기면 8쪽에 걸친 70여 명의 얼굴 사진에 이어 옛 자이니치 집단 거주지 사쿠라모토(桜本), 이케가마쵸(池上町), 하마쵸(浜町)의 현재 모습과 '사쿠라모토 풍물놀이' 등 다양한 지역 다문화 교류 행사 그리고 집에서 식사를 하거나 계단을 오르고 혼자 화투를 치거나 김치를 담그는 등의 일상 풍경에서부터 글을 배우고 학생들과 요리를 하거나

그림 6-5 _『노래』에 실린 1세 할머니들의 사진
① "정갑순 씨, 78세, 13살 때 도일. 74세 때 뇌경색으로 쓰러져 한때 삶을 포기했었습니다. 하지만 딸이 힘을 북돋워 주고 주위의 도움을 받으면서 다시 살아갈 의욕이 생겨났습니다"[30], ② "오늘은 '도라지회'에서 한국 여행을 떠납니다. 출발 전 아침, 들뜬 마음으로 입술연지를 바릅니다"[68], ③ "자신 있는 수영복 차림으로 수영장에 들어섰습니다"[64], ④ "장구 소리가 울리기 시작하면 지팡이를 놓고 허리를 펴 둥근 원에 합류합니다"[54].

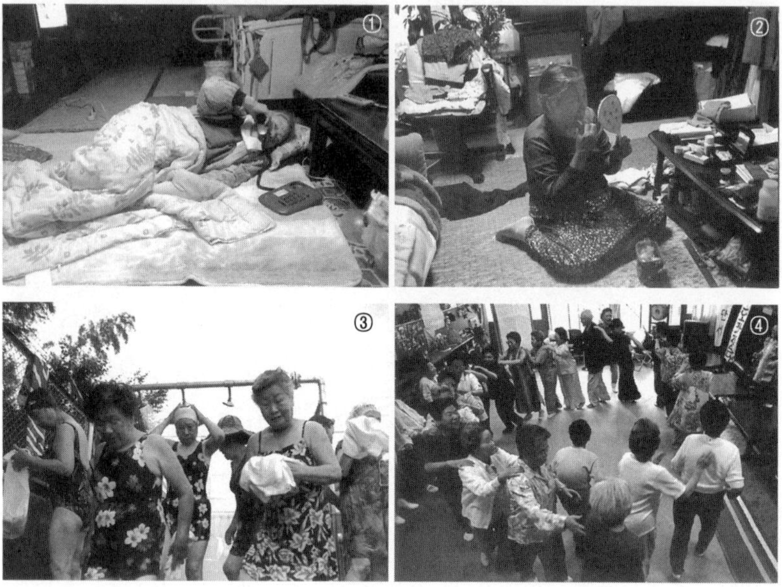

자료: 菊池和子(2005).

야유회에서 장구 가락에 맞춰 춤추고, 온천지나 한국으로 여행 온 할머니들의 모습이 실려 있다(〈그림 6-5〉). 권말에는 현해탄을 넘은 이야기, 노동의 고단함, 조국에 대한 느낌 등 테마별로 12명의 짤막한 증언이 덧붙어 있다.

먼저 이 두 권의 책은 자이니치 고령 여성들의 기억과 생활뿐만 아니라 그것을 '매개하는' 지역 시민들의 활동에 관한 중요한 정보를 담고 있다. 몇몇 연구들이 지적해 왔듯이 후레아이관은 1990년대 이래 '다문화 공생'에 관련한 혁신적인 시정으로 널리 알려진 가와사키시의 지역 운동에서 핵심적인 역할을 담당해 온 시설이다. 시 당국 및 지역 주민과의 다년간의 협상을 거쳐 "일본인과 한국, 조선인을 중심으로 하는 재일외국인이, 어린이부터 고령의 시민에 이르기까지 함께 만나 교류(후레아이)를 추진하기 위한" 목적으로 1988년 설립된 이래, 후레아이관은 재일한인 및 외국적 이주민들이 다수 거주하는 이 지역에서 보육 사업, 청소년 교류, 시민 학습, 장애인 및 고령자 복지 사업, 국제 교류 등 다채로운 사업을 전개해 왔다.

그중 '식자학급(識字学級)'은 아동보육시설 사쿠라모토학원(桜本学園)이 1978년부터 운영해 온 성인 대상 문해 교실의 전통을 계승하여 후레아이관의 개관과 더불어 정식 개설된 이래, 한인 1세뿐만 아니라 다양한 국적의 '뉴커머'들이 일본어를 익히고 또한 일본인 시민들이 그러한 학습활동에 자원봉사자로 참가하는 오랜 시민 활동의 장으로 자리 잡았다. 다만 1995년 경부터 건강상의 문제로 고령자들의 출석률이 현저히 감소하고 다른 한편으로는 일본 정부의 복지 정책 및 연금 제도에서 배제된 한인들의 복지 문제가 부상하는 가운데, 후레아이관은 1997년 고령자 복지 사업과 연계된 형태로 1, 2세 할머니들이 정기적으로 모여 식사를 하고 노래와 춤을 즐기며 교류하는 모임인 '도라지회'를 출범시켰다. 2004년에는 뉴커머 및 다른 외국 이주민들의 비중이 높아진 기존의 식자학급과 별도로 도라지회 회원들의 눈높이에 맞춘 '우리학교'가 출범한다[13~14]. 『궤적』과 『노래』는 1세들의 과거의 기억이나 현재의 삶뿐만 아니라 그러한 '기억'과 '삶'을 둘러싸고 지난 20여 년간 축적되어 온 지역 사회의 실천에 관한 보고서라는 성격을 갖는다.

둘째로 주목할 것은 1세들의 위상이다. 단순한 평생교육이나 친목 증진이 아니라 복지 현안에 대한 실질적인 대처에 주안점을 둔 체계적인 시민운동으로 기획, 전개되어 온 도라지회와 우리학교 활동 속에서, 1세는 단순히 보호받거나 기록되어야 할 대상이 아니라 주체적인 권리 요구자, 자기 표현의 담지자로 여겨지며, 그들의 기억 역시 정적인 과거라기보다는 조직

적인 활동 속에서 끊임없이 새로운 형태로 산출·전승되는 동태적인 역사로 자리매김되어 있다. 『궤적』에 실린 논문이 명확히 밝히고 있듯이 할머니들의 문해 학습은 단지 읽고 쓰는 능력으로 해결되는 문제가 아니라 리터러시로부터의 배제를 낳은 역사 및 사회 구조에 대한 비판적 재인식에 입각한 시민운동이자 '선생에 의한 교육'이 아닌 '공동 학습자들의 활동'이라는 데 의의가 있다[12]. 따라서 운영진 및 자원봉사자들은 1세의 역사를 담은 책을 교과서로 삼아 그 시대의 '산 증인'과 함께 배우는 동시에 할머니들로부터 증언, 글, 그림 등 다양한 형태의 표현을 이끌어내고 이에 접함으로써 자신들의 기존 인식과 정체성을 새로이 한다[18]. 또한 그러한 표현들이 사회적으로 자리매김되는 과정에 적극적으로 개입한다. 1세의 기억을 둘러싼 사업 역시, 이야기를 널리 알리고 전승하는 '가타리베(語り部, 이야기꾼)' 활동 내지는 세대 간 교류의 성격이 강하다. 즉 할머니들은 지역 시민들의 모임에서 혹은 소학교의 가정(家庭) 수업에서 어린 학생들과 함께 전을 부치고 김치를 담그면서 지난 삶을 들려주기도 하고, 대학교 집중 강의에 강사로 서기도 하며, 전시회를 통해 작문과 그림을 선보이기도 한다. 『궤적』의 생애사 기록은 2006~2007년에 시행된 '가와사키의 할머니·할아버지와 함께 엮는 2000명 네트워크(かわかきのハルモニ·ハラボジと結ぶ2000人ネットワーク)'의 여름방학 행사에서 고교생, 대학생들이 역사 강좌를 듣고 그룹별로 할머니들을 인터뷰한 내용을 정리하여 감상문과 함께 엮은 보고서를 토대로 한 것이다. 또한 『노래』는 처음에 자원봉사자로 참가했던 사진작가 기쿠치 가즈코(菊池和子)가 할머니들의 모습을 담기 시작하면서 작품전과 함께 기획, 출판된 사진집이다.

셋째, 이러한 활동은 다채로운 미디어 형식으로 매개되면서 새로운 활동을 촉발시켰다. 도라지회 할머니들의 일상을 담은 다큐멘터리 영화 〈꽃할매(花はんめ)〉[감독 김성웅(金聖雄), 2004]와 사진집 『노래』(2005)를 통해 할머

니들의 존재가 지역 외부로 서서히 알려지기 시작했고, 그즈음 시작된 '2000명 네트워크'의 활동 기록은 '가와사키 자이니치 코리안 생활문화자료관'이라는 인터넷 자료관 및 운영위원회가 발신하는 '이메일 매거진'에 실려 홍보됨으로써 새로운 참여를 넓히는 계기가 되었다. 특히 인터넷 자료관(www.halmoni-haraboji.net)은 할머니 32명의 삶의 궤적을 표시한 지도, 사진, 생애사 기록과 함께 일부 육성을 웹상에서 직접 들을 수 있도록 했다는 점에서 획기적인 시도다. 한편 『궤적』이 전해짐으로써 교토 우지시의 야간중학교 문해학급 같은 타 지역 1세들과 편지를 주고받는 등 교류가 생겨났고, 『노래』에 실린 작품을 포함한 할머니들의 사진은 1990년대 초부터 가와사키시와 시민 교류를 추진해 온 부천시 및 광주, 부산에서 전시회를 통해 한국 시민들에게 소개되었다.[13] 1990년 UN 국제 문해의 해(International Literacy Year) 관련 행사에 할머니들이 참가하여 방글라데시, 태국 등의 고령자 문해 학습 운동가들을 만난 이후, 할머니들의 자기표현은 이와 같은 구술집과 사진집의 출판, 다큐멘터리 제작 및 한국과의 시민 교류 등 다양한 활동으로 기존의 '자이니치 1세'나 '지역 운동'에 월경적인(cross-border) 면모를 더하고 있다.

넷째, 이 두 권의 책에는 가부장적 억압 속에서 교육의 기회를 박탈당하고 일본에서 하층민의 삶을 살면서 60대를 다 넘기도록 노동에 시달리다 연금 혜택에서 소외됨으로써 젠더, 계급, 민족의 차원에서 중층적으로 고통받는 1세 여성들의 '복합 차별(multiple discrimination)'의 희생자로서의 실

13) 가와사키시와 부천시 간 교류는 1990년대 상점가 교류에서 출발하여 1996년 우호도시 체결과 직원 교환 파견, 2000년부터 고교생 교류, 2003년 가와사키, 부천시민교류회 상호협력협정서 조인에 이르기까지 지속적으로 추진되어 왔다. 이러한 양상 전반에 관해서는 다음 논문 참조. 山田貴夫, 「川崎における外国人との共生の街づくりの胎動」, ≪都市問題≫, 89巻, 6号, 1998年6月号; 山田貴夫, 「市民同士の連帯を求めて」, ≪世界≫, 1998年10月号.

상뿐만 아니라, 글과 그림을 배워 기억을 전수하면서 젊은이들과 연대하고 또 춤과 노래, 운동을 즐기면서 여생을 만끽하는 적극적인 자기표현과 욕망의 주체로서의 모습 역시 잘 드러나 있다. 이러한 대조적인 두 측면이 교차하는 지점에서 활자가 전하는 가혹한 과거의 삶은, 사진이 전하는 도라지회 회원들의 즐거운 현재 모습과 겹치면서 한층 더 생생하게 할머니들의 존재를 부각시킨다.

이렇게 이들 책은 1세 할머니들의 기억과 삶을 다른 지역에 알리고 다음 세대에게 남기는 기록인 동시에 그러한 자기표현의 공간적 확산과 기억의 세대 간 이월을 둘러싼 사회적 활동이 끊임없이 이어지고 있다는 메시지를 독자들에게 전하고 있다.

6. '자이니치 1세'의 새로운 도래를 기다리며

지금까지 살펴본 네 권의 책을 통해 새삼 분명해지는 것은 '1세의 기억과 삶'이 여타 사회적 현실과 유리된 채 독립적으로 존재할 수 없으며, 이를 '책'으로 매개하는 활동 그 자체에 대한 고려 없이 책의 의미론을 논하기 어렵다는 사실이다. 데리다의 표현을 빌리자면, 타자/소수자/이방인은 새롭게 기재됨으로써 그때마다 새롭게 도래한다. 이상 네 권이 보여주듯 대중적 접근성에 대한 치열한 고민에 힘입어, 혹은 면면히 지속되면서 새로운 혁신을 시도하는 지역 시민운동과 함께, '자이니치 1세'는 새로이 도래하고 있으며 앞으로도 그러할 것이다.

이들 책을 1세들의 '충만한 음성 언어(parole pleine)'(데리다, 2010: 26)를 일부 잘라내고 다시 짜 맞춘 열등한 기억의 판본 혹은 현전하는 1세를 복원하기(restitute) 위한 자료가 아닌, 도래의 '사건', 즉 정치공동체의 문화적 구성에 동적으로 개입하는 풍부한 질적 특성을 지닌 창조적인 텍스트로 바라보고 세심하게 살펴야 할 것이다. 그럼으로써 우리는 이미 알려진 그 어떠한 시티즌십의 경로나 정체성 정치의 패턴으로도 환원될 수 없는 '자이니치 1세'의 잠재적 파급력을 문화적 개입의 현실적 가능성으로 살려나갈 수 있으리라. 이에 앞으로 도래할 자이니치 1세의 '새로움'을 정당하게 인식하고 논의할 수 있는 학문적 태세에 대한 고민이 필요한 시점이다. 또한 그러한 고민에는 이 글에서 미처 다루지 못한 한국의 입장, 즉 "재일한인 1세는 우리에게 어떻게 도래하는가"라는 질문이 응당 포함되어야 할 것이다.

참고문헌

제1장 '한국'과 '조선' 경계 짓기와 경계 넘기

조경희. 2014.「남북분단과 재일조선인의 국적: 한일정부의 '조선적'에 대한 해석을 중심으로」. ≪통일인문학≫, 58집, 253~277쪽.

______. 2015.「한일협정 이후 재일 조선인의 국적과 분단정치」. ≪역사문제연구≫, 34호, 11~40쪽.

堀越作治·鎌田光登·鈴木一. 1965.「永住権と帰化問題をめぐって」. ≪親和≫, 138号, pp.2~12.

吉岡吉典. 2014.『日韓基本条約が置き去りにしたもの: 植民地責任と真の友好』. 大月書店.

吉澤文寿. 2011.「日韓会談における'在日韓国人' 法的地位交渉: 国籍·永住許可·退去強制問題を中心に」. ≪朝鮮史研究会論文集≫, 49集, pp.151~176.

金英達. 1988.「在日朝鮮人の在留権: '在日の論理'と'国家の論理'」.『在日外国人の在住権入門』. 社会評論社.

金英達·高柳俊男 編. 1995.『北朝鮮帰国事業関係資料集』. 新幹社.

金太基. 1997.『戦後日本政治と在日朝鮮人問題: SCAPの対在日朝鮮人政策 1945~1952年』. 勁草書房.

マルクス主義学生同盟·中核派. 1970.『アジア侵略と入管法』. 前進社.

朴明子. 1992.『わたしはいつもまわり道: 日本で生まれ育った朝鮮人として』. 新幹社.

朴炳憲. 2011.『私の歩んだ道』. 新幹社.

法務省入国管理局 編. 1964.『出入国管理とその実態 昭和39年版』.

______. 1971.『出入国管理とその実態 昭和46年版』.

山田貴夫. 2007.「地方自治体の外国人住民施策: 川崎市を事例として」. 富坂キリスト教センター·在日朝鮮人の生活と住民自治研究会 編.『在日外国人の住民自治: 川崎と京都から考える』. 新幹社.

小熊英二·高賛侑·高秀美 編. 2016.『在日二世の記憶』. 集英社.

松浦正伸. 2017.「冷戦期韓国政府と在日韓国人社会の相互関係の歴史的変容: 1950年代末から1960年代初頭の政情不安とディアスポラ」. ≪東アジア研究≫, 21号, pp.25~44.

水野直樹·文京洙. 2015.『在日朝鮮人: 歴史と現在』. 岩波新書.

呉圭祥. 2005.『記録·在日朝鮮人運動 朝鮮総50年』. 綜合企劃舍ウイル.

李泳菜. 2012.「政治的民俗動員運動としての帰国運動: 日本, 中国, サハリン地域におけるコリアンの北朝鮮への帰国運動を中心に」. ≪朝鮮史研究会論文集≫, 50集, pp.61~88.

李銀子. 1983.「'北' に帰ったお姉さん」. ≪喊声≫, Vol.5, pp.63~117.

李清一. 2015.『在日大韓基督教會宣教100年史: 1908~2008』. かんよう出版.

林茂澤. 2011.『在日二世の民族運動とアイデンティティ 在日韓国青年同盟の歴史: 1960年代から80年まで』. 新幹社.

日本社会党朝鮮問題対策特別委員会 編. 1970.『祖国を選ぶ自由: 在日朝鮮人国籍問題資料集』. 社会新報刊.

在日大韓民國居留居留民团. 1970.「永住権申請促進 実施要領 及び 万博招請事業 保安対策実施要領」.

在日本大韓民国居留民団大阪地方本部. 1980.『民団大阪30年史』.

在日本大韓民国民団. 2019. "年代別自然増加·実質増加". http://www.mindan.org/syakai.php (검색일: 2019.8.20).

在日朝鮮人の人権を守る会. 1977.『在日朝鮮人の基本的人権』. 二月社.

畑野勇·倉島研二·田中信也·重見一崇·石崎勇一. 2000.『外国人の法的地位: 国際化時代と法制度のあり方』. 信山社.

鄭榮桓. 2013.『朝鮮独立への隘路: 在日朝鮮人の解放五年史』. 法政大学出版局.

駐日大韓民國大使館. 1969.「永住權申請案內」(1969.11).

浅川晃広. 2003.『在日外国人と帰化制度』. 新幹社.

総務局総務部市民課. 1971.「川崎市における国籍書換え処理経過概要: 在日朝鮮人の国籍変更を中心に」.

統一日報社. 1981.『在日韓国人名録』.

河昌玉. 1968.「朝鮮民主主義人民共和国は在日朝鮮公民の地位を法的にしっかりと保障している一'韓国'籍教養の実態をあばく」. ≪朝鮮問題研究≫, Vol.VII, No.1, pp.395~427.

Min, Jihoon. 2018.「韓国政府による在日コリアンの包摂と排除: 李承晩政権期を中心に」. 立命館大学博士論文.

제2장 재한재일한인, 본국과의 새로운 관계

김예림. 2009.「이동하는 국적, 월경하는 주체, 경계적 문화자본: 한국 내 재일조선인 3세의 정체성 정치와 문화실천」. ≪상허학보≫, 25권, 213~235쪽.

이재승. 2013.「분단체제 아래서 재일코리언의 이동권」. ≪민주법학≫, 52권, 187~222쪽.

정인섭. 2014.「조선적 재일동포에 대한 여행증명서 발급의 법적 문제」. ≪서울국제법연구≫, 21권 1호, 1~24쪽.

조경희. 2014.「남북분단과 재일조선인의 국적: 한일 정부의 '조선적'에 대한 해석을 중심으로」.

≪통일인문학≫, 58집, 253~277쪽.
______. 2015.「한일협정 이후 재일 조선인의 국적과 분단정치」. ≪역사문제연구≫, 34호, 11~40쪽.
조관자. 2015.「재일조선인 담론에 나타난 '기민의식'을 넘어서: '정치적 주체성'을 생각하다」. ≪통일과 평화≫, 7집 1호, 176~216쪽.
金石範. 2002.「一回きりのパスポート」. ≪環≫, Vol.11.
尹健次. 2015.『'在日'の精神史 3 アイデンティティの揺らぎ』. 岩波書店.

제3장 재일한인 인구 및 실업 통계의 생산과 전유

강상중(姜尚中). 1997.『오리엔탈리즘을 넘어서』. 이경덕·임성모 옮김. 이산.
김인수. 2013.「범주와 정치: 식민지 조선에서 소작관행조사의 사회적 결과」. ≪일본역사연구≫, 38호, 149~183쪽.
라투르, 브뤼노(Bruno Latour). 2016.『젊은 과학의 전선: 테크노사이언스와 행위자-연결망의 구축』. 황희숙 옮김. 아카넷.
모리스-스즈키, 테사(Morris-Suzuki, Tessa). 2008.『북한행 엑서더스(Exodus to North Korea)』. 한철호 옮김. 책과함께.
부르디외, 피에르(Pierre Bourdieu). 2015.『언어와 상징권력(Langage et Pouvoir Symbolique)』. 김현경 옮김. 나남.
오구마 에이지(小熊英二). 2003.『일본 단일민족신화의 기원』. 조현설 옮김. 소명출판.
조형근. 2015.「통계지식과 경제적 상상」. ≪사회와 역사≫, 107집, 141~180쪽.
최정운. 2016.『지식국가론』(개정판). 이조.
國際高麗學會日本支部『在日コリアン辞典』編纂委員會. 2010.『在日コリアン辞典』. 東京: 明石書店.
金耿昊 編. 2013.『在日朝鮮人生活保護資料1(在日朝鮮人資料叢書8)』. 東京: 緑蔭書房.
金英達. 1995.「解放直後の人口調査による都道府県別の在日朝鮮人数」. ≪在日朝鮮人史研究≫, 第25號, pp.121~124.
民戰社會經濟部(在日朝鮮統一民主戰線中央常任委員會社會經濟部) 編. 1953.「在日朝鮮人の生活實態」. [*출전: 金耿昊 編. 2013.『在日朝鮮人生活保護資料1(在日朝鮮人資料叢書8)』. 東京: 緑蔭書房.]
法務研修所. 1955.「在日朝鮮人處遇の推移と現狀」(現代日本·朝鮮關係史資料第3輯).
福島県警察部. 1945.「朝鮮人·中國人の動向調査: 1945年10月」. (*출전: 長澤秀. 1978.「資料紹介/解說」. ≪在日朝鮮人史研究≫, 第3號, pp.124~125.)
福田芳助. 1956.「在日朝鮮人の生活保護について」. ≪親和≫, 第33號. (*출전: 金耿昊. 2015.「1950年代前後における在日朝鮮人生活保護受給者の急増とその背景: 在日朝鮮統一民

主戰線の'生活鬪爭'を中心に」. ≪在日朝鮮人史硏究≫, 第45號, pp.110~111.)

生活相談全國連絡事務所. 1956. "生活保護はどのように引きしめられているか(上)". ≪生活通信≫, 69호. [*출전: 金耿昊 編. 2013.『在日朝鮮人生活保護資料1(在日朝鮮人資料叢書8)』. 東京: 緑蔭書房.]

遠藤正敬. 2015.『戸籍と国籍の近現代史: 民族·血統·日本人』. 明石書店.

日本赤十字. 1958.『在日朝鮮人の生活の実態』, 3版. (*초판은 1956년)

長澤秀 編. 2011.『戦後初期在日朝鮮人人口調査資料集1(在日朝鮮人資料叢書3)』. 東京: 緑蔭書房.

在日本大韓民國居留民團. 1951.「(秘)在日同胞の實態」. (*출전: 金英達 譯. 1999. ≪在日朝鮮人史硏究≫, 第29號, pp.104~115.)

在日本大韓民國居留民團中央總本部社會部. 1949.「第8回全體大會經過報告: 1949.10」. (*출전: 金英達 譯. 1999. ≪在日朝鮮人史硏究≫, 第29號, pp.95~103.)

在日本朝鮮人總聯合會. 1959.『在日朝鮮人の帰国問題について: 人道主義の原則は守れねばならない』.

在日朝鮮科學技術協會. 1951.「在日朝鮮人の生活實態: 東京都江東区枝川町の朝鮮人集団居住地域における調査: 1951.11」. [*출전: 金耿昊 編. 2013.『在日朝鮮人生活保護資料1(在日朝鮮人資料叢書8)』. 東京: 緑蔭書房.]

在日韓人歷史資料館 編. 2008.『写真で見る在日コリアンの100年』. 明石書店.

佐藤正広. 2015.『國勢調査: 日本社會の百年』. 東京 :岩波書店.

泉靖一. 1952.「日本人と異民族との間の緊張」. ≪社會教育≫, 1952.8. [*출전: 法務硏修所. 1955.『在日朝鮮人處遇の推移と現狀』(現代日本·朝鮮關係史資料第3輯).]

總理府統計局. 1954.「昭和25年國勢調査報告 第4卷 全國編(I)」.

Foucault, Michel. 1980. *Power/Knowledge: Selected Interviews and Other Writings, 1972~1977*. edited and translated by Colin Gordon. Pantheon Books.

Hacking, Ian. 1986. "Making up People." in T. Heller et. al.(eds.). *Reconstructing Individualism: Autonomy, Individuality, and the Self in Western Thought*. Stanford University Press.

Inoue, Masutaro. 1956. *The Fundamental Conditions of Livelihood of Certain Koreans Residing in Japan*. Tokyo: Japan Red Cross Society. [*출전: 테사 모리스-스즈키(Tessa Morris-Suzuki). 2011.『봉인된 디아스포라(Exodus to North Korea Revisited)』. 박정진 옮김. 제이앤씨.]

Porter, Theodore. 1995. *Trust in Numbers: the Pursuit of Objectivity in Science and Public Life*. Princeton University Press.

제4장 '보이지 않는 자'의 가시화와 헤게모니 경쟁

김인수. 2017.「재일한인 인구 및 실업 통계의 정치적 의미」. ≪사회와 역사≫, 113호, 127~159쪽.

조현미. 2014.『자갈투성이의 신작로: 재일한인 2세 배중도의 생애와 민족』. 책과세계.

재일본조선유학생동맹 교토지방본부 ≪건설자≫ 편집위원회. 1977.「신입생 앙케이트 조사」. ≪건설자≫, 2호.

홍성태. 2002.「일본의 혁신자치체, 그 성과와 한계」. ≪이론과 실천≫, 신년호.

(財)世界人權問題硏究センター. 2000.「京都市人權問題に關する意識調査報告書」.

アプロ女性實態調査プロジェット. 2005.「在日朝鮮人女性實態調査」.

京都大學朝鮮人學生有志. 1978.「隱された人々在日朝鮮人」.

京都市. 2007.「京都市外國籍市民意識·實態調査報告書」.

高同敎在日朝鮮人敎育硏究委員會. 1980.「在日朝鮮人に関する意識調査より」.

谷富夫. 2015.『民族關係の都市社會學』. ミネルバ書房.

金勇光. 1982. "期待大きい民族金融機關".「在日韓國商工人の意識と實態調査」. 東京韓國青年商工會. ≪青商≫, 1982.12.

大阪市. 1998.「在日韓國·朝鮮人に対する生活意識調査報告書」.

大阪市府民情報室. 1991.「政府モニター·アンケート報告書2: 在日外國人の人權問題」.

東京都生活文化局. 1997.「東京都在住外國人生活實態調査報告書(概要版)」.

梶村秀樹. 1993.「定住外国人県民の生活とニーズ: '県内在住外国人実態調査'を終えて」.『梶村秀樹著作集 第6巻: 在日朝鮮人論』. 明石書店. (*초판은 1986년)

朴一. 2008. "アンケートの結果に関する分析, 意見". 在日本大韓民國民團·中央民族敎育委員會.「在日同胞の子育てに関するアンケート調査報告書」.

福岡安則·金明秀. 1997.『在日韓國人青年の生活と意識』. 東京大學出版會.

飛田雄一. 2010.「解題: 民闘連」. 國際高麗學會日本支部『在日コリアン辭典』編輯委員會.『在日コリアン辭典』. 明石書店.

徐龍達. 1989. "在日韓國商工人の意識と實態".「在日韓國商工人の意識と實態」. 東京韓國青年商工會. ≪青商≫.

水野直樹·文京洙. 2015.『在日朝鮮人: 歷史と現在』. 岩波書店.

神奈川県涉外部. 1985.「神奈川県内在住外国人実態調査結果概要: 外国人県民と共に生きるために」.

神奈川県涉外部國際交流課. 1993.『外国籍県民支援の入門講座の手引』.

神奈川県自治総合硏究センター. 1984.『神奈川の韓国·朝鮮人』. 公人社.

辻本久夫等. 1994.『親と子がみた在日韓国·朝鮮人白書: 在日韓国·朝鮮人と日本人の三つの意識調査』. 明石書店.

留學同兵庫地方本部. 1978. "廣告: 第3回在日同胞健康実態調査に参加しよう!". ≪喊聲≫, 5号,

p.27.
日本の大学で学ぶ在日同胞朝鮮人学生アンケート調査実行委員会. 1980. 「日本の大学で学ぶ在日同胞朝鮮人学生アンケート調査」.
在日高麗勞動者聯盟. 1992. 『在日朝鮮人の就勞實態調査: 大阪を中心に』. 新幹社.
在日本大韓民國民團 在日韓國人意識調査委員會. 2001. 「2000年度在日韓國人意識調査中間報告書」.
在日本大韓民國青年會. 1988. 「아버지聞かせてあの日のことを」.
______. 1994. 「第3次在日韓國人青年意識調查: 中間報告書」(1994.2).
______. 2014a. 「第4次在日韓國人青年意識調査」.
______. 2014b. 『綱領, 規約, 宣言』.
在日韓國人綜合硏究委員會. 1988. 「在日同胞の生活實態と意識調査(Ⅰ)」(1988.1).
在日韓國青年商工人連合會. 1997. 「在日韓國人の社會成層と社會意識全國調査報告書」.
在日韓人歷史資料館 編. 2008. 『写真で見る在日コリアンの100年』. 明石書店.
定住外國人問題硏究會. 1994. 「定住外國人に関する意識調査報告書」.
崔勝久. 2010. 「解題: 日立就職差別裁判」. 國際高麗學會日本支部『在日コリアン辭典』編輯委員會. 『在日コリアン辭典』. 明石書店.
洪祥進·中島智子. 1979. 「日本の学校に子どもを通わせている在日朝鮮人父母の教育観に関する調査(中間報告)」. ≪在日朝鮮人史研究≫, No.5, pp.28~56.
______. 1980. 「日本の学校に子どもを通わせている在日朝鮮人父母の教育観に関する調査(最終報告)」. ≪在日朝鮮人史研究≫, No.7, pp.93~139.
Font, Joan and Mónica Méndez. 2013. *Surveying Ethnic Minorities and Immigrant Populations*. Amsterdam: Amsterdam University Press.
Orlans, Harold. 1989. "Commentary: The Politics of Minority Statistics." *Society*, Vol.26, No.4, pp.24~25.

제5장 전후를 사는 '오모니'

권숙인. 2017. 「"일하고 또 일했어요": 재일한인 1세 여성의 노동 경험과 그 의미」. ≪사회와 역사≫, 113호, 41~82쪽.
______. 2019. 「일본에 돈 벌러 간 이야기: 1910~20년대 일본 방직산업의 조선여공」. ≪한국문화인류학≫, 52권 2호, 3~45쪽.
권혁태. 2007. 「재일조선인과 한국 사회: 한국 사회는 재일조선인을 어떻게 '표상'해 왔는가」. ≪역사비평≫, 78호, 234~267쪽.
김경연. 2012. 「마이너리티는 말할 수 있는가: 난민의 자기 역사 쓰기와 내셔널 히스토리의 파열」. ≪인문연구≫, 64권 64호, 301~336쪽.

김부자. 2007.「HARUKO: 재일여성, 디아스포라, 젠더」. ≪황해문화≫, 57호, 117~147쪽.
난디, 아쉬스(Ashis Nandy). 1993.『친밀한 적: 식민주의 시대의 자아의 상실과 재발견(The Intimate Enemy: Loss and Recovery of Self Under Colonialism)』. 이옥순 옮김. 신구문화사.
문경수. 2016.『재일조선인 문제의 기원』. 고경순·이상희 옮김. 문.
박영자. 2017.『북한녀자』. 앨피.
버틀러, 주디스(Judith Butler). 2008.『젠더 트러블: 페미니즘과 정체성의 전복(Gender Trouble: Feminism and the Subversion of Identity)』. 조현준 옮김. 문학동네.
벅-모스, 수잔(Susan Buck-Morss). 2008.『꿈의 세계와 파국: 대중 유토피아의 소멸(Dream-world and Catastrophe: The Passing of Mass Utopia in East and West)』. 윤일성·김주영 옮김. 경성대학교출판부.
부르디외, 피에르(Pierre Bourdieu). 2014.『언어와 상징권력(Langage et Pouvoir Symbolique)』. 김현경 옮김. 나남.
안태윤. 2006.『식민정치와 모성』. 한국학술정보(주).
앤더슨, 베네딕트(Benedict Anderson). 2003.『상상의 공동체: 민족주의의 기원과 전파에 대한 성찰(Imagined Communities: Reflections on the Origin and Spread of Nationalism)』. 윤형숙 옮김. 나남.
유발-데이비스, 니라(Nira Yuval-Davis). 2012.『젠더와 민족(Gender and Nation)』. 박혜란 옮김. 그린비.
정호석. 2016.「도래하는 '자이니치 1세'」. ≪일본비평≫, 8권 1호(통권 14호), 182~203쪽.
조경희. 2012.「'조선인 사형수'를 둘러싼 전유의 구도: 고마쓰가와 사건(小松川事件)과 일본/'조선'」. ≪동방학지≫, 158호, 347~385쪽.
차은정. 2016.『식민지의 기억과 타자의 정치학: 식민지 조선에서 태어난 일본인들의 탈향, 망향, 귀향의 서사』. 선인.
최정미. 2018.「바느질 시간의 흐름」. 오문자·조용순 엮음.『봉선화: 재일한국인 여성들의 기억』. 최순애 옮김. 선인.
콜린스, 퍼트리샤 힐[콜린스, 패트리샤 힐(Patricia Hill Collins)]. 2009.『흑인페미니즘사상(Black Feminist Thought: Knowledge, Consciousness and the Politics of Empowerment)』. 박미선·주해연 옮김. 여이연.
테일러, 찰스(Charles M. Taylor). 2010.『근대의 사회적 상상: 경제·공론장·인민주권(Modern Social Imaginaries)』. 이상길 옮김. 이음.
현선윤. 2015.『어머니와 자전거』. 푸른사상.
홍정은. 2009.「총련계 재일조선인여성의 민족정치학과 '어머니 정체성': 일본 오사카부 이주 여성들의 구술사를 중심으로」. 이화여자대학교 대학원 석사학위논문.
岡部伊都子. 1975.『あこがれの原初』. 筑摩書房.
______. 2004.『朝鮮母像』. 藤原書店.

姜尚中. 2010.『母: オモニ』. 集英社.
古庄ゆき子. 1978.「オモニのうた」. 小沢有作 編.『近代民衆の記録10 在日朝鮮人』. 新人物往来社.
磯貝治良·黒古一夫 編. 2006.『'在日' 文学全集 18詩歌集』. 勉誠出版.
金栄·梁澄子. 1988.『海を渡った朝鮮人海女: 房総のチャムスを訪ねて』. 新宿書房.
≪金嬉老公判対策委員会ニュース≫. 1975.2.10(39号). "手紙から: 私と言葉", p.18.
文化庁日本語教育大会. 2017.8.27. 第3分科会 "ライフステージに応じた日本語学習を支援するには: 成人の学びの在り方を考える" 発表資料.「ふれあい館識字学級: 在日高齢者事業へ」(社会福祉法人青丘社, 川崎市ふれあい館), p.14.
本田靖春. 1978.『私戦』. 潮出版社.
______. 1979.「日本の"カミュ"たち '引揚げ体験'から作家たちは生まれた」. ≪諸君≫, 11巻, 7号, pp.198~225.
______. 1992.『私たちのオモニ』. 文藝春秋.
山根実紀. 2017.『オモニがうたう竹田の子守唄: 在日朝鮮人女性の学びとポスト植民地問題』. インパクト出版会.
山本リエ. 1982.『金嬉老とオモニ, そして今』. 創樹社.
山田洋次. 2000.『学校が教えてくれたこと』. PHP研究所.
森崎和江. 1995.『二つのことば 二つの心 ある植民二世の戦後』. 筑摩書房.
______. 2007.『草の上の舞踏: 日本と朝鮮半島の間に生きて』. 藤原書店.
______. 2008.『森崎和江コレクション 精神史の旅 1産土』. 藤原書店.
上野千鶴子. 2016.『'おんな'の思想 私たちは, あなたを忘れない』(集英社文庫). 集英社.
徐阿貴. 2012.『在日朝鮮人女性による'下位の対抗的な公共圏'の形成: 大阪の夜間中学を核とした構築』. 御茶ノ水書房.
小熊英二·姜尚中 編. 2008.『在日一世の記憶』(集英社新書). 集英社.
小熊英二·高賛侑·高秀美 編. 2016.『在日二世の記憶』(集英社新書). 集英社.
小田実. 2009.『オモニ太平記』(講談社文芸文庫). 講談社.
小沢有作 編. 1978.『近代民衆の記録10 在日朝鮮人』. 新人物往来社.
______. 1992.「麦を播き, 育てる―岩井好子さんへの手紙」.『オモニの歌 48歳の夜間中学生』(ちくま文庫). 筑摩書房.
岩崎稔·成田龍一·上野千鶴子 編. 2006.『戦後思想の名著50』. 平凡社.
岩井好子. 1989.『オモニの歌 48歳の夜間中学生』(ちくま文庫). 筑摩書房.
______. 1991.「オモニの歌から: 在日韓国人·朝鮮人のオモニ(母さん)たちが夜間中学で学ぶ」(第32回'日本図書館研究会'研究大会シンポジウム. 識字の10年に向けて: 読む権利の確立と図書館活動). 日本図書館研究会. ≪図書館界≫, 43巻, 2号.
梁仁實. 2003.「戦後日本映画における'在日'女性像」. ≪立命館産業社会論集≫, 39巻, 2号, pp.35~39.

呉己順さん追悼文集刊行委員会. 1981.『朝を見ることなく: 徐兄弟の母呉己順さんの生涯』. 社会思想社.
≪日本読書新聞≫. 1968.4.15. "オモニ, 日本に生きる 明治-大正-昭和史のなかの朝鮮人", p.1.
鄭鎬碩. 2014.「'金嬉老事件'のエコ: メディア, 暴力, シティズンシップ」. 東京大学大学院情報学環博士学位論文.
≪朝日新聞≫(朝刊, 静岡版). 2003.9.18. "県内在日朝鮮人は今", p.31.
≪週刊新潮≫. 2016.7.7. "孫正義 'オモニが二つの足で立てと言っている': 10兆円超えの負債, 権力者の孤独".
≪週刊朝日≫. 1968.3.1. "温泉地を震えあがらせた必死の逃亡者", p.2.
NHK アーカイブス.〈オモニからの手紙 姜尚中と母〉방송 예고편. https://www2.nhk.or.jp/archives/tv60bin/detail/index.cgi? das_id= D0009050687_00000 (검색일: 2019.7.1).
Butler, Judith. 1992. "Contingent Foundations: Feminism and the Question of 'Postmodernism'." in Judith Butler and Joan W. Scott(eds.). *Feminists Theorize the Poltical*. New York: Routledge.
Chatterjee, Partha. 1986. *Nationalist Thought and the Colonial World*. London: Zed Books.
Derrida, Jacques. 1988. "Signature Event Context." *Limited Inc*. translated by Samuel Weber and Jeffrey Mehlman. Evanston, IL: Northwestern University Press.
Kleinberg, Ethan. 2007. *Haunting History: For a Deconstructive Approach to the Past*. Stanford, CA: Stanford University Press.
Matthews, Joel. 2007. "Historicizing Korean Criminality." *International Journal of Korean History*, Vol. 22, No. 1. pp.11~42.
Narayan, Uma. 1997. *Dislocating Cultures: Identities, Traditions, and Third World Feminism*. New York/London: Routledge.
Peters, John D. 1999. *Speaking Into the Air: A History of the Idea of Communication*. Chicago: The University of Chicago Press.
Ruddick, Sara. 1989. *Maternal Thinking: Towards a Politics of Peace*. Boston: Beacon Press.

제6장 도래하는 '자이니치 1세'

데리다, 자크(Jacques Derrida). 2004.『환대에 대하여(De l'hospitalité)』. 남수인 옮김. 동문선.
_____. 2006.『목소리와 현상(La Voix et le Phenomene: Introduction au problème du signe dans la phénoménologie de Husserl)』. 김상록 옮김. 인간사랑.
_____. 2010.『그라마톨로지(De la Grammatologie)』. 김성도 옮김. 민음사.
데리다, 자크(Jacques Derrida)·베르나르 스티글레르(Bernard Stiegler). 2002.『에코그라피: 텔레비전에 관하여(Échographies de la Télévision)』. 김재희·진태원 옮김. 민음사.

かわさきのハルモニ·ハラボジと結ぶ2000人ネットワーク生活史聞き書き·編集委員会 編. 2009.
『在日コリアン女性20人の軌跡』. 明石書店.
菊池和子. 2005.『チマ·チョゴリの詩がきこえる: 在日60余年, いま, 川崎で老いて』. 小学館.
小熊英二·姜尚中 編. 2008.『在日一世の記憶』(集英社新書). 集英社.
李朋彦. 2005.『在日一世』. リトルモア.

찾아보기

[ㄱ]

가모장(家母長, matriarch) 223, 261
가부장제 190
가족 전략 78
가지무라 히데키(梶村秀樹) 165~166
강상중(姜尚中) 256, 276
간코쿠진(한국인) 43
거류민단 42, 136~139
거주 경력 51
거주 경력 조사 52
건동(신조선건설동맹) 29
건청(조선건국촉진청년동맹) 29
경계 넘기 41, 75
경계 설정 75
경계 형성 26
경계적 문화자본 85
계보학 198
'계속 거주' 요건 49
공생 162, 179, 192
공화병원 73
구보타(久保田) 망언 33
국민건강보험 40
국민 등록 31
국민등록명부 189, 191
국민등록증 72
국민 정체성 26, 75
국세조사(國勢調査) 121, 123
국적 85
  국적 변경 27, 84~85, 98, 110
  국적 선택 77
  국적 선택의 자유 70
  국적 처리 32
  국적 표상 26
  국적 확인 50
국적기재 변경 68, 72
국적기재 변경운동 69
귀국 문제 34
귀국 사업 36
귀국 운동 141
귀국대책위원회 33
귀화 38
기억 279
기재 변경 31
김영(金栄) 223
김찬정(金賛汀) 272
김희로 사건 210
김희로공판공판위원회 213

[ㄴ]

'남북교류협력법' 82
내러티브 279
내적 경계 27
네트워크 254
뉴커머 46

[ㄷ]

다문화 공생 288
'대한민국과 일본국 간의 일본에 거주하는 대한민국 국민의 법적 지위와 대우에 관한 협정' 48

대한민국 건국 기념 30
대한민국 국민 39
대항 기억(counter memory) 270
대항 조사 121, 130
대화 263
대화적인 관계 236
데리다 279

[ㅁ]
≪마당(まだん)≫ 225
마이너리티 서베이(minority survey) 150, 154~155, 191~192
매개 253, 267, 279
모국방문사업 82
모리사키 카즈에(森崎和江) 238
모리타 요시오(森田芳夫) 126, 128, 139
모성 197
무작위 표본추출(random sampling) 164, 177, 184
문해 학습 247, 270
문화 자본 109
문화인 213
문화적 표상 207
물질성(materiality) 267
미감 238, 244
미디어 209
미학 244
민단(재일본대한민국민단) 164, 177, 184, 188~189, 191
민단(재일조선인거류민단) 29
민단 네트워크 43
민단 부인회 52
민단 중앙위원회 51
민단계 44
민전(재일조선통일민주전선) 136
민제외교(民際外交) 163, 165
민족성(ethnicity) 197
민족 정체성 207
민족차별과 싸우는 연락협의회 163
≪민주신문≫ 33
민중 214, 271
민투련(민족차별과 싸우는 연락협의회) 161, 166, 191
밀항 61

[ㅂ]
반공 이데올로기 110
반(反)사회적 고용 141
발언권(authority) 150, 192
발전 263
방적 공장 64
법적 지위 관철 66
법적지위대책위원회 50
'법적지위협정' 48, 50, 69
보이지 않는 자(the invisibles) 149, 153
복합 차별(multiple discrimination) 291
본국 가족 초청 사업 53
본명 156, 173
부동(浮動) 136, 142
북일 관계 33
북한 이주자 37, 79
북한 집단 이주 37
불령선인(不逞鮮人) 199, 260
비일본인 122

[ㅅ]
사건 292
사랑 266
사회적 상상(social imaginary) 198
사회적 자본 78, 109
산종(散種的; disseminative) 263
삶의 전략 27, 75

상징의 헤게모니 29
상징권력(symbolic power) 118
생애사 253
생활보호 128, 130~131, 135
생활보호법 125, 134
생활 세계 27
생활사 접근법 169, 171
서클 운동 217
센서스 121, 151
소비 264
소수자(minority) 197, 251, 267
쇼비니즘 148
수행 207
시민운동 212
식민 2세 260
식민지적 인식 201
신서 277
실천 207

[ㅇ]

야간중학 251
야마다 요지(山田洋次) 248
야마모토 리에(山本リエ) 214
양징자(梁澄子) 223
에다가와(枝川) 126, 131~132, 134
에스니시티(ethnicity) 183
여권 50, 72, 188
여행증명서 62, 82~83
영구 거주권 33
영주권 신청 촉진운동 51
오구마 에이지(小熊英二) 276
오다 마코토(小田実) 230
『오리엔탈리즘』 236
오모니 195
오모니 담론 195
오모니어(語) 231
오모니회(オモニ会) 252
오사카만박 52, 63
외국인 등록 125
외국인등록(령) 26, 124
외국인등록원표 50, 55, 164~165, 171
외국인등록증명서 50
원죄 242
월경 85
유학동(재일본조선유학생동맹)
66, 172~174, 176
이노우에 마스타로(井上益太郎) 140~142
이산(離散; diaspora) 205
이즈미 세이치(泉靖一) 146~147
이희건 53
인도(人道) 144~145
인도주의 144
인적 네트워크 47
일본 국적 상실 33
일본적십자 140

[ㅈ]

자기정체성 221
자이니치 1세(在日一世) 275
자크 데리다 266
잠재적 실업 142
재류 갱신 46
재류 자격 33
재류권 33
재변경 29
재외국민 81
재외국민등록법 31
재일본대한기독교회 30
재일본대한민국거류민단 30
재일외국인 국적별 인구 통계 25
재일조선 공민 69
재일조선과학기술협회 130

재일한국인 만국박람회 후원회 52
재일한국인상공회연합회 179
재일한인 116
　재일한인의 국적 32
　재일한인의 법적 지위 32
재일한인 3세 81
재입국 허가 63, 78
재입국허가서 83
재한재일한인 81
전국 혁신시장회 70
전후 입국자 51~52
정주 183
정주 외국인 166
정체성 정치(identity politics) 85, 265
정체적 실업자 134, 142
조국 110
조련(재일본조선인연맹) 29
조련계 네트워크 45
조사/통계 146, 148
조사/통계론 117
조선 국적 요청자 대회 69
조선 국적 요청자 연락회의 69
조선 국적으로 바꾸는 모임 69
조선계 일본인 170
조선민주주의인민공화국 국적법 71
조선성 104
조선역사연구회 66
조선적 36, 84
　조선적 감소 38
　조선적 증감 37
조선적 재일한인 84
조선호적 등록자 32
조선호적령 32
조센진(조선인) 43
지방자치 71
지방화(localize) 203
지식권력(knowledge power) 117
진술서 50

[ㅊ]

청년상공회(靑商)(민단계열) 177
청년회(민단 청년회) 61, 177
청상연합회 179
총련(재일본조선인총연합회) 32~33, 144, 164, 172, 175~176, 191
총련계 44
총련계 동포 83
총련계 동포 성묘단 56
총련계 동포 추석성묘단 82
총련계 커뮤니티 54
출신지 33
'출입국관리령' 130
출입국관리특별법 48

[ㅋ]

커뮤니티 46~47

[ㅌ]

타계신고(他計申告. Direct interview/Canvasser method) 125
타자
　타자의 도래 267
　타자의 신비화 236~237
　타자성 260
탈맥락화(de-contextualization) 142
탈식민화 197
텔레비전 211
통명 156, 173
통제적인 이미지(controlling image) 261~262
퇴거 강제 49
특별영주권 81, 109

[ㅍ]
파국(catastrophe) 285
편집 269, 280
평화조약 26, 32
포스트냉전기 82
표상 196
문화적 표상 197
젠더화된 표상 197
피차별 경험 186

[ㅎ]
하위 주체(subaltern) 255
'한국'·'조선' 병존 체제 75
한국 표기 27
한국국민등록 180
한국국민등록명단 188
한국적 36
한류 100
한일협정 68
한일회담 33, 68
한청동(재일한국청년동맹) 53, 66
한청동과 한학동 제명 사건 67
한편(meanwhile) 229
한학동(재일한국학생동맹) 66
해녀 223
해방 263
행위 능력
행위자성(agency) 207, 283
행정 조사 121~122
헤게모니 경쟁 29, 149, 191
혁명적 어머니 208
혁신시장회 71
혁신자치체 160
협정영주 39
협정영주권 39, 50, 55, 78
협정영주권 설명회 52
협정영주자 72
호루몬 216
호적 57, 64
혼다 야스하루(本田靖春) 224
혼종 204
혼종성 207
후레아이관(가와사키 후레아이관) 166
히타치 투쟁지원 운동 161, 163

[기타]
2세 210
4·3 사건 56
6·15 남북공동선언 82
7·4 남북공동성명 67
88 서울올림픽 44
EXPO 70 52
SCAP 31

지은이(수록순)

한영혜

전 서울대학교 교수이다. 서울대학교 사회학과에서 석사를 마쳤고, 일본 쓰쿠바(筑波)대학 사회과학연구과에서 '일본의 사회의식론'에 관한 논문으로 박사학위를 받았다. 서울대학교 국제대학원 교수, 도쿄대학·교토대학 객원교수, 스탠퍼드대학교 방문교수, 한국사회사학회 회장, 서울대학교 일본연구소 소장 등을 역임했다. 최근 수년간은 냉전기·탈냉전기 재일한인과 분단된 본국의 관계 양상에 관심을 기울여 왔다. 주요 저서로 『일본사회개설』(2001), 『일본의 지역사회와 시민운동』(2004), 『다문화사회 일본과 정체성 정치』(공저, 2010)가 있으며, 주요 논고로 「일본 시민운동에서 '생활'의 의미」(2011), 「'민족명' 사용을 통해 보는 재일조선인의 정체성: '민족'의 새로운 의미」(2008), 「두 개의 어린이날: 선택된 이야기와 묻혀진 이야기」(2005) 등이 있다.

김인수

건국대학교 아시아콘텐츠연구소 학술연구교수이다. 서울대학교 사회학과에서 학사, 석사, 박사를 마쳤다. 박사학위논문은 「일제하 조선의 농정 입법과 통계에 대한 지식국가론적 해석」(2013)이다. 최근에는 한국/동아시아의 사회 조사의 역사를 매개로 하여 사회과학의 역사를 서술하는 일에 주력하고 있다. 저서로 『서울대학교 사회발전연구소 50년사, 1965~2015』(2015)가 있고, 주요 논문으로 「'植民地の知識國家'論」(2013), 「농석 이해영의 사회학」(2016), 「한국의 초기 사회학과 아연회의(1965)」(2017), 「냉전과 지식정치: 박진환의 Farm Management Analysis(1966)의 성립사정을 중심으로」(2018), 「Japanese Population Politics as Viewed through Fertility Surveys in the 1940s and 1950s」(2019) 등이 있다.

정호석

일본 세이가쿠인대학(聖学院大学) 정치경제학부 준교수이다. 서울대학교 국제대학원에서 일본 국적법에 관한 논문으로 석사학위를, 일본 도쿄대학 대학원 정보학환·학제정보학부(情報学環·学際情報学府)에서 '김희로 사건'에 대한 논문으로 사회정보학 박사학위를 받았다. 사회운동, 커뮤니케이션에 대한 이론적 관심에 바탕하여 재일한인의 다양한 실천을 통해 일본 전후사를 재해석하는 데 관심을 기울이고 있다. 일본어 논문으로 「貧者の想像: アントニオ·ネグリにおける '想像'をめぐって」(2009), 「終わらない '金の戦争': 近年における '金嬉老事件'の文化的専有をめぐって」(2012), 「空間の変形と変身の時間: デヴィッド·ハーヴェイとアントニオ·ネグリにおける社会変革と想像」(2015)이 있으며, 주요 한국어 논고로 「'자이니치(在日)'의 만박(万博): 1970년 일본만국박람회 당시 재일한국인만박후원회의 활동」(2017)이 있다. 옮긴 책으로는 『불안형 내셔널리즘의 시대』(2007)가 있다.

각 권 차례

1권 일과 생활세계: 1세들의 공간·노동·젠더

제1장 재일한인 1세대 집주 공간의 형성과 변천: 오사카와 가와사키의 사례 비교

제2장 1940년의 재일조선인 취업 구조: 국세조사 통계 원표의 분석을 중심으로

제3장 "일하고 일하고 또 일했어요": 재일한인 1세 여성의 노동 경험과 그 의미

제4장 일본에 돈 벌러 간 이야기: 1910~1920년대 일본 방직 산업의 조선 여공

2권 경계와 재현: 재일한인의 국적, 사회 조사, 문화 표상

제1부 국적

제1장 '한국'과 '조선' 경계 짓기와 경계 넘기: 국민 정체성의 재구성과 생활의 전략

제2장 재한재일한인, 본국과의 새로운 관계: '조선'에서 '한국'으로 '국적 변경'을 한 재일 3세를 중심으로

제2부 사회조사

제3장 재일한인 인구 및 실업 통계의 생산과 전유

제4장 '보이지 않는 자'의 가시화와 헤게모니 경쟁

제3부 문화 표상

제5장 전후(戰後)를 사는 '오모니': 재일한인 모성 표상의 계보학

제6장 도래하는 '자이니치 1세'

3권 '모국공헌'의 시대: 재일상공인과 한국 경제

제1장 한국 진출을 위한 재일상공인의 조직적 활동: 오사카한국인상공회의 사례(1953~1980년)를 중심으로

제1장 보론 오사카한국인상공회 사람들: 재일 1세 상공업자의 성장 과정

제2장 1960년대 재일상공인 모국투자와 공업단지 형성: 구로, 마산, 구미의 사례 비교

제3장 '자이니치'의 만박: 1970년 일본만국박람회 당시 재일한국인들의 후원 활동

4권 재일동포와 민족무용: 냉전의 문화지형과 디아스포라 정체성

제1장 전사: 일제하 조선무용과 일본

제1부 냉전시대 문화지형의 구축

제2장 두 개의 조국, 하나의 춤

제3장 한국무용의 유입: 친선·동포 위문·시장의 복합

제4장 북한무용의 전수: '사회주의 조국'의 조선무용

제2부 경계 넘기와 디아스포라 정체성

제5장 재일2세 한국무용가의 등장

제6장 조선무용의 새로운 모색

제7장 한국무용과 조선무용 분단의 경계 넘기: 다양한 모색과 실천

전체 저자 소개(가나다순)

권숙인

서울대학교 인류학과 교수이다. 서울대학교 인류학과를 졸업하고 스탠퍼드대학교에서 인류학 박사학위를 받았다. UC 샌디에이고 방문학자, 하버드-옌칭 연구소 초빙학자, 한국문화인류학회 부회장, ≪일본비평≫ 편집위원장 등을 역임하였다. 주변부 집단의 정체성, 이주와 이산, 여성과 이주, 식민지 조선의 일본인, 재일한인 등의 주제에 관심을 갖고 연구하고 있다.

김백영

광운대학교 인제니움학부대학 교수이다. 서울대학교 사회학과를 졸업하고 같은 과 대학원에서 박사학위를 받았다. 일본 교토대학 방문연구원, 도시사학회 편집위원장, 미국 UC 샌디에이고 방문학자, 한국사회사학회 부회장 등을 역임했다. 도시 및 지역 연구의 관점에서 근현대 한국과 일본의 사회변동에 관심을 갖고 연구하고 있다.

김인수

건국대학교 아시아콘텐츠연구소 학술연구교수이다. 서울대학교 사회학과에서 학사, 석사, 박사를 마쳤다. 박사학위논문은 「일제하 조선의 농정 입법과 통계에 대한 지식국가론적 해석」(2013)이다. 최근에는 한국/동아시아의 사회 조사의 역사를 매개로 하여 사회과학의 역사를 서술하는 일에 주력하고 있다.

정진성

한국방송통신대학교 일본학과 교수이다. 서울대학교 경제학과, 서울대학교대학원 경제학과를 졸업하고 일본 쓰쿠바대학교에서 문학박사학위를 취득했다. 도쿄대학 경제학부 방문학자, 스탠퍼드대학교 동아시아연구센터(CEAS) 방문학자, 경제사학회 회장, ≪일본비평≫ 편집장을 역임했다. 일본의 재벌사, 석탄산업사 등의 주제에 관심을 가지고 연구하고 있다.

정호석

일본 세이가쿠인대학 정치경제학부 준교수이다. 서울대학교 국제대학원에서 일본 국적법에 관한 논문으로 석사학위를, 일본 도쿄대학 대학원 정보학환·학제정보학부에서 '김희로 사건'에 대한 논문으로 사회정보학 박사학위를 받았다. 사회운동, 커뮤니케이션에 대한 이론적 관심에 바탕하여 재일한인의 다양한 실천을 통해 일본 전후사를 재해석하는 데 관심을 기울이고 있다.

한영혜

전 서울대학교 교수이다. 서울대학교 사회학과에서 석사를 마쳤고, 일본 쓰쿠바대학 사회과학연구과에서 '일본의 사회의식론'에 관한 논문으로 박사학위를 받았다. 서울대학교 국제대학원 교수, 도쿄대학·교토대학 객원교수, 스탠퍼드대학교 방문교수, 한국사회사학회 회장, 서울대학교 일본연구소 소장 등을 역임했다. 최근 수년간은 냉전기·탈냉전기 재일한인과 분단된 본국의 관계 양상에 관심을 기울여 왔다.

한울아카데미 2204

재일한인 연구총서 2

경계와 재현

재일한인의 국적, 사회 조사, 문화 표상

지은이 **한영혜·김인수·정호석** | 펴낸이 **김종수** | 펴낸곳 **한울엠플러스(주)**
편집 **이진경**

초판 1쇄 발행 **2020년 2월 10일** | 초판 2쇄 발행 **2021년 5월 3일**

주소 **10881 경기도 파주시 광인사길 153 한울시소빌딩 3층**
전화 **031-955-0655** | 팩스 **031-955-0656** | 홈페이지 **www.hanulmplus.kr**
등록번호 **제406-2015-000143호**

ISBN 978-89-460-7204-6 93300(양장)
978-89-460-6847-6 93300(무선)

* 책값은 겉표지에 표시되어 있습니다.

이 총서는 (재)이희건 한일교류재단의 연구지원을 받아 제작되었습니다.